四川省青年科技创新研究团队项目（项目号：2022JDTD0022）

品牌APP的可用性
与用户行为实证研究

汤庆 张正杰 祖旭◎著

PINPAI APP
DE KEYONGXING
YU YONGHU XINGWEI SHIZHENG YANJIU

西南财经大学出版社
中国·成都

图书在版编目(CIP)数据

品牌 APP 的可用性与用户行为实证研究/汤庆，张正杰，祖旭著.--成都:西南财经大学出版社，2024.12.--ISBN 978-7-5504-6537-4

Ⅰ. F713.3;TN929.53

中国国家版本馆 CIP 数据核字第 20251426PB 号

品牌 APP 的可用性与用户行为实证研究

PINPAI APP DE KEYONGXING YU YONGHU XINGWEI SHIZHENG YANJIU

汤 庆 张正杰 祖 旭 著

策划编辑:何春梅
责任编辑:肖 翀
助理编辑:徐文佳
责任校对:邓嘉玲
封面设计:墨创文化
责任印制:朱曼丽

出版发行	西南财经大学出版社(四川省成都市光华村街 55 号)
网　　址	http://cbs.swufe.edu.cn
电子邮件	bookcj@swufe.edu.cn
邮政编码	610074
电　　话	028-87353785
照　　排	四川胜翔数码印务设计有限公司
印　　刷	成都市新都华兴印务有限公司
成品尺寸	170 mm×240 mm
印　　张	14.25
字　　数	240 千字
版　　次	2025 年 4 月第 1 版
印　　次	2025 年 4 月第 1 次印刷
书　　号	ISBN 978-7-5504-6537-4
定　　价	78.00 元

附录E　全渠道零售模式下消费者服务使用忠诚度影响机制研究调查问卷

尊敬的先生/女士：

您好，目前我们正在进行有关“全渠道零售模式下消费者服务使用忠诚度影响机制研究”的学术研究，需要您的宝贵意见作为研究的数据，数据资料经加总处理后仅供学术分析和研究使用，信息保密，决不用于商业用途，请您真实地填写下列问题，对于您的支持与配合，我们表示万分感激！

特别说明：全渠道零售模式就是企业为了满足消费者任何时候、任何地点、任何方式购买的需求，采取实体渠道和移动电子商务渠道整合的方式销售商品或服务，以提供给顾客无差别的购买体验。

一、基本信息

1. 您的性别是？

○ 男　○ 女

2. 您的年龄是？

○ 0~18岁　○ 19~23岁　○ 24~30岁　○ 31~40岁　○ 41~50岁

○ 51~60岁　○ 60岁以上

3. 您的受教育程度

○ 高中及以下　○ 大专　○ 本科　○ 硕士及以上

4. 您的职业是？

○ 学生　○ 上班族　○ 个体户/自由职业者　○ 无业/下岗/失业

○ 退休　○ 其他

5. 您的月收入

○≤3 000元　○ 3 001~3 000元　○ 6 001~9 000元

○ 9 001~12 000元　○ >12 000元

续表

题项	非常不赞同	不赞同	有些不赞同	中立	有些赞同	赞同	非常赞同
我认为零售商的渠道运作灵活，可以满足定制需求，比竞争对手的渠道更具成本效益							
我认为零售商对市场变化的反应非常可靠，对市场机会的适应也很快							
感知流畅性							
我可以顺利地从一个零售商渠道转移到另一个渠道							
从零售商的一个渠道切换到另一个渠道后，我可以轻松找到相同的内容							
当我与零售商互动时，我无须明确考虑渠道							
我可以在不同的渠道之间顺利地迁移任务							
感知灵活性							
我可以在实体店试穿产品，然后在网上订购							
我可以为给定的服务选择替代渠道							
我可以在线下单，线下付款提货							
售后服务可以跨渠道提供							
全渠道服务使用意愿							
在不久的将来，我会使用这家零售商的全渠道服务							
我打算使用这家零售商的全渠道服务							
我愿意花很多时间使用这家零售商的全渠道服务							

前言

以移动应用为代表的新一代信息技术广泛深入社会生活的方方面面，成为数字经济创新发展的核心引擎。进入5G时代，移动应用迎来了更大的发展机遇，智能化、个性化的移动应用将会对企业生产经营及消费者日常生活带来深刻影响。回顾移动应用的发展历史，我们发现移动应用创新了商业模式、重塑了企业经营策略、变革了消费者与品牌的互动方式。品牌移动应用成为提升用户体验、开展客户关系管理、优化品牌营销等的有效途径，随着品牌APP在多渠道背景下的客户旅程的深度融合，有必要系统、深入探讨品牌APP背景下消费者的使用行为，以弥补现有研究的不足，并为企业经营策略的优化提供参考。

在项目研究过程中，我们深刻体会到品牌APP的独特地位，以及在品牌APP的设计、推广和运营过程中，以用户为中心并掌握消费者需求、动机及行为模式的重要性。笔者长期参与对数字化营销及消费者行为的研究，为此开始了关于品牌APP消费者行为的研究。本书所关注的品牌APP的用户行为主要围绕使用行为展开，包括采纳与初始使用、持续使用、创新性使用及使用抵制行为。

本书的主要结构安排如下：第一章为导论，主要介绍本书的研究背景、研究目的、研究意义、研究内容、研究方法与研究框架。第二章为相关理论，主要对本书中所涉及的主要概念、理论基础进行了全面梳理。第三章是对品牌APP可用性的实证研究。可用性是评价品牌APP的基础，然而大量文献分析中，却没有一个系统、权威、专业的衡量APP可用性的测量工具或者指标体系，本书探究了品牌APP可用性维度，并构建了其测量量表体系。第四章是对全渠道背景下品牌APP的抵制行为研究。本章首先对品牌移动应用的抵制行为进行定义，将抵制行为分为三种，即延迟行为、反对行为、拒绝行为。其次从心理障碍和功能障碍两个维度分析消费者品牌移动应用抵制行为产生的原因。第五章是对全渠道中的品牌APP的跨渠道使用行为，即创新使用行为的研究。研究跨渠道使用意愿是了解全渠道的必然过程。为了更好地理解全渠道背景下跨渠道服务使用意愿是如何形成的，本书讨论了消费者感知敏捷性、流畅性和灵活性等因素对于全渠道中品牌APP的跨渠道使用意愿的影响。第六章是对品牌APP的持续使用行为的研究。本章通过分析持续使用行为给企业带来的益处，基于服务主导逻辑，阐明用户的持续使用行为的重要性。与此同时，本章将品牌APP分成体验型APP和交易型APP两种类型，利用实证研究的方式，探索消费者对持续使用意愿的影响因素。第七章为品牌APP发展建议与展望，主要对本书第三章至第六章的结论进行总结凝练，阐述意义，并提出发展建议，同时，分析了研究的局限性与未来的研究方向。

最后，感谢华中农业大学陈倩老师，四川农业大学商旅学院祖旭、张正杰、王冲老师及康倩、杜海英、张涛、江丽霞、刘凡清等学者的帮助与支持，谨向关心、支持本书写作、出版的所有同志深表谢忱。

由于时间仓促，加之水平有限，书中疏漏和不当之处在所难免，恳请读者批评指正。

汤庆

2024年7月28日

目录

第一章　导论

第一节　品牌 APP 与用户行为

一、品牌 APP

（一）品牌 APP 的定义

品牌移动应用（APP，applications），从概念上定义为“可下载到移动设备上的软件，通常通过应用名称、品牌徽标或图标的外观，在整个用户体验中突出显示品牌标识”。贝尔曼等人将品牌 APP 定义为下载到移动终端上的软件，在用户使用的过程中，通过品牌标识显示品牌身份（Bellman et al.，2011）。由于信息技术与移动设备的普及性，品牌 APP 早已融入人们的现代生活，许多知名企业开始发行多款定位不同的品牌 APP。例如，Nike 除了发行一款选购服装和鞋子的 APP，还发行了“Nike SNIKRS”以展现造型穿搭秘诀，以及“Nike Run Club”提供个性化的跑步指导；宜家发行了“宜家家居”用以选购家居家具，“IKEA Place”运用 AR 技术展示虚拟家具视图，“IKEA Home Smart”通过蓝牙连接设定自己想要的房间氛围。

品牌 APP 由于其有用性、趣味性与互动性等特征，成为增强消费者购物体验的有效途径。随着品牌 APP 在多渠道背景下与购物旅程的深度融合，品牌 APP 对用户黏性及品牌的态度产生积极影响。基于此，企业为了提高品牌知名度及增强消费者购买意愿，将品牌 APP 作为一种新的营销形式，应用于用户体验建设、客户关系管理、品牌营销等企业实践中。

（二）品牌 APP 的特点

1. 定位化

与电子商务相比，移动商务的两个显著特征是定位化和普遍性。定位化是指结合用户偏好和上下文信息（如位置、时间和用户活动），提供有针对性的服务和信息。移动商务可以根据用户的位置和喜好，提供最优信息和服务。类似地，配备位置服务的品牌 APP 使公司和营销人员能够更好地将营销信息与用户的位置和偏好相匹配，为他们提供适用的信息和服务。通过这种方式，品牌 APP 可以减少用户用于信息搜索的精力，提高自身的使用效率。从某种意义上说，特定情景的服务和信息更有可能满足用户需求，并产生更好的用户体验。

2. 普遍性

移动设备的普及改变了零售业的模式，无处不在的移动设备代表了一个新的营销空间。基于移动设备和移动网络的移动营销具有网络广泛性、普遍性、唯一性、统一性等特点。普遍性是指移动商务“随时随地”的特点。在品牌 APP 中，普遍性指的是个人能够随时随地获得品牌 APP 提供的服务和信息。普遍性包括连续性、即时性、可移植性和可搜索性等。连续性表示连续状态，类似于“永远开着”。移动设备提供持续访问服务的能力是其区别于传统渠道的一个独特特征。因此，具有连续性和即时性的品牌 APP 为用户提供了无缝的信息访问和服务，从而增强了用户的易用性感知。从某种意义上说，随着移动设备的进步，品牌 APP 的普遍性可以实现服务的无处不在及使用体验的提升。

3. 个性化

个性化是指通过提供相关内容与客户建立一对一的关系。个性化可以根据个人的兴趣定制消息的内容，使其成为移动服务提供商吸引消费者的有效手段。品牌 APP 提供了一个创建个性化的平台，通过个性化订阅，营销人员可以向客户发送信息，并以个性化的方式与潜在客户接触和互动，这增强了消费者与品牌的关系。例如，当一个品牌 APP 通过直接引用用户的名字与用户进行交互时，一种个性化的感觉就建立起来了。此外，当个人收到根据其兴趣定制的推送通知时，他们更有可能感受到个性化和控制感的满足。

4. 信息性

信息性描述了品牌 APP 提供信息的感知质量。品牌 APP 被消费者当作有用的品牌信息来源。品牌 APP 提供的信息量使用户在这个过程中产生更大的控制感和主导感。如果品牌 APP 上的信息被认为是有用的，那么个人在购买决策时的信心可能会增加。

5. 美学设计

美学设计通过颜色、形状、字体类型或动画来决定品牌 APP 的平衡、情感诉求或外观，创造引人入胜的体验。美学设计影响着品牌 APP 的环境氛围。颜色、背景图案、字体等线索不仅可以使口头内容易于阅读（或难以阅读），还可以为网站创造一种情绪或一个图像。将传统桌面版网页浏览器的布局结构适配至移动设备的过程并非仅通过对视觉元素进行简略的调校以适应较小的显示屏。实际上，此操作需要全面且周详的设计考量。鉴于现今手机 APP 市场对于用户获取及留存的激烈竞争态势，品牌 APP 的美学设计理念已逐渐成为备受瞩目的关键要素。

6. 交互性

交互性作为品牌手机应用的核心特征之一，指的是用户能够主动掌控与应用的互动过程，并确保这些互动在高度同步的通信环境中进行。相较于传统的营销传播模式，品牌 APP 显著提高了企业与用户之间的双向交流与互动的频率。这种增强的互动性具有深远的积极影响，因为它将用户置于品牌生态系统的核心位置，使其成为积极的参与者和内容的共创者。

在品牌 APP 中，用户不仅享有主动筛选和接收信息的权利（主动控制），还能在触发操作（如点击）时即刻获得反馈（同步性），从而建立起与品牌 APP 之间即时、高效且双向的沟通渠道。这种即时响应机制不仅提升了用户体验，还加深了用户对品牌的认知，提高了用户的忠诚度，为品牌积累了更加稳固且富有活力的用户社群。

7. 社交存在感

社交存在感是用户对于媒介所传递的温馨氛围与社交性的感知。它衡量了媒介在模拟面对面交流时所展现的亲近感与“人情味”的程度。在品牌 APP 的使用场景中，社交扮演着至关重要的角色，它不仅能够促进用户与品牌之间建立积极的情感联系，还有助于塑造用户对品牌的正面态度。

品牌 APP 作为品牌的数字化代言人，其展现的社交存在感直接关联用户的体验。当用户在应用中感受到人际交流的温暖、情感的共鸣及个性化的关怀时，他们与品牌之间的心理距离将显著缩短，进而产生更为积极的心理认同。这种心理亲近感是品牌忠诚度与好感度的重要基石。

品牌 APP 的社交存在感，不仅是其服务质量的重要标志，也是衡量其能否有效增强用户心理亲密感与物理接近感的关键指标。一个能够创造沉浸式虚拟环境，并提供高度个性化与适应性服务的品牌 APP，将更有可能满足用户多样化的需求，包括感官享受、情感寄托及社交互动等，从而进一步提升用户的满意度与忠诚度。在这样的环境中，用户对于服务的需求与期望将变得更加细致与严格，而品牌 APP 则需要不断精进自身，以持续满足并超越用户的期待。

8. 娱乐性与游戏化

移动 APP 为用户提供了丰富多彩的娱乐体验，涵盖视频、图片、音乐等多种形式，这些娱乐元素为品牌 APP 赋予了非凡的价值，显著提升了用户的参与度和满意度。游戏化作为一种创新策略，巧妙地融入了游戏设计元素，如奖励机制、关卡挑战、积分系统、引人入胜的故事情节及各式各样的挑战任务，旨在通过提高用户价值、激励创造价值行为（如促进消费、提升忠诚度、增强用户黏性及扩大产品宣传）来优化非游戏类商品和服务的体验。鉴于人类天生对游戏的热爱，品牌 APP 通过引入游戏元素和设立奖品激励机制，有效激发了用户的参与热情和互动意愿。这种富有创意与趣味性的娱乐性与游戏化体验，不仅为用户的使用过程增添了无限乐趣，还对其整体体验产生了积极而深远的影响，进一步巩固了用户对品牌的认同与忠诚度。

（三）品牌 APP 的类型

运用品牌 APP 进行消费者品牌传播的过程并非孤立存在，而是深植于特定的背景或环境之中，即品牌 APP 的独特场景与创意执行风格之中。根据贝尔曼等的研究，不同的应用情景或特定的属性所定义的品牌 APP 类型也有所不同（Bellman et al.，2011）。公司越来越多地推出品牌 APP 来接触和吸引新客户。

1. 根据接触点类型进行分类

随着公司与客户互动的方式越来越多，为了创造与客户的接触机会，公司在客户旅程中也越来越追求品牌 APP 设计对特定接触点的加强。同时，为了提高品牌价值和客户参与度，公司可以设计具有广泛功能的品牌 APP。许多 APP 的功能并不是专门针对特定的用户旅程阶段，而是在整个旅程的各个阶段提供接触点。例如，Ford-Pass 移动应用允许客户搜索与新车相关的信息，并为他们的车辆提供服务，或者帮助客户确定各个城市的停车位可用性。根据品牌 APP 的接触点类型，我们发现了如下三种类型的品牌 APP 设计。

（1）社交导向型

面向社交的需求包括在顾客旅程的任何阶段都可能发生的关于品牌的“点对点”互动。随着品牌日益追求提升用户参与度，“点对点”互动成为品牌获取关键接触点的重要方式，这种互动模式强调与每一位提及品牌的个体进行直接而深入的对话。品牌 APP 的社交导向功能使客户能够在其客户旅程的任何时刻使用社交媒体，发布评论并阅读他人的评论。例如，Trip Advisor 的移动 APP 允许旅行者在旅途中提交自己的评论，并对其他人的评论进行分类，此时他们对旅行经历的记忆深刻。这些机会产生了一个品牌的“点对点”接触点。与此同时，研究表明当品牌 APP 的设计中融入了强化社交互动接触点的功能时（促进关于品牌的“点对点”交流），能够显著提升股票市场的回报率。这些社交功能在客户旅程的各个阶段均可发挥效用，相较于主要聚焦于交易性质的接触点（如购买与促销功能），它们更能促进品牌与用户的深度连接。

（2）个人导向型

个人导向型 APP 注重构建客户与品牌之间深入且灵活的互动体验，这种互动贯穿于客户旅程的每一个阶段。这些由企业精心设计、管理与控制的应用体验，旨在满足用户的个性化需求，包括提供定制化的信息搜索、提升工作效率及管理个人奖励计划等。以巴诺书店（Barnes & Noble）的 TikTok APP 为例，它让孩子们能够发挥创意，用自己的想法和艺术作品创作电子书。这一平台不仅为有潜力的儿童作家打造了一个展现自我的舞台，还在品牌、儿童及家长之间建立了紧密的联系，让他们共同参与并享受创作与分享的乐趣。

（3）交易导向型

交易导向型 APP 专注于客户旅程中的购买环节，这是整个流程中最为紧凑且关键的阶段。这些 APP 致力于在购买事件发生时，通过提供特定促销活动和便捷的购买流程，来培育与客户的接触点（杜海英，2022）。以沃尔玛 APP 为例，它不仅让用户能够轻松访问 e-Values（电子优惠券）、接收新折扣通知，还实现了特定商品的快速购买与一键下单功能，从而极大地优化了用户的购物体验。

2. 根据目的进行分类

根据 APP 的目的是提升附加体验还是促进商品交易，将其分为了体验型品牌 APP 和交易型品牌 APP。

（1）体验型品牌 APP

体验型品牌 APP 重点放在了如何实现用户深度参与体验，消费者可以运用 APP 中的定制化服务以更好地了解、利用产品，或利用 APP 中的 AR 等技术实现独一无二的直观性体验（如 Nike Run Club、优衣库数字搭配师、IKEA Place）。其附加体验性特征明显，顾客可以获得除了商品以外的价值，如穿搭、训练、体验技术等。

（2）交易型品牌 APP

交易型品牌 APP 趋向于面向成熟的、具有直接购物需求的客户群体，提供丰富的、多品类的商品详情、推荐和图片，可以实现线上平台的消费者社群社会化互动，大大拉近社交距离（如宜家家居、掌上优衣库、Nike）。交易型品牌 APP 一般提供直接的购买途径，可跳转至支付平台，且所有服务均围绕出售商品，因此顾客获得的价值主要来源于商品，如售前售后服务、评价等。

（四）品牌 APP 的发展趋势

1. 增强现实技术的应用

增强现实（AR，Augmented Reality）是一种将 3D 虚拟物体实时整合到 3D 真实空间的系统。AR 不能取代现实，但是，它可以成为现实的补充。其中，三个最能描述 AR 概念的特征为：将现实与虚拟相结合、创建实时交互，以及产品的三维显示。虽然对于消费者市场来说，AR 似乎是一个新的应用，但其概念化研究可以追溯到 20 世纪 60 年代。1962 年，电影摄影师摩登·海里戈首次提出了增强现实的概念，他创造了多感官模拟器 Sensorama。在 20 世纪 70 年代和 80 年代，研究机构和美国宇航局开始支持 AR 的可穿戴技术和 3D 图形。20 世纪 90 年代，AR 技术开始应用于移动技术，与虚拟现实领域建立了联系。

AR 技术的快速发展引起了营销领域研究者和实践者的关注。AR 作为一种通信工具，可以通过在物理环境中添加虚拟元素来改善产品的呈现，增强客户信息处理能力，丰富用户体验。因此，研究者们提出了 AR 营销这一创新营销策略和实践的新概念。此外，由于 AR 营销在客户体验的许多阶段被采用，包括购买前、购买时和购买后，因此公司可以在广告、零售和消费体验等主要营销领域使用 AR。AR 为品牌增加了额外的价值，并为消费者提供了互动体验，特别是在营销方面。在这一点上，AR 品牌 APP 作为近年来最引人瞩目的领域之一脱颖而出。

（1）AR 技术与 APP 结合的天然优势

随着移动设备极大地改变了传统的零售环境，AR 和移动 APP 的集成对零售商和客户都很有吸引力。在众多移动设备中，智能手机凭借其高普及率和便捷性，成为移动 AR 应用最广泛的载体。智能手机的嵌入式摄像头、高灵敏度触摸屏及先进的传感器技术，都为提升移动 AR 体验提供了强大支持，并持续开辟出新颖的应用场景。因此，移动 AR APP 迅速跨越多个行业边界，广泛应用于服装、汽车、美容、家居用品及娱乐等多个领域。以宜家为例，该公司推出的 IKEA Place 移动 AR APP 便是一个创新典范，它让用户能够直接在 APP 中挑选心仪的虚拟家具，并通过智能手机实时预览这些家具在自己家中的实际摆放效果，极大地提升了购物的趣味性和实用性。

综上所述，由于智能手机的广泛使用，AR 技术已经转移到移动 APP 中。由于用户数量惊人，许多公司都试图开发各种基于 AR 的 APP。这些努力使 AR 技术从实验室走向消费者市场。换句话说，AR APP 已经变成了一种终端用户可以轻松访问的技术。移动 AR 被定义为在移动设备中使用并通过移动设备创建和访问的增强现实技术。在移动设备上通过 AR 进行交互有两个关键元素。其一是提供与虚拟对象交互的设备和屏幕，其二是允许用户在屏幕上畅玩虚拟对象并对其进行更改。智能手机重量轻，拥有高分辨率的摄像头和屏幕，是一个方便且符合人体工程学的 AR 体验平台。

（2）AR 技术赋能的新型品牌 APP

第一，提升品牌 APP 具有信息质量和交互质量，这些特征对用户体验至关重要。首先是信息质量特征。①相关性：要求对内容进行过滤和个性化，只包含当前情况下对个人有用或有意义的信息。②可靠性：另一个重要的期望是信息的可靠性。它指的是所提供的信息在多大程度上是站得住脚的、最新的和有效的，从而意味着它在多大程度上是可信的。③新颖性：新颖性并不是指 AR 的新颖性，而是指每次通过 AR 体验到的新的、独特的、个性化的、新颖的内容（刺激）。

其次是交互质量特征。①流畅性：用户与 AR 应用的交互应当是流畅的，没有延迟或卡顿。流畅的交互有助于提升用户体验，并使用户更愿意与应用进行互动。②可控性：AR 技术能够使得用户对其想看到的内容有一定的控制。③及时反馈：AR 技术能够快速有效地响应用户特定需求。④多样性互动：品牌 APP 应当提供多种互动方式，以满足不同用户的需求。这可能包括触摸、手势、语音命令等。用户可以选择最适合他们的方式进行互动。⑤社会性互动：一些 AR 应用可能包括社交性互动，允许用户与其他用户互动或分享他们的虚拟体验。这种社会性互动可以提高用户参与感和品牌忠诚度。信息质量和交互质量是 AR 赋能的品牌 APP 成功的关键因素。它们确保用户获得准确、有用和愉快的虚拟体验，这有助于品牌提高用户满意度、忠诚度和市场竞争力。因此，品牌应致力于不断改进和优化这些特征，以满足不断变化的用户需求。

第二，显著改变消费者对品牌 APP 的态度。基于 AR 的品牌 APP 通常能够吸引更多用户的兴趣。消费者对于具有 AR 功能的 APP 可能会表现出更大的好奇心和兴趣；但同样，AR 技术的新颖性也使得消费者对品牌 APP 产生陌生、不安的情绪。AR 技术可以提供沉浸式、互动性强的虚拟体验，将现实和虚拟进行无缝融合，为消费者开启流畅的使用体验；此外，AR 应用可以帮助提高品牌的知名度，消费者更有可能记住与具有创新 AR 功能的品牌相关的应用，这有助于提高品牌认知度。在消费者使用过程中，以 AR 技术为核心的移动应用为消费者建立了积极的 AR 体验及品牌认知，在该过程中，消费者易形成享受的体验和对品牌移动 APP 的满足。

第三，品牌 APP 的使用行为具有新特征。①个性化互动：AR 赋能的品牌 APP 通常提供个性化互动的机会。这可以包括根据用户的兴趣和需求提供个性化的内容，从而改变用户的行为，使他们更积极地与品牌互动。②提高用户互动深度：用户可能更愿意与 AR 赋能的品牌 APP 互动，因为这些应用通常提供更有趣的体验。用户互动的增加可以促进用户更深入地了解品牌和其产品或服务。AR 应用可以促使消费者与品牌建立更深入的互动关系。用户可能会更频繁地访问应用、参与品牌的活动，以及与品牌进行在线互动，这有助于品牌与用户之间的紧密联系。③积极的口碑传播：满意的用户可能会积极地传播应用的好处，向其他潜在用户宣传品牌。这种积极的口碑传播有助于吸引新用户，从而改变品牌 APP 的用户行为。

这些应用提供了更丰富、更有趣和更有吸引力的用户体验，这有助于提高品牌忠诚度、影响购买行为，并促进积极的口碑传播。品牌应积极探索和整合 AR 技术，以满足不断变化的用户需求，并提高品牌的竞争力。

2. 全渠道融合发展

顾客行为的变化和新技术的发展促进了传统营销向全渠道营销的转变，这是一种利用所有接触点和渠道为消费者提供无缝购物体验的综合方法。它强调对每个渠道的性能优化，以及对渠道活动内部和跨渠道活动的管理，便于与消费者的多元化购物方式相对应。全渠道作为所有可用渠道和客户接触点的协同管理，整合并协调了线上和线下的渠道。品牌 APP 成为企业与客户互动的典型接触点。公司正在努力拓宽与客户互动的渠道，客户可以在不同渠道、不同类型的品牌 APP 之间自由切换，并要求无缝的购物体验。不同的渠道、不同类型的品牌 APP 为客户提供不同层次、不同形式的互动。例如，消费者可以在实体店购买之前，在移动品牌 APP 上查看产品细节并阅读在线评论，或者在全渠道旅程中在线购买产品后，体验线下售后和送货服务。在客户的全渠道旅程中，他们与服务提供商的互动可以积极地影响他们对公司的满意度、忠诚度和参与度。在全渠道交互中，客户使用多个线上和线下渠道进行一次购买的信息收集、沟通和交易。

就品牌 APP 而言，互动性意味着双方或多方通过传播媒介进行互动的程度，而这种互动会影响消费者的行为意愿。同时，互动将顾客的感官体验提升到最佳水平，这种互动也提升了身体体验。互动包含了零售商跨渠道为消费者提供多种互动方式的能力。全渠道零售强调线下和线上分销之间的互动效应，以及如何达到最佳平衡。在全渠道环境中，双向交互通道和单向交互通道的区别不再明显。全渠道零售通常包括供应商产品到达消费者的分销渠道，也包括营销人员与消费者互动的沟通渠道（如支付、消费、购后服务）。随着数字技术的不断发展，互动模式越来越趋于社会化，消费者和零售商的互动交叉发生在各种线上和线下渠道，如品牌 APP、官方网站、实体店和社交媒体。与传统的网络环境相比，全渠道环境下的品牌 APP 社交互动具备即时性，比如聊天机器人、时间和空间上的一致性。在新兴技术的支持下，这种互动也为营销人员提供了调整和与消费者沟通的机会。除了客户与公司之间的互动之外，客户之间也会发生互动（例如“点对点”），这种沟通方式会影响到客户对品牌的考虑（齐永智 等，2014）。

二、用户行为

品牌 APP 的用户行为主要围绕使用行为，即采纳与初始使用、持续使用、创新使用及抵制行为。

（一）采纳与初始使用

在技术接受与应用的领域里，采纳与初始使用是用户与技术之间互动的重要起点。简单来说，采纳代表了用户对新技术产生的使用意向或欲望，而初始使用则是这一意向转化为实际行动的直接结果（黄曼慧 等，2018）。这两者是技术能否成功融入用户生活或工作环境的先决条件，因此，它们一直是信息系统研究领域的核心议题。

然而，随着研究的深入，学者们逐渐意识到，仅仅关注采纳与初始使用是不够的。因为尽管用户可能对新技术产生了初步的兴趣并进行了尝试，但这并不意味着他们会持续使用这项技术。因此，研究的焦点开始转向探索影响用户持续使用行为的关键因素。

为了更全面地理解技术采纳的复杂机制，研究者们从多个角度进行了深入剖析。首先，从个体感知的角度出发。他们借鉴了心理学中的理性行为理论（TRA）、计划行为理论（TPB）以及技术接受模型（TAM）等经典理论。这些理论强调，用户对技术的感知易用性（技术使用的难易程度）、感知有用性（技术对用户工作或生活的实际帮助）、感知行为控制（用户对自己能否成功使用技术的信心），以及主观标准（用户受到的社会或群体影响）等因素，都是决定其是否采纳该技术的重要前因。在此基础上，学者们进一步检验并拓展了这些理论，以更准确地预测和解释技术采纳行为。

其次，个体特征也被视为影响技术采纳的重要因素之一。这一视角的研究者认为，每个人的教育背景、性格特质、性别等个体特征都会在一定程度上影响其对新技术的接受程度。通过借鉴组织行为学中的相关理论，他们分析了这些特征如何与用户的认知、情感和行为反应相互作用，从而影响其技术采纳决策。

综上所述，采纳与初始使用虽然是技术成功应用的关键步骤，但要想实现技术的长期价值，还需要深入研究用户的持续使用行为。通过综合考虑个体感知和个体特征等多个因素，我们可以更全面地理解技术采纳的复杂过程，并为企业和开发者提供更有针对性的策略建议。

（二）持续使用

持续使用行为，指的是用户在初次采纳并体验某项技术后，在随后的一段时间内持续采用该技术的行为模式（黄曼慧 等，2018）。这一行为对技术最终能否实现市场成功与广泛应用具有决定性作用。值得注意的是，技术的采纳与初始使用是持续使用的前提，因此两者在影响因素上存在共通之处，比如，个体的某些特征（如人格特质）会同时影响技术的采纳与持续使用决策。然而，两者之间的差异也显而易见，主要体现在用户对初始使用体验的感知将直接影响其后续是否持续使用该技术。

关于技术持续使用的前因研究，当前主要从以下三个视角展开：一是从个体特征出发，借鉴组织行为学的理论框架，探讨个人习惯、情绪稳定性、尽责性、外向性等人格特征如何作用于技术的持续使用；二是聚焦于初始使用后的体验结果，通过扩展已有的采纳与初始使用理论，分析感知有用性、感知服务质量、感知满意度及感知趣味性等因素如何促进技术的持续使用；三是考虑个体外部因素，基于组织行为学的相关理论，研究如用户忠诚激励措施等外部刺激如何对技术的持续使用产生积极影响。这些视角共同构成了理解技术持续使用行为复杂性的多维框架。

（三）创新使用

在探讨创新使用行为时，我们关注的是用户如何以新颖、独特的方式发掘并利用信息系统的功能与特性，技术创新使用尤为强调用户的自主性和积极性，它代表了一种主动探索与创造的行为模式（黄曼慧 等，2018）。结合品牌 APP 的具体使用场景，本书将创新使用进一步定义为品牌 APP 的跨渠道使用行为，即用户跨越不同平台或渠道，以创新的方式整合和利用 APP 资源的行为。

关于技术创新使用的前因，现有研究主要从两个核心视角展开。一是个体特征视角，这一视角聚焦于用户的个人属性对其创新使用行为的影响。研究表明，性别、年龄、性格特质等个体特征因素在技术创新使用中扮演着重要角色。例如，不同性别的用户可能在技术创新使用上展现出不同的偏好和行为模式；而具有开放性格和高度创新意识的用户则更可能积极尝试并采纳新的技术使用方式。二是心理感知视角，该视角则深入探讨了用户内在的心理状态和认知过程对技术创新使用行为的驱动作用。用户的自我效能感、感知有用性、感知易用性等心理感知因素被认为是影响技术创新使用意愿和行为的关键因素。高自我效能感的用户更可能相信自己有能力掌握新技术并创造性地运用它们；感知有用性则直接影响用户对新技术能否带来实际价值的判断，进而影响其创新使用的决策。

综上所述，技术创新使用的前因研究是一个复杂而多维的课题，它涉及用户的个体特征、心理感知等多个方面。通过深入分析这些因素之间的相互作用机制，我们可以更好地理解用户的技术创新使用行为，为品牌APP 等信息系统的设计、推广和优化提供有力的理论支持和实践指导。

（四）抵制行为

在探讨技术抵制的前因时，我们可以从两个核心视角出发，通过不同的方式阐述这些关键因素。从感知的角度出发，技术的引入和应用往往伴随着个体利益的变动，这些变动可能带来正面效益，也可能构成潜在威胁。个体在评估这些变动的利弊时，会基于一系列感知因素来作出是否抵制的决策。具体而言，以下三个感知维度尤为关键。

一是感知转换成本。用户会考虑从现有系统或流程转换到新技术所需付出的成本，包括时间、精力、金钱及可能的学习曲线等。当用户感知到的转换成本过高时，他们更可能选择抵制新技术。

二是感知价值。用户会评估新技术带来的实际价值或利益，如效率提升、成本节约、功能优化等。如果新技术未能提供足够的感知价值，或者其价值低于用户的期望，那么用户可能会对其持保留态度或抵制态度。

三是感知威胁。用户还会担心新技术可能带来的风险或威胁，如数据安全问题、隐私泄露、工作稳定性受影响等。这些感知到的威胁会加剧用户的担忧和抵触情绪，从而促使他们采取抵制行为。

情绪作为人类心理反应的重要组成部分，对技术抵制行为具有显著影响。面对新信息系统的引入，用户的情绪反应往往复杂多样，既有积极情绪如高兴、期待，也有消极情绪如伤心、厌恶。两种情绪分别会对技术抵制行为产生不同的影响。

一是积极情绪的作用。当用户对新系统持有积极情绪时，他们更可能以开放和接纳的心态去面对新技术，抵制行为会减少。这种积极情绪可能源于对新功能的期待、对技术进步的认可或对组织变革的支持等。

二是消极情绪的作用。与积极情绪相反，消极情绪则可能成为用户抵制新技术的强大动力。面对新系统可能带来的不确定性、压力或损失，用户可能产生恐惧、焦虑、不满等消极情绪，进而采取抵制行为以表达不满或寻求安全感。

综上所述，无论是从感知视角还是从情绪视角出发，我们都可以看到多种因素在用户对技术抵制的决策过程中发挥着重要影响。这些因素相互作用、相互影响，共同构成了技术抵制行为的复杂前因网络（黄曼慧 等，2018）。基于该视角的研究认为消极情绪将促进用户的抵制行为。

用户抵制行为可以从三个不同的理论视角进行深入解析，这些视角分别是人为导向论、系统导向论以及人—系统交互论。以下是对这三种视角的另一种阐述方式。

人为导向论强调用户个体层面的特性是驱动抵制行为的核心因素。与人为导向论相对，系统导向论则将焦点放在技术系统本身的特性上。人—系统交互论则是一种更为综合的视角，它认为用户抵制行为是用户个体与技术系统之间复杂交互作用的结果（王晰巍 等，2019）。

各类行为的定义如表 1-1 所示。

表 1-1　用户行为

用户行为	定义
采纳与初始使用	采纳与初始使用是指用户对技术的接受与执行，采纳指用户对技术的使用意愿，初始使用是采纳的直接行为体现
持续使用	持续使用是指用户在采纳与初始使用后一段时间内持续使用某种技术的行为
创新使用	创新使用是指用户以创新的方式利用技术的功能和特点的使用行为
抵制行为	抵制行为是指阻止技术实施、使用，或者使用其他技术来实现预定目标的行为

第二节　研究品牌 APP 的意义

一、品牌 APP 是数字经济的核心组成部分

《“十四五”数字经济发展规划》指出，要以数字技术与实体经济深度融合为主线，加强数字基础设施建设，完善数字经济治理体系，协同推进数字产业化和产业数字化，赋能传统产业转型升级，培育新产业新业态新模式，不断做强做优做大我国数字经济，为构建数字中国提供有力支撑。

在此背景下，政策聚焦于数字产业化和产业数字化双轮驱动，依托新一代信息技术、数字技术，广泛渗透经济社会各领域，引发深刻的数字化变革。移动应用作为数字经济核心组成部分，不仅引领数字经济创新发展，更是推动数字经济高质量发展的关键力量。

（一）推动创新创业

移动应用为创新和创业提供了平台和机会。在当今科技飞速发展的时代，移动应用已经成为创新和创业的重要平台和机会提供者。智能手机的普及、移动互联网的飞速发展，以及应用商店生态系统的完善，使得移动应用成为无数创业者实现梦想的跳板。移动应用为创新提供了广阔的平台。通过移动应用，开发者可以利用智能手机的各种硬件和软件特性，如GPS定位、摄像头、传感器等，开发出具有创新性的产品和服务。这些应用涵盖了生活的方方面面，从社交网络、在线教育、电子商务到健康管理、智能家居等，无不展现了移动应用在推动创新方面的巨大潜力。比如，通过移动应用，用户可以实时监控自己的健康数据，制订个性化的健康管理计划；企业可以通过移动应用进行高效的内部管理和客户关系维护，大幅提升运营效率。

移动应用的崛起不仅改变了人们的日常生活方式，也催生了许多新颖的商业模式和服务方式。随着智能手机的普及和移动互联网的飞速发展，移动应用已经成为企业创新和服务升级的关键驱动力。例如，移动应用促成了共享经济的兴起。以滴滴出行和爱彼迎为代表的共享经济平台，通过移动应用将闲置资源高效整合，创造了全新的商业模式。滴滴出行通过移动应用将私家车主与有出行需求的用户连接起来，提供了便捷的打车服务；爱彼迎则通过平台让房东将闲置房间出租给旅行者，创造了独特的住宿体验。这种共享经济模式不仅提高了资源利用率，也为消费者提供了更多元化的选择，颠覆了传统的行业运作方式。

电商平台也是移动应用催生的新商业模式之一。传统电商已经经历了PC端的发展，而移动电商则通过移动应用进一步深化了这一模式。淘宝、京东等平台通过移动应用实现了随时随地的购物体验，用户可以利用碎片时间浏览和购买商品。同时，移动电商还结合了大数据分析和人工智能技术，为用户提供个性化推荐，提高用户黏性和转化率。

（二）实现数据驱动

品牌APP在数据的产生和利用方面具有巨大价值。移动应用在现代社会中扮演着越来越重要的角色，不仅改变了人们的生活方式和消费习惯，也成为数据生成和收集的重要来源。随着智能手机的普及和移动互联网的高速发展，移动应用每天都会产生海量的数据。这些数据不仅可以用于优化服务，还能为企业的战略决策提供重要参考。

移动应用通过用户的日常使用行为产生大量数据。这些数据包括用户的点击、浏览、搜索、购买、社交互动等行为轨迹。以电商应用为例，每一次用户的搜索、浏览和购买行为都会被记录下来，形成详细的用户行为数据。通过对这些数据的分析，电商平台可以了解用户的购物偏好和消费习惯，从而进行精准的商品推荐，提升用户的购物体验。同时，这些数据也能帮助平台优化商品的库存管理和物流配送，提高运营效率。此外，移动应用的地理位置数据为优化本地化服务提供了重要支持。通过 GPS 定位，应用可以实时获取用户的地理位置信息。这些信息对于打车、外卖、旅游等服务类应用尤为重要。例如，打车应用可以根据用户的位置快速匹配最近的车辆，提高服务响应速度；外卖应用可以根据用户的位置推荐附近的餐厅，并优化配送路径，缩短送餐时间。这种基于位置的数据分析不仅提高了服务的效率和质量，也提升了用户的满意度。

大数据技术的进步使得移动应用的数据分析能力不断增强。借助大数据和人工智能技术，企业可以对海量数据进行高效处理和深度分析，发现隐藏的规律和模式。这种数据驱动的决策模式不仅提升了企业的竞争力，也为企业的发展提供了新的动能。然而，移动应用在数据生成和利用过程中也面临着数据隐私和安全的挑战。在处理和利用用户数据时，严格遵守相关的法律法规是至关重要的，这不仅是为了确保用户的隐私权得到充分尊重，也是为了维护数据的安全性和完整性。企业在利用数据进行服务优化和决策时，必须采取有效的技术和管理措施，以确保数据的安全和合规。

（三）移动应用占据重大比重

截至 2023 年 9 月底，国内市场上监测到的 APP 数量为 261 万款，在数字经济时代，越来越多的移动应用为社会大众创造便利，在各个年龄层及生活各个方面，移动应用已经深刻渗透到人们的日常生活中，覆盖了通讯、社交、购物、娱乐等多个领域。它们的应用场景不仅极大地丰富了我们的生活体验，也带来了前所未有的便捷和高效。以下将详细介绍各类移动应用在这些领域中的具体应用场景，并举例说明其作用和影响。

1. 通讯类应用

通讯类应用是移动应用的基础和核心应用之一。这类应用主要通过即时消息、语音通话和视频通话等方式，帮助用户实现高效、便捷的沟通。微信和 WhatsAPP 是全球范围内最受欢迎的通讯应用。微信不仅提供文本消息和多媒体消息的发送功能，还整合了朋友圈、公众号、小程序等功能，形成了一个强大的社交和服务平台。WhatsAPP 则凭借其简单易用和端到端加密的安全特性，赢得了全球用户的信赖。这些应用不仅提升了人与人之间的沟通效率，还被广泛用于企业内部和客户服务中。

2. 社交类应用

社交类应用以建立和维护社交关系为核心，帮助用户在虚拟空间中进行互动和交流。Facebook、Instagram 和 Twitter 是典型的社交应用。Facebook 通过动态消息、群组、活动等功能，帮助用户分享生活点滴，建立广泛的社交网络。Instagram 以图片和短视频分享为特色，吸引了大量年轻用户，成为展示个人生活和品牌宣传的重要平台。Twitter 则以其 140 字符的限制，鼓励用户发布简短而有趣的动态，成为新闻传播和舆论宣传的主要平台之一。这些应用不仅丰富了用户的社交体验，也为广告和营销提供了新的渠道。

3. 购物类应用

移动购物应用改变了传统的购物方式，使消费者可以随时随地进行购物。例如，淘宝通过移动应用，为用户提供了海量商品的搜索、浏览和购买服务，同时支持直播购物、团购等新兴购物模式，极大地提升了用户的购物体验。亚马逊则凭借其完善的物流体系和会员服务，为用户提供了快捷、优质的购物服务。再如，拼多多通过社交拼团的模式，在短时间内迅速崛起，成为中国移动购物市场的重要组成部分。这些应用不仅便利了用户的购物过程，也为商家开拓了新的销售渠道。

4. 娱乐类应用

娱乐类应用涵盖了视频、音乐、游戏等多个领域，极大地丰富了用户的休闲娱乐方式。抖音和快手是短视频领域的两大巨头，用户可以通过这些应用观看、创作和分享短视频，享受碎片化时间的乐趣。Spotify 和网易云音乐则为用户提供了海量的音乐资源和个性化的音乐推荐，成为音乐爱好者的必备应用。游戏类应用如王者荣耀和 Pokemon Go，通过精美的画面和互动的玩法，吸引了大量玩家，成为移动娱乐的重要组成部分。这些应用不仅满足了用户的娱乐需求，也创造了巨大的经济价值。

5. 健康类应用

健康类应用帮助用户管理和改善身体健康，涵盖了健身、医疗、营养等方面。Keep 是一款流行的健身应用，提供了多种健身课程和训练计划，用户可以根据自己的需求选择合适的锻炼方式。平安好医生则通过在线问诊、健康咨询和医疗服务预约等方式，为用户提供便捷的医疗服务。这些应用不仅帮助用户养成健康的生活习惯，也在一定程度上缓解了医疗资源紧张的问题。

6. 金融类应用

金融类应用通过移动平台为用户提供便捷的理财和支付服务。支付宝和 PayPal 是全球知名的支付应用，用户可以通过这些应用进行在线支付、转账、理财等操作，享受无现金支付的便利。Robinhood 和同花顺则为用户提供了股票交易和投资咨询服务，帮助用户实现财富增值。这些应用不仅提升了金融服务的便捷性，也促进了普惠金融的发展。

7. 教育类应用

教育类应用通过移动平台提供丰富的学习资源和互动教学，帮助用户提升知识和技能。学而思和 Coursera 是两款典型的教育应用。学而思通过在线直播和录播课程，为学生提供全方位的课外辅导；Coursera 则通过与知名大学合作，提供各种在线课程，帮助用户实现终身学习。这些应用不仅打破了传统教育的时空限制，也为个性化教育提供了可能。

8. 交通类应用

交通类应用显著改善和提升了人们的出行方式和体验。Uber 与滴滴出行，作为全球范围内备受瞩目的出行服务巨头，巧妙地利用移动技术平台，实现了乘客与司机之间的高效无缝对接，为用户带来了前所未有的便捷出行体验。用户只需在应用中输入起点和目的地，系统就会自动分配最近的司机，并提供实时的路线和费用估算。这种按需服务模式不仅减少了乘客等待时间，也优化了车辆的使用效率。此外，Google Maps 和高德地图通过提供实时交通信息、路线规划和导航服务，帮助用户选择最佳出行路径，避开拥堵路段，提高出行效率。这些应用极大地提升了人们的出行体验，并在一定程度上推动了智慧交通的发展。

（四）移动应用与新技术的融合发展潜力巨大

移动应用与其他数字化工具和技术（如 AI、大数据、物联网等）的融合与应用能提升客户体验、提高运营效率、创新商业模式。

移动应用与AI的深度融合，极大地促进了个性化服务的实现。AI凭借强大的数据分析能力，能够精准捕捉用户偏好，为电商应用等提供定制化商品推荐，显著提升转化率和客户满意度。同时，AI驱动的聊天机器人作为智能客服，实现了全天候服务，高效解决用户疑问，不仅优化了客户体验，还有效降低了企业的人力成本。此外，结合语音识别与自然语言处理技术，移动应用进一步解锁了语音控制与智能助手功能，让用户通过简单的语音指令即可完成复杂操作，极大地提升了使用的便捷性和互动性。

移动应用与物联网（IoT）的紧密融合，开辟了多元化的应用场景。在智能家居领域，用户可借助移动应用轻松远程控制家中的灯光、温度调节及安防系统，极大地提升了生活的便捷性与安全性，同时也为企业增强了用户黏性与品牌忠诚度。对于设备管理，企业能够利用移动应用实时监控IoT设备的运行状态，实施预防性维护策略，如制造企业可及时掌握生产设备状况，迅速响应问题，减少停机时间，提高生产效率。此外，在供应链管理方面，移动应用与IoT技术的结合实现了供应链的透明化管理，通过IoT传感器追踪物品运输与库存状态，移动应用则提供直观的数据可视化界面，助力企业优化供应链流程，提升整体运营效率。

移动应用与增强现实（AR）技术的融合，为用户带来了前所未有的体验升级。在购物领域，AR技术让虚拟试穿、试戴成为现实，用户无需实物即可预览商品效果，如家具店利用AR应用展示家具摆放效果，有效降低退货率，极大提升了购物满意度。在教育培训方面，AR技术赋予移动应用交互式学习体验，工业企业通过AR应用模拟设备操作环境，使员工在虚拟场景中掌握复杂技能，显著提升培训效率与质量。此外，在品牌营销领域，AR技术为品牌推广开辟了新天地，企业通过AR应用打造虚拟展览、活动等创新形式，吸引用户深度参与，有效增强品牌影响力和用户黏性。

二、品牌APP是企业数字化转型的重要抓手

加快推动传统企业和中小企业数字化转型成为国家战略。2023年政府工作报告指出，加快传统产业和中小型企业数字化转型，着力提升高端化、智能化、绿色化水平。伴随着数字经济快速发展，产业数字化转型进入改革攻坚期，传统产业及中小企业的数字化转型已经成为决定我国数字

经济发展质量及效益的重要瓶颈。以数字赋能加速数字中国建设是时代主题，《数字中国建设整体布局规划》提出，推动数字技术和实体经济深度融合，在各个重点领域，加快数字技术创新应用。

数字化转型是指企业利用数字技术整合企业业务流程，包括生产、经营和服务等流程，以提高业务效率、创新能力、客户体验和竞争力的过程。数字化转型的核心体现在以下六个关键方面。

第一，技术驱动与创新。数字化转型紧跟新一轮科技革命和产业变革的步伐，深度应用云计算、大数据、物联网、人工智能、区块链等新一代信息技术（姜玉泉，2021）。这些技术不仅增强了数据处理与分析能力，还推动了企业业务模式的创新，为企业的可持续发展注入强大动力。

第二，数据智能与精准服务。通过大数据与人工智能的结合，企业能够实现数据的深度整合与分析，进而提供个性化、精准化的内容推荐与服务。这种基于数据智能的决策机制，有助于企业更好地理解市场需求，优化资源配置，提升客户满意度。

第三，流程优化与资源高效利用。借助云计算技术，企业能够实现计算资源与存储资源的灵活调配与高效利用，支持业务流程的优化与再造。这有助于降低运营成本，提高运营效率，同时为企业创造更多价值。

第四，服务平台构建与在线服务提升。数字化转型促使企业构建完善的在线服务平台，提高在线销售与服务能力。这不仅能够拓宽销售渠道，增强客户黏性，还能为企业带来更加多元化的收入来源。

第五，客户体验优化。客户是企业发展的基石。数字化转型通过先进的数字技术，优化与客户的每一个接触点，提升客户体验，提高客户忠诚度。这有助于企业在激烈的市场竞争中脱颖而出，实现可持续发展。

第六，业务模式重构与价值网络拓展。数字化转型要求企业以开创性视角重新审视现有业务模式，进行彻底性分析与优化。同时，积极与其他企业、平台或创新公司合作，共同创造全新的价值链和商业模式。这有助于企业拓展业务领域，提升市场竞争力。

品牌 APP 在数字化转型中扮演着重要作用，主要体现在以下两个方面。

（一）品牌 APP 实现数字化营销和品牌推广

通过提供个性化的用户体验、直接的用户互动、精准的营销策略和实时的数据分析，品牌 APP 不仅能够提高品牌知名度和用户忠诚度，还能带来显著的商业价值。品牌 APP 的设计和功能可以完美体现品牌的价值和定位，提供一致的品牌体验。通过精美的界面设计、统一的品牌色调和标识，以及优质的用户体验，品牌 APP 能够有效传递品牌形象，提高品牌辨识度。品牌 APP 可以通过内容营销，如品牌故事、产品介绍、用户案例等，向用户传递品牌价值和理念。这不仅有助于品牌形象的塑造，也能提高用户对品牌的认同感和忠诚度。品牌 APP 可以通过会员管理功能，为忠实用户提供专属的权益和服务。

品牌 APP 可以收集用户的行为数据，通过大数据分析，了解用户的兴趣和需求，从而进行精准营销。品牌 APP 可以根据用户的历史行为推送个性化的广告和促销信息，提高营销效果和转化率。例如，耐克通过其品牌 APP Nike+，为用户提供了个性化的跑步记录、健身指导和社区互动功能。这不仅提升了用户的运动体验，也提高了用户对品牌的忠诚度。通过 APP，耐克还可以收集用户的运动数据，进行精准营销，提升销售业绩。

（二）品牌 APP 实现数据驱动的客户关系管理

首先，全渠道背景下的数据驱动是指通过大数据、人工智能、云计算、移动互联网等新技术重塑商业模式、优化用户体验，并彻底革新运营流程。这一过程促使企业转向数据驱动的决策模式，通过深入挖掘与分析数据，不仅能够精准把握客户需求，提供更加个性化、贴心的服务体验，还极大地提升了组织的运营效率与效能，催生了全新的价值创造体系（焦峰，2020）。数据驱动下的客户关系管理，如同一场深刻的变革，将传统模式中那种浅尝辄止、缺乏深度的弱黏性关系，彻底转化为牢固而紧密的强黏性纽带（齐永智 等，2014）。这一过程摒弃了传统上单向、广播式的客户关系管理模式，代之以深度互动、双向沟通的新模式。传统模式往往局限于表面的问候、泛泛的促销信息，以及基于粗浅人口统计学特征的消费数据收集，导致与客户的联系既薄弱又缺乏个性。而在全渠道零售的语境下，我们迎来了客户关系管理的新纪元。通过无缝整合跨渠道的消费者数据，企业能够描绘出一个全面的数字化客户画像。这一画像不仅跨越了渠道界限，实现了信息的共享与融合，还依托移动端等先进工具，如品牌专属 APP 内的会员管理系统，为客户提供了前所未有的互动体验。这种互动不仅仅是简单的信息交换，更是基于深刻理解客户需求与偏好的一对一精准沟通。在此基础上，企业能够实施更加精细化、个性化的营销策略，确保每一次触达都能精准对接客户的真实需求。这种深度互动与精准营销的结合，不仅极大地增强了客户黏性，还促进了品牌忠诚度的提升，最终与消费者建立起强黏性关系。

其次，数据驱动还增强了信息传递沟通的有效性，增强的信息沟通进一步改善了消费者的购买行为。在数字化与数据驱动的现代商业环境中，合理运用不同渠道的特性，不仅为零售企业与消费者之间的信息交流带来了前所未有的灵活性和效率，还显著增强了信息的互补性与总体沟通效果（齐永智 等，2014）。消费者的购物体验本质上是一场深入探索、细致比较、精心选择并最终接纳信息的过程，这一过程在数字技术的赋能下，变得更加流畅且个性化。大数据技术的应用，极大地优化了信息传递的方式与速度，使得零售信息的传播不再受限于物理空间，而是跨越了界限，实现了信息渠道与零售渠道的高度融合与统一。对于传统零售企业而言，其线下实体店的布局受限于地理位置、租金成本等多种因素，难以在广度和深度上全面覆盖潜在消费者。但在数据驱动的新模式下，这一瓶颈被彻底打破。通过 PC 互联网商圈、移动互联网商圈（如品牌专属 APP）及个人社交商圈等数字平台，零售企业能够以前所未有的规模开设虚拟店铺，如网店、个人移动商店、社交商店及微店等。这些虚拟渠道不仅可以在数量上无限拓展，而且能够深入到消费者的日常生活场景之中，无论是工作间隙、休闲时刻还是社交互动，都能成为信息传递与接收的触点。这可以促使零售企业与消费者信息触点的广度和深度达到最大化。

最后，数据驱动的策略极大地丰富了消费者获取信息和服务的途径，跨越了传统界限，使每个信息或零售渠道都能成为无缝连接的触点，为消费者提供即时、个性化的体验。（齐永智 等，2014）。例如，企业通过技术创新，如移动品牌 APP，深度融合了数字化客户关系管理（CRM）的精髓，不仅在每个购物环节打造引人入胜的互动场景，还利用地理位置技术精准推送优惠信息，极大地提升了消费者的参与度和满意度。此外，实体店内的自助数据终端进一步增强了购物体验，让消费者能够自主查询商品详情、参考网络评价，并及时在社交媒体上分享购物心得，形成了线上线下融合的新零售生态。大数据的广泛应用，更是促进了信息的透明和互享，无论是通过官方网站、品牌 APP 还是第三方平台，消费者都能轻松获取详尽的商品介绍、用户评价，并进行价格比较，从而借助充分的信息互惠达到体验价值最大化。

三、品牌 APP 是实现全渠道营销的关键环节

移动互联网和大数据的深入应用催生出全渠道零售模式。近几年各行各业布局全渠道，通过有形店铺、无形店铺、信息媒体等多渠道传播信息、销售产品和提供服务，实现购物旅程的一站式无缝衔接（庄贵军 等，2019；李飞，2013），使得客户需在不同的移动应用中切换，最终获得满意的产品或服务。移动应用支撑了消费者在跨渠道服务中心的整体服务体验的提升。基于品牌 APP 的技术属性（如实时性、位置敏感性、互动性），多渠道的衔接及服务创新成为可能；基于品牌 APP 的渠道属性，客户与品牌的互动更为顺畅。品牌 APP 是提升品牌认知和情感的核心接触点（Lemon et al.，2016）。

此外，零售环境本身发生了很大的变化，零售商在选择不同的渠道策略时，也会将是否能接触客户并与其产生交流作为重要决定因素。零售商开始运用各种渠道，并作为独立的实体进行运营，这被称为多渠道战略（Beck et al.，2015）。然而，基于新商业模式和不同渠道与消费者距离的两方面考虑下，越来越多的企业转向全渠道战略。

相比较于多渠道，在全渠道零售模式下，移动应用的要求越来越高、使用行为越来越复杂、移动端的重要性越来越大。全渠道环境给移动端渠道建设带来新的挑战。具体体现在：①渠道建设的目标由提升单一渠道的效率转变为提供无缝的购物体验。这一转变，突出了用户的主体性，强调了渠道的整合质量。从用户体验出发、体现渠道整合的需求，是全渠道背景下对品牌移动应用渠道建设的新要求。②全渠道系统打破了消费者品牌接触点的壁垒，消费者可以轻易地从一个销售渠道切换到另一个销售渠道，渠道决策过程更加复杂（廖颖川 等，2019）。调查显示，商家对全渠道广告的重要性和效果认可度高（92%），但应用全渠道的商家还有限，近 60%的企业并不具备有效的、有针对性的渠道经营策略（Econsultancy，2018），导致消费者购物体验不佳。③由于移动端能够打破以往多个渠道的边界和壁垒，能满足全渠道购物者随时随地触发所有渠道整合的需求，因此，为全渠道建设提供服务、技术和数据支撑，是实现全渠道营销的关键渠道（Brynjolfsson，2013；Lazaris et al.，2015）。

（一）实现线上线下渠道整合

客户使用品牌 APP 来搜索产品信息，并根据自己的情况对产品和价格

进行比较，因此，增强客户访问不同渠道的便利性是很重要的。现代消费者行为呈现多元化，不再局限于单一渠道或品牌 APP，而是灵活穿梭于多种渠道与平台之间，以满足个性化的消费需求。据此，零售商整合并强化渠道，提供创新、多元的渠道组合模式，以满足消费者需求。例如，整合良好的渠道策略应该包括高度整合的产品、价格和促销信息。当消费者感受到更多的选择和控制时，他们更有可能享受他们的购物过程。此外，如果企业为提升消费者多空间个性化体验，实施跨渠道高度整合，确保信息无缝流动与互补不可或缺。在过去的多渠道或跨渠道零售模式中，零售企业往往难以有效统一和精确识别同一消费者在不同渠道中的身份，导致消费者信息在各渠道间呈现碎片化状态，进而影响服务的连续性和个性化程度。然而，在全渠道零售的新时代，这种局面得到了根本性的改变。在全渠道零售框架下，企业构建了一个统一的消费者身份体系，确保消费者无论在哪个渠道进行交互——实体店、PC 端网店、品牌专属 APP 及社交商店等，都能享受到一致且连贯的购物体验。这意味着消费者将拥有统一的购物身份（ID）、统一的购物清单，以及统一的购物账户，这些元素跨越了所有渠道，实现了无缝对接（齐永智 等，2014）。

（二）实现跨渠道的一致性

1. 品牌形象的一致性

无论客户通过哪个渠道与品牌互动，品牌形象和声音都应该保持一致。这包括品牌的标志、颜色、字体、视觉风格以及品牌的语调。通过保持一致的品牌形象和声音，企业可以建立强烈的品牌认知和信任感。如耐克（Nike）无论是在实体店、官方网站、移动 APP 还是社交媒体上，始终保留其标志性的“Just Do It”口号和积极、动感的视觉风格。

2. 产品信息和定价的一致性

客户期望在不同渠道上看到相同的产品信息和定价。无论是在实体店还是在线商店，产品的描述、规格、价格以及促销信息都应保持一致。这种一致性可以避免客户因信息不符而产生的困惑和不信任。宜家（IKEA）在其实体店、官网和移动 APP 上，提供一致的产品信息和价格，确保客户在任何渠道上购物时都能获得相同的体验。

3. 客户服务的一致性

提供一致的客户服务体验对于提升客户满意度至关重要。无论客户是通过电话、电子邮件、在线聊天还是社交媒体联系品牌，服务的质量和响应时间都应该一致。客户服务代表应经过统一的培训，确保他们能够提供一致的品牌体验。亚马逊（Amazon）在客户服务方面表现出色，不论是通过网站、APP 还是电话，客户都能得到快速、高效的服务。

4. 订单和库存的一致性

客户希望能够通过任何渠道了解产品的库存情况并进行订单管理。这意味着企业需要整合各渠道的库存数据，确保客户能够在任何渠道上实时查看产品的可用性，并在任何渠道上跟踪和管理他们的订单。沃尔玛（Walmart）通过全渠道战略，实现了在线下单、店内取货和退货的无缝衔接，使客户能够方便地跨渠道购物和退换货。

5. 个性化体验的一致性

在全渠道环境中，个性化体验的一致性尤为重要。企业需要整合客户在不同渠道上的数据，提供一致的个性化推荐和促销信息，根据客户的历史行为和偏好，在各个渠道上提供定制化的购物体验。这可以通过数据分析和人工智能实现。星巴克（Starbucks）通过其 APP 和会员计划，收集客户的购买历史和偏好数据，并在不同渠道上提供一致的个性化推荐和优惠。

6. 促销活动和忠诚度计划的一致性

客户期望在所有渠道上享受相同的促销活动和忠诚度计划。无论客户是在线上还是线下购物，促销折扣、积分奖励和会员福利都应保持一致。这样可以确保客户不会因为渠道差异而感到困惑或不满。丝芙兰（Sephora）的 Beauty Insider 忠诚度计划在其网站、APP 和实体店中都有效，客户可以在任何渠道上积累和使用积分。

7. 互动和反馈的一致性

客户希望他们的互动和反馈能够在不同渠道上得到同等的重视和响应。企业需要确保客户在社交媒体、网站评论、实体店反馈等各渠道上的意见和建议都能被及时记录和处理。迪士尼（Disney）在其乐园和度假村通过各种渠道收集客户反馈，并确保所有反馈都能得到及时和一致的处理。

8. 技术和用户界面的一致性

技术和用户界面的统一性对于提供一致的用户体验至关重要。企业需要确保其网站、移动 APP 和其他数字平台在设计和功能上保持一致，提供流畅的用户体验。苹果（Apple）的官网和 Apple Store 应用在设计和用户体验上高度一致，确保用户在不同设备和平台上都能享受无缝的体验。

（三）实现跨渠道服务的无缝性

依托品牌 APP 可以实现不同渠道之间的无缝连接和切换。BOPS 模式，即 Buy Online, Pick Up In Store（在线购买，门店取货），是一种结合线上购物和线下取货的全渠道零售策略。这种模式通过将电子商务的便捷性与实体店的即时性相结合，为消费者提供灵活的购物选择，并帮助零售商优化库存管理、提高客户满意度和提升销售额。消费者可以在去实体店购买之前就在移动品牌 APP 上查看到产品的细节并阅读在线评论，或者在全渠道旅程中在线购买产品后体验线下售后和送货服务。公司正在努力拓宽与客户互动的渠道，客户可以在不同渠道、不同类型的品牌 APP 之间自由移动，并要求无缝的购物体验。

（四）提升全渠道互动水平

在客户的全渠道旅程中，他们与服务提供商的互动可以积极影响他们对公司的满意度、忠诚度和参与度。在全渠道交互中，客户使用多个线上和线下渠道进行一次购买的信息收集、沟通和交易。从消费者的角度来看，企业发起的互动水平被称为渠道互动。就品牌 APP 而言，互动性意味着双方或多方通过传播媒介进行互动的程度，而这种互动会影响消费者的行为意愿。同时，互动将顾客的感官体验提升到最佳水平，这种互动也提升了身体体验。

互动包含了零售商跨渠道为消费者提供多种互动方式的能力。全渠道零售强调线下和线上分销之间的互动效应，以及如何达到最佳平衡。在全渠道环境中，双向交互通道和单向交互通道的区别不再明显。全渠道零售通常包括供应商产品到达消费者的分销渠道，也包括营销人员与消费者互动的沟通渠道（如支付、消费、购后服务）。随着数字技术的不断发展，互动模式越来越趋于社会化，消费者和零售商的互动交叉发生在各种线上和线下渠道，如品牌 APP、官方网站、实体店和社交媒体。与传统的网络环境相比，全渠道环境下的品牌 APP 社交互动具备即时性。在新兴技术的支持下，这种互动也为营销人员提供了调整和与消费者沟通的机会。除了客户与公司之间的互动之外，客户之间也会发生互动（如“点对点”），这种沟通方式会影响到客户对品牌的考虑（齐永智 等，2014）。

四、品牌 APP 是提升消费者体验的有效途径

（一）功能性维度

1. 实用性方面

品牌 APP 的实用性体现在其多样化和高效的功能设计上，从商品展示与搜索、在线支付、订单管理，到个性化推荐、客户服务和支持、离线功能、信息更新与推送等各个方面，都旨在提升用户体验，满足用户需求。其中，品牌 APP 的设计层面内涵丰富，包括了界面设计是否直观、操作是否简便、导航是否方便、用户是否能轻松找到所需功能等。此外，其能够使用户在线上和线下销售渠道中实现无缝切换，为消费者打造高度流畅的购物体验。数据驱动的个性化，以及移动互联网的快速发展，有利于企业收集、分析数据，进而增加对消费者的了解，对消费者进行更加精准的画像，同时，更准确地抓住并满足消费者的个性化需求，以此为消费者推送广告或创造个性化产品与服务等。

2. 可靠性方面

品牌 APP 的可靠性涵盖了稳定性、安全性、性能、可用性和维护性等多个方面。通过确保应用的无故障运行、数据安全、高性能、用户友好和易于维护，品牌 APP 可以提供优质的用户体验，增加用户对品牌的信任和满意度。通过持续的优化和改进，这些可靠性因素将有助于品牌在激烈的市场竞争中获得优势，提升用户忠诚度和品牌价值。

（二）互动性维度

1. 提高响应能力

响应能力指企业对用户需求和反馈的响应速度和有效性，包括客服的反应时间和解决问题的效率。首先，品牌 APP 可以集成在线客服系统，使用户在遇到问题时能够及时与客服人员沟通。通过聊天机器人和人工客服相结合的方式，快速解决用户的问题。其次，利用 AI 技术，APP 可以提供智能回复功能，自动回答常见问题，减少用户等待时间，提高响应效率。最后，APP 内置多种反馈渠道，如反馈表单、评论区和评分系统，让用户能够方便地表达意见和建议。用户反馈提交后，系统可以立即通知相关部门进行处理，并通过 APP 向用户反馈处理进展和结果，提升用户的参与感和满意度。

2. 互动个性化

互动个性化是指产品或服务能根据用户需求进行个性化定制、个性化推荐，消费者期望获得基于其偏好和购买历史的个性化产品和服务推荐。企业需分析从各渠道收集的数据，并利用人工智能技术对用户进行精准画像，为用户推荐符合其需求的个性化产品或服务。

3. 丰富互动方式

随着移动设备和社交媒体的广泛使用，客户越来越多地通过品牌 APP 参与在线对话和文章分享，并制作自己的内容供个人使用或发布。让消费者在零售环境中与产品进行接触和互动，可以减少消费者对产品的不确定性，激发他们的情感，刺激他们进一步使用，这对零售商是有利的。学者们提出了一种感官接触策略，即通过品牌 APP 与消费者心理和身体的互动来提升品牌形象和身份。例如，宜家家居推出了一项 AR 应用服务，顾客可以在虚拟信息与真实物理环境相交互的实时空间里，随时随地设计自己喜爱的装饰风格（齐永智 等，2014）。

（三）情感性维度

1. 增强企业与用户的情感连接

首先，通过 APP 传递品牌的历史、文化和故事，增强用户对品牌的情感认同。其次，还可以借助品牌 APP 开展品牌关怀。例如，用户可以在 APP 中设置自己感兴趣的内容类别，如新闻、促销信息、产品资讯等，使推送内容更加符合用户兴趣。再如，品牌 APP 可以定期组织线上活动，如有奖问答、抽奖、限时促销等，增强用户的参与感和互动性。鉴于品牌营销与全渠道模式的融合，品牌与客户、客户与客户之间的互动接触点更加全面。这些互动接触点已经成为品牌和消费者建立关系或进行情感交流的场所。

2. 增强用户之间的情感连接

在 APP 内设立用户论坛或社区，用户可以在这里分享使用心得、提出问题和建议，使之形成一个积极互动的用户群体。鼓励用户发布评论、晒单、视频等内容，通过点赞、评论和分享等功能，增加用户之间的互动和交流。

第三节　品牌 APP 研究的历史

一、品牌 APP 价值研究

在深入探讨品牌 APP 的感知价值时，多个维度如社交价值、有用性、娱乐性价值等已被广泛确认为其重要组成部分（Huré et al.，2017；Zhao et al.，2015；Gill，2017）。企业品牌 APP 凭借其安全性、个性化及情感连接等优势，在渠道购物价值上赢得了消费者的广泛认可。

从服务主导逻辑的视角出发，品牌 APP 不仅仅是服务获取的渠道，更是用户与品牌深度互动与共创价值的平台。在此过程中，价值是在用户的积极参与下，与品牌商共同创造的（Xu et al.，2019）。这种共创行为跨越了服务产品、体验环境及服务互动等多个层面，体现了全渠道模式下价值共创的复杂性与深度（Okumus et al.，2018）。

尽管消费者对品牌 APP 感知价值的认知日益丰富，但现有研究尚缺乏对这一复杂现象的全面解析。消费者对品牌 APP 的感知价值在全渠道模式下有了巨大改变。首先，全渠道整合改变了感知价值的构成。线下、线上和移动端的功利性价值、享乐性价值和社交价值共同决定了全渠道购物体验。线下购物的功利性价值在全渠道情境下发生较大变化，移动端购物价值构成则变得更为复杂（Fang，2019）。

其次，企业品牌 APP 在全渠道整合中的功能定位改变了价值感知（Fang，2017）。例如，利用移动端自然流畅的交互（相机、扫码）、工具性的硬件功能（传感器、蓝牙、AR）等，辅助消费者做决策（沈鹏熠 等，2019）。再如，基于消费者地理位置和消费场景，进行个性化服务（高伟，2019；Park et al.，2017）。

最后，通过沉浸式游戏或互动式社交，增强品牌互动（Fang，2017）。特别是在全渠道环境下，品牌 APP 的感知质量对感知价值的影响机制变得更加错综复杂。这一机制不仅受到品牌本身感知质量的直接影响，还受到全渠道整合策略（Lee et al.，2012），以及消费者与品牌间互动深度与质量的显著调节（Baxendale et al.，2015）。因此，未来研究需进一步细化并深入探讨这些因素如何相互作用，来共同塑造品牌 APP 的感知价值。

二、品牌 APP 的特征研究

（一）品牌 APP 的社会临场感

社会临场感是指对象在互动中的显著性程度以及人际关系的显著性。品牌 APP 的社会临场感代表了媒介可以提供的温暖感和社交性，包括在应用程序中提供的亲密的面部表情、声音变化、类人的敏感性和响应能力等，体现了媒介能与用户进行“面对面”交互的程度，完美地缩短了媒体和用户之间的感知距离。人类是社交动物，且始终需要人际交流，所以，社会临场感在促进人际关系中扮演着重要角色。由于线上环境往往缺少某些社交因素（如面部表情、声音变化、社交氛围等），线上社交活动与线下面对面社交具有较大差异，而如果这些社交因素能通过技术和网站特征体现出来，人们则更愿意付出时间和精力建立这种“线上人际关系”。与一个相对机械、冷漠的网站相比，人们在一个具有社交性因素的网站中更具互动积极性。线上购物 APP 如果能具有更高的社会临场感，将会获得与用户更紧密的互动。

社会临场感可被应用于阐述互联网媒体与用户之间的关系，并揭示该媒体如何在不同环境下（在线购物、虚拟团队和在线教学）影响人际交往和社交。首先，库马尔和本巴萨特（2002）证实了空间临场感能促进网站与其用户的关系维护；也有研究表明空间临场感与某些重要技术感知有关，如信任、参与度等。其次，社会临场感还能增强品牌 APP 的采纳意愿并形成积极的品牌态度，如消费者—品牌契合感。最后，社会临场感也被证实能增强媒体的信息丰富性和娱乐性。

金姆等（2013）的研究揭示了参与动机的三大支柱——功利性、享乐性和社会性动机，这些动机显著地促进了消费者的积极行为。然而，在品牌 APP 的情境中，本书将采用社会临场感这一更为综合的概念来替代传统的社会性动机，以更全面地描绘用户与品牌及平台间的互动体验。社会临场感不仅涵盖了人与人交互的社会性层面，如评论、评级、推荐分享及问答互动等，还深入人机交互的细腻情感层面，包括用户对系统反应灵敏度、温暖感、亲切感等人性化特征的感知。当品牌 APP 展现出高度的社会临场感，如提供亲密感、流畅且反应灵敏的交互体验时，用户不仅能够更有效地获取和利用信息，还能在购物过程中享受到更深层次的愉悦与满足。

尽管过往研究已充分探讨了消费者的功利性、享乐性和社会性动机，以及社会临场感对品牌 APP 营销效果（满意度、参与度等）的积极作用，但鲜有研究深入剖析社会临场感是如何具体地影响用户对品牌 APP 的持续采纳与参与价值共创的意愿。本书认为，社会临场感作为交易导向型品牌 APP 的核心特征之一，能够通过强化消费者的功利性（信息获取与利用）和享乐性（情感体验与享受）动机，构建更加紧密的消费者—品牌关系，进而激发用户的持续使用意愿和参与价值共创的行为。

（二）品牌 APP 的空间临场感

空间临场感是一种主观感知概念，是指用户感知到的处于虚拟环境中或被虚拟环境包围的感觉，用户可以感知到显示对象似乎是真实存在于现实物理世界中。在 AR 技术作用下，虚拟物品成为物理世界的一部分，AR 允许用户在现实环境中控制虚拟商品并与其互动，就好像在实体商店中购物一样，从而产生空间临场感。根据赫尔肯等人的研究，为了成功获取顾客，顾客在虚拟线上渠道（如 AR 购物 APP）的体验应该类似于线下真实的购物体验（Hilken et al.，2017）。以往有关 AR 的研究中还探讨过一些类似的概念，如增强质量、感知增强和本地临场感，研究强调交互性和生动性是导致临场感的一般要素。吕泰尔等在 AR 广告营销背景下定性探讨了视觉吸引力和信息—任务匹配作为内容匹配的两要素对空间临场感的积极作用（Ruyter et al.，2020），海勒等将空间临场感视为一种服务有形性要素，认为视觉吸引力和信息—任务匹配作为 AR 交互特征能积极影响顾客服务有形性感知（Heller et al.，2020）。以往研究表明 AR 移动应用比非 AR 移动应用具备显著更强的空间临场感，并能形成用户对该移动应用、品牌（品牌态度、购买意图）的积极反应。

目前的研究关注了空间临场感对 AR 增强质量、服务有形性和品牌 APP 回应等积极结果的显著影响，但对其消极效应的研究十分缺乏。尽管有研究关注到了顾客感知 AR 技术带来的各种风险，如技术焦虑、隐私担忧和感知侵扰性等，但未能证实是 AR 的何种特征（如空间临场感）带来的这些风险感知，也缺少对 AR 除消极风险因素以外的探讨。本书认为，尽管 AR 空间临场感能带来许多积极效应，AR 常常被视为高级、有趣的新技术，但高水平的空间临场感也会导致消费者产生可控与不可控两方面完全相反的感知，用户在使用该技术时会将其作为参与价值共创的尝试过程来看待，通过自身努力形成与品牌的共创体验。消费者在线上购物环境中往往具有更高的敏感性。关注新技术的应用如何影响消费者正面、负面感知，对 AR 移动应用如何利用空间临场感打造更完善的线上服务具有重要意义。

三、全渠道背景下的品牌 APP 研究

（一）全渠道的定义及特点

全渠道的概念被认为是多渠道概念的演变。多渠道将渠道作为独立的实体进行垂直运营，而全渠道的目标是整合不同渠道中的所有信息，为客户提供流畅、一致的服务，特别是关注整合和协调独立的渠道，以满足消费者对无缝渠道过渡的需求（Shen et al.，2018）。

全渠道概念的发展经历了多个阶段，从单一渠道零售演变为多个销售和服务渠道的整合，以满足不断变化的消费者需求。全渠道概念经历了以下三个主要发展阶段。

（1）单一渠道零售：在早期，零售业主要通过实体店铺进行销售，这是传统的单一渠道零售模式，消费者购物只能在实体店铺完成。

（2）多渠道零售：随着互联网的普及，零售商开始拥有线上销售渠道，如电子商务网站。消费者可以选择线上或线下购物，但这两种渠道通常独立运营，缺乏协调。

（3）跨渠道零售：随着消费者开始在多个渠道之间切换，零售商也开始努力实现更紧密的协调和整合。现在，消费者可以在线购物，然后在实体店铺取货，或者在实体店体验之后再进行线上购买。零售商开始认识到消费者有使用不同渠道的习惯，需要向他们提供无缝的购物体验。

全渠道零售的概念最早由里格比于哈佛商业评论上提出，是指零售商通过任何可能的渠道，包括线上和线下多个不同渠道同时与顾客进行沟通、交易，甚至达成价值共创。因此，维霍夫（2015）将“全渠道管理”正式定义为“对众多可用渠道和客户接触点进行协同管理，从而优化跨渠道的客户体验和跨渠道的绩效”的一种管理模式。消费者可以根据个人喜好在购买过程的多个阶段切换零售渠道，最终完成信息搜索、产品购买、发货、退货等购物行为。因此，零售商需要制定全渠道战略，以应对消费者不断变化的购买方式（例如，在店内或在线购买）和偏好（例如，送货上门或在店内取货）。因此，全渠道零售模式可在同时满足电子商务的新

模式和与消费者实际接触两个不同方向的前提条件下，实现产品销售甚至品牌塑造。

国内学者普遍认为，向全渠道转型是由数字化技术的兴起、互联网的普及和消费者行为的变化所推动的。全渠道零售已经成为中国零售业的重要战略之一。学者们对全渠道概念进行了不同的定义：王丽（2017）强调全渠道是多渠道的进一步整合，使得消费者可以在线上和线下购物渠道之间无缝切换；黄峥（2018）则关注数据驱动和智能技术的应用，旨在为消费者提供个性化的购物体验。全渠道模式可从多个角度出发，例如，刘向东（2014）提出全渠道营销和线上到线下（O2O）零售两种全渠道模式，并指出零售商可以根据商品类型和服务要素的组合特征来选择性实施。国外部分学者认为全渠道零售已成为国际零售业的主要趋势，强调了要整合多个销售渠道，以满足消费者的多样需求。例如，琼斯（2005）认为多渠道零售是全渠道的前身，后者更强调销售渠道之间的无缝整合，使消费者能够自由切换渠道；维霍夫（2015）强调全渠道是一种整合多个销售渠道的战略，以提供一致的购物体验；曹（2014）发现跨渠道整合使得以线上渠道为主导的多渠道模式转化为以线下渠道为主导的全渠道模式。因此，基于全渠道文献综述的结论，全渠道管理分为多个不同研究领域，且处于理论和实践都在高速发展的时期。本书参考现有文献，认为全渠道零售是指零售商采纳并整合所有可用的零售渠道和顾客接触点，为零售商提供渠道协同效益并为顾客提供无缝体验的一种渠道管理策略。其中，跨渠道整合是零售商实现全渠道管理的核心能力，指的是零售商对不同渠道的零售信息、交易过程和顾客信息进行整合的过程。全渠道经营指企业采用广泛的零售渠道（包括有形与无形店铺、信息媒体等）进行跨渠道整合销售，旨在满足顾客购物、娱乐与社交的综合体验需求（李静雯，2022）。

（二）全渠道的主要研究方向

全渠道发展至今，基于不同研究领域的不同需求，可分为多条主要的研究路径。本书从全渠道最主要的七个方向进行简要介绍，包括全渠道零售模式、全渠道策略、全渠道客户服务、全渠道物流和履行、全渠道营销和广告、全渠道消费者行为、全渠道顾客偏好，方便更好地理解全渠道的主要研究现状。

1. 全渠道零售模式

全渠道零售的相关研究较为丰富，也是本书的研究重点，它旨在整合所有渠道，提高零售商的总销售额。全渠道零售的研究从 2013 年逐年完善。布林约尔松等（2013）首先提出技术在全渠道零售中起着至关重要的作用，并提供了全渠道零售商可能的一整套成功策略，包括定价策略、数据分析、独特的产品选择等。贝尔强调了以客户为中心是全渠道零售模式的关键点（Bell et al.，2014）。

为了更好地区分全渠道和多渠道的差异，高和苏提出在全渠道零售中在线购买和店内提货的 BOPS 模式，同时明确了该模式并非完全适用于全部产品类别（Gao et al.，2017）。继 BOPS 模型之后，加利诺等又引入了“船到店”模型（ship-to-store，STS），使消费者在网上订购的产品可以运送到当地商店，消费者可以在商店取货（Gallino et al.，2017）。基于消费者的退货和订单取消等情况的增多，张等人发现零售商并不总是能从全渠道零售中受益，例如交叉销售利益和市场扩张效应等多种因素都会影响实际收益（Zhang et al.，2018）。总之，全渠道零售在未来还有更多的发展可能，可探索更多渠道的互动与融合（如社交媒体零售与实体零售的互动），或者探索新技术（如虚拟现实、人工智能、区块链等）如何改变全渠道零售。

2. 全渠道策略

全渠道策略是较早也是较重要的研究领域之一，是探索多渠道零售整合和协同效应的早期工作，这促进了该研究领域全渠道战略的发展，有研究指出多渠道协同效应强调跨渠道运作的重要性，如跨渠道价格和促销、客户沟通、市场研究等（Zhang et al.，2010）。零售商从多渠道转向全渠道的过程也不是一帆风顺的，最主要的难点就是要面临整个公司的战略调整（Huré et al.，2016），需要多试错学习。从全渠道服务的角度考虑，全渠道策略中渠道整合质量对消费者的体验是最重要的影响因素之一（Shen et al.，2018）。并且由于这种全渠道战略的复杂性，并不是每个公司都能从这种策略中受益。因此建议公司应该基于自身的渠道资源、资产，以及产品的特性，来打造自身的全渠道策略。

3. 全渠道客户服务

前文提及了全渠道服务，全渠道服务和全渠道零售对于品牌形象的塑造效果是完全不同的。例如，全渠道零售中线下和线上品牌形象会产生互易交叉通道效应，线上与线下的相关性是正向的，而多渠道服务更容易产生跨渠道冲突，线下渠道的良好表现会降低线上渠道的有用性，增加线上渠道的风险（Falk et al.，2007）。研究人员基于跨渠道服务的协同和非协同并存的现象，建议管理者在服务交付过程中关注渠道整合和整体渠道系统绩效（Yang et al.，2013）。

4. 全渠道物流和履行

凯尔维诺尔等人研究了在线零售的物流服务，发现线上销售的灵活性、线下基础设施的高服务性和溢价提供是提高消费者期望的重要方面（De Kervenoael et al.，2015）。有研究整合了全渠道环境下的零售履行情况，分析了综合履行的物流选择，建议对多渠道经营的零售商设计仓储系统进行渠道整合库存管理，并且考虑了全渠道管理中最终环节的履行和分配问题，整合之后，提出了一整套物流规划框架（Hübner et al.，2016）。

5. 全渠道营销和广告

不同渠道必然存在资源配置问题，特别是营销资源的配置。众多研究探讨了这一点。例如，迪内等（2014）研究了传统媒体和在线广告对线下和在线销售的跨渠道影响，研究证实在推动线下销售方面，付费搜索广告比传统广告更有效。在之后的发展中，卡纳安等（2017）提出了一个数字营销研究框架，将营销策略、营销过程和数字技术联系在一起，概述了数字营销研究的全面未来研究议程。考虑全渠道是基于互联网的发展而兴起的，其未来必然也顺应技术的发展，因此如何更好地融入新技术，是全渠道的研究必然需要考虑的一个领域。赫尔肯等（2018）探讨了 AR 如何改善客户的全渠道体验，证实了通过 AR 可以获得无缝的全渠道体验，可以消除当前全渠道环境中存在的障碍。因此，全渠道营销与广告的本质问题包括搜索引擎广告的有效性、营销资源配置、跨渠道效应、新技术带来的转型等。

6. 全渠道消费者行为

消费者在面临企业全渠道战略或者全渠道零售模式时，是否能在不同渠道之间进行切换、转移，及其对全渠道的接受度，是企业能否在全渠道模式下盈利的关键。邱等（2011）研究了消费者在跨渠道购买中的搭便车行为，即消费者可以从一个渠道获取产品信息，然后在另一个渠道购物。

研究发现，多渠道自我效能感、竞争对手线下门店服务质量感知及线下渠道风险降低都会影响消费者的跨渠道搭便车意愿。朱等（2013）研究了消费者对自助服务技术（SSTs）失败的反应，即继续使用或转换其他品牌，确定了消费者的渠道转换行为，其中更多的参与者（56%）最初选择解决SSTs问题，而不是从它切换（44%）。弗里萨马尔等（2018）研究了全渠道零售中连接零售商和购物者的购物中心数字战略。他们提出了三种通用策略：成为一个有标签的数字品牌、收集数字数据、拥抱数字化。陈等（2018）分别从以零售商为中心和以消费者为中心的角度讨论了全渠道商业研究中的机遇和挑战。

7. 全渠道下客户不同渠道偏好

布林约尔松等（2009）研究了传统实体零售商和线上零售商在跨渠道竞争中的产品选择问题和地域影响。研究证实，消费者在日常用品方面更偏向传统实体零售商，但在销售小众产品方面更倾向线上零售商。因此，需要考虑在不同零售渠道销售的产品类型。该研究在后续发展了两条不同的路径：一个是关于地理对客户偏好和线上到线下（O2O）商业的影响；另一个是线下和线上渠道的产品选择和评估问题。李等（2018）研究了线上到线下服务及其与本地竞争者的联系，证实了口碑效应和观察学习效应都有助于O2O平台服务的拓展，当地市场的特点决定了需求和供给。德扎布拉等（2018）探讨了线下和线上渠道的产品选择问题，并解决了最优的线下分类选择问题，以最大化两个渠道的利润，衡量了线下分类对在线销售的影响。

总体而言，鉴于多样化的背景、产品特性及利益诉求，全渠道研究的方向呈现出显著的差异性，使得企业能否在此领域成功获取竞争优势成为一个复杂且难以一概而论的问题。然而，值得庆幸的是，众多研究人员已经贡献了丰富的全渠道策略案例与理论框架，为企业提供了宝贵的参考与借鉴，助力其根据自身实际情况探索出最适合的全渠道发展路径。

四、品牌APP可用性研究

移动应用的可用性是指该移动应用可以被特定用户使用，并能有效地达到使用目的。移动应用是安装在手持设备，如手机或平板电脑上的IT软件。移动应用的可用性区别于移动终端的可用性，不仅包括操作系统是否好用，还包括是否能有效满足用户的使用需求。APP 的可用性在以往的研究中有很多讨论。在信息系统领域常基于 TAM 模型从感知易用性和有用性两个维度来评估信息系统感知可用性。基于感知服务质量评估模型，大量研究者提出网站质量的分析模型，从易用性、导航、安全保障、内容、响应性来衡量网站的质量。

仁和华等（2004）探索了可用性的特征，包括使用意愿、感知易用性、感知有用性、兼容性、使用成本、感知风险。黛安·赛尔等（2005）认为可用性包括外观设计（颜色、形状、类型、音乐、动画等）、易用性、有用性、娱乐性。费奥娜等（2005）通过有效性、效率、满意度、安全性、成本、用户接受意愿来衡量可用性。季古勇等探索了可用性的内涵，包括可认知性（可预测、结构化、连贯、熟悉等）、信息特征（易懂、简洁等）、人机交互（反馈、错误提示等）、用户支持（灵活性、个性化）、性能（高效、易用）。尼尔森等（2007）认为有用性包括了功能可见性、可认知性、一致性、功效性、反馈、信息、交互风格、导航、任务流等。阿迪帕特等（2011）要求用户参与五种不同的模型测试，通过回答测试问题衡量用户性能，采用问卷量表来衡量用户感知，认为可用性包括了时间、准确性、感知易用性、感知有用性。乌尔巴谢夫斯基（2007）采用客观数据衡量有效性和效率，利用 SUS、ASQ、NET 三种问卷调查测量满意度，认为有用性包括有效性、效率、满意度。伊萨等（2015）通过文献分析提出有用性评估指标，根据指标分析评估 347 个民宿网站的可用性，结论发现有用性包括下载速度、页面尺寸、无效链接。吴威等（2016）结合国外文献研究和电子商务的影响因素提出电商服务质量评价指标，认为有用性的内涵包括效率性、系统可靠性、履行性、隐私安全性、外观设计、服务性、补偿性。李永华等（2011）通过文献研究和专家小组方式提出网站可用性评价指标，认为可用性包括一致性、可导航性、可支持性、可学习性、简洁、交互性、可靠性、易懂性、内容。波塞尔等（2010）结合文献整理、专家小组、访谈等形式提出网站有用性评估指标，包括可靠性、内容、易用性、灵活度、错误率、速度、外部广告、功能、交互性。潘特（2014）基于文献和网站情况设计问卷，其中问卷调查要求用户评估网站的可用性，认为有效性、有用性、效率、易学性、易访问性、满意度是衡量可用性的重要维度。桑德雷格等（2009）使用量表问卷，要求用户评估感知产品吸引力与感知有用性，认为时间、交互效率、错误率、感知吸引性可以用来评估感知有用性。通过对这些文献的分析，我们认为现有研究存在以下不足之处。

首先，现有关于测量移动应用的可用性的研究并没有结合移动应用的情景。例如，在操作过程中，按钮大小是否容易操作。文卡塔斯等（2016）基于微软可用性指南开发了一套网站设计的可用性衡量工具，并将其应用到移动网站中。尽管研究指明在移动网站中对一些变量（如易用性和个性化）的衡量更加重要，但没有结合移动应用的使用情境，因此所开发的可用性测量量表并不适合 APP。

其次，现有的研究在评估移动应用可用性方面都是基于实验的方法，分析性能指标（如速度）对移动应用感知可用性的影响。例如，约克拉等（2006）基于实验的方法，对比两种不同的交互界面对有效性和整体可用性感知的影响。通过设计不同的移动网站和任务水平，阿迪帕特等（2011）发现多层的、彩色的文本展示会影响用户对移动应用的可用性感知。然而，受限于实验的方法，以及实验变量有限，研究只能分析片面的现象，而不能全面分析移动应用可用性的定义和内涵。此外，这些研究采用实验的方法，往往只能从结果上来反映变量与可用性的相关关系，但不能解释其因果关系。

最后，关于可用性的衡量指标没有统一的标准。现有的研究往往用大量其他概念来代替移动应用的可用性。例如，大量研究用整体满意度来衡量 APP 的可用性；此外，还有一部分用服务质量来衡量可用性。左文明等（2010）结合旅游服务的特点构建了旅游类 B2C 移动电子商务服务质量评价指标体系，包括可靠性、便利性、响应性、移动情境性和安全性五个维度。吴威（2016）分析了 B2C 移动电子商务服务质量的影响因子主要是售后服务性、系统可靠性、响应性、安全保证性、效率性和有形性。

五、品牌 APP 的抵制行为研究

品牌 APP 抵制行为是指用户通过采用其他服务渠道来抵制品牌所有者提供的品牌 APP 的行为。与抵制创新的用户相关的六个概念包括：采用者、未采用者、抵制者、推迟者、反对者和拒绝者。采用者是指那些在创新推出后采纳创新的人（Heidenreich et al.，2015）。未采用者是指那些没

有采纳创新的人（Dee Dickerson et al.，1983）。抵制者的意义比未采用者更广，因为抵制者分为三个群体（推迟者、反对者和拒绝者）：推迟者是指那些推迟采纳创新决定，直到合适时间的人（Laukkanen et al.，2008）；反对者是指那些对创新持负面态度的人（Lee et al.，2009）；拒绝者是指那些已经决定不采纳创新的人（Laukkanen et al.，2008）。这三个群体分别对应三种抵制行为：推迟、反对和拒绝（Szmigin et al.，1998）。加蒂尼翁等（1989）将抵制分为推迟和拒绝。斯米金等（1998）在此分类中增加了反对。随后，劳卡宁等（2008）发现这三种行为在互联网环境下的采纳障碍方面有所不同。具体来说，这三种抵制行为的含义如下。

（1）推迟：推迟指的是用户即使认为创新在当下是可接受的，仍然推迟采纳的行为（Gatignon et al.，1989）。他们更倾向于等待并观察创新的发展，然后再决定是否采纳。情境因素是消费者推迟采纳的主要原因（Szmigin et al.，1998）。

（2）反对：反对创新的消费者决定攻击该创新，例如通过负面口碑传播，因为他们确信该创新不合适（Kleijnen et al.，2009）。然而，反对是用户对创新的一种模糊的采纳状态。它可能导致最终的拒绝，也可能在相对较长的时间后转变为采纳（Kuisma et al.，2007）。

（3）拒绝：拒绝是三种抵制行为中最强烈的一种（Patsiotis et al. 2013），意味着完全不采纳（Lian et al.，2013）。拒绝可以分为主动拒绝（AIR）或被动拒绝（PIR），罗杰斯（2003）认为消费者的拒绝行为是对创新评估的结果，而其他研究则表明，拒绝可能源于个体的固有保守性（Hirschheim et al.，1988）、惯性（Ganiere et al.，2004）或对现状的偏好（Woodside et al.，2005）。

现有研究将抵制的前因概括为三类——采用者特定因素、情境特定因素和创新特定因素，分别导致被动拒绝（PIR）和主动拒绝（AIR）（Heidenreich et al.，2015；Kleijnen et al.，2009）。由于采用者和情境特定因素导致 PIR，Heidenreich 等（2016）进一步研究了认知和情境被动抵制的影响，发现这两者都强烈抑制产品创新。具体而言，采用者特定因素指的是决策者的特征，如认知僵化、参与度、风险规避（Talke et al.，2014），以及缺乏自我效能感（Ellen et al.，1991）。情境特定因素指的是反映消费者采纳情况的环境，如购物环境、货币限制或已拥有的创新产品（Talke et al.，2014）。创新特定因素指的是消费者对创新的认知（Talke et al.，2014），包括功能和心理采纳障碍。当感知的功能属性未达到其最佳期望时，消费者会产生功能障碍（Heidenreich et al.，2015）。心理采纳障碍主要是因创新与消费者的信仰冲突而产生的（Antioco et al.，2010）。

劳卡宁等（2009）研究了互联网银行的创新抵制，将用户抵制分为功能性抵制和心理性抵制。拉姆等（1989）识别了五种采纳障碍：使用障碍、价值障碍、风险障碍、传统障碍和形象障碍。前两者是功能障碍，后三者是心理采纳障碍。后来的学者对这些障碍进行了深入讨论。维德曼等（2011）探讨了各种风险障碍的影响，发现财务风险、性能风险、身体风险、时间风险、社会风险和心理风险能够显著影响对天然气车辆的抵制。拉布雷克等（2017）发现消费者的现有习惯抑制了创新采纳，这与传统障碍有关。此外，安蒂奥科等（2010）研究了在“内容缺乏”和“内容存在”情境下的障碍影响，这是因为创新技术具有或低或高的不兼容性和不确定性的属性。关于抵制前因的研究相对全面。然而，由于抵制本身可以细分为三种行为，目前尚不清楚分别有哪些因素影响推迟、反对和拒绝。

已有研究表明，渠道互动具有正面和负面的影响。正面影响归因于跨渠道协同效应，即采用多渠道的客户购买频率更高，每次购买的平均金额更高，并且忠诚度更高（Piercy，2012）。信任转移理论广泛用于解释渠道互动的正面效果，该理论解释了初始信任形成的原因，从而导致在线采纳（Lin et al.，2011；Liu et al.，2018）。负面影响的跨渠道互动被视为跨渠道不协同效应（Montoya-Weiss et al.，2003）。例如，由于任何一个渠道服务不佳而导致客户在所有渠道流失的风险（Piercy，2012）、搭便车行为（Baal et al.，2005），以及协调多渠道策略的困难（Cao et al.，2015）。期望确认理论和现状偏差效应常用于解释为什么消费者不愿意采用新渠道（Bhattacherjee，2001；Yang et al.，2013）。

本书填补了品牌 APP 阻力研究的空白。以前的阻力研究的创新对象包括新产品（Heidenreich et al.，2015）和组织的信息系统（Kim et al.，2009）。然而，品牌 APP 的属性不同于产品和信息系统，品牌 APP 有许多竞争对手，客户可以免费获得品牌 APP。品牌 APP 是由组织开发的，是一种创新的服务渠道。此外，品牌 APP 的阻力在实践中广泛存在。因此，研究品牌 APP 阻力具有重要的理论意义，丰富了各类创新阻力的内涵。

六、品牌 APP 的持续行为研究

由于移动设备的广泛使用，品牌 APP 早已成为一种流行的营销形式，并且已被证实在销售和影响消费者行为方面具有积极效益，如提升顾客忠诚度、增强购买意愿等。

价值共创是一个长期互动和参与的过程。在品牌 APP 中，用户通过长期使用品牌提供建议反馈、行为数据、购买等，为企业创造价值，企业则通过不断改进客户服务、产品更新、系统更新等为用户创造新的价值，所以持续使用是价值共创在移动营销中新的拓展（杜海英，2022）。鉴于消费者持续使用对价值共创的贡献，如何实现持续使用意愿已经得到了学术界和企业的高度重视。品牌 APP 的持续使用意愿是用户行为随时间的变化状态。通过用户的长期使用行为，企业既可以全面观察消费者行为，实现精准营销，也可以利用某些 APP 内的附加服务，如门店定位、即时配送等，提高用户在全渠道环境中的品牌忠诚度。因此，实现持续使用意愿是品牌 APP 成功的关键。

以往的研究使用期望确认理论、有用性和任务—服务匹配机制等来解释消费者对品牌 APP 的持续使用意愿。基于服务主导逻辑，积极互动的过程即用户主动参与价值共创的过程，这是品牌 APP 实现持续使用的意义所在，因此本书将用消费者品牌契合来解释持续使用意愿的机制。

消费者品牌契合（Consumer-brand engagement，CBE）是消费者在特定消费者/品牌互动过程中或与品牌互动时与认知、情感和行为相关的积极活动。我们的研究之所以采用这一概念，是因为它高度强调了消费者与品牌之间的互动。基于服务主导逻辑，积极互动的过程即用户主动参与价值共创的过程，即实现品牌 APP 持续使用的过程。

消费者—品牌契合是一个多维概念，布罗迪等（2011）在研究中定义了消费者契合，并将其分为三个维度：认知、情感和行为。霍莱贝克等（2014）提出了消费者品牌契合的概念，并得出了三个维度，包括认知处理、情感和激活。我们之所以采用霍莱贝克的分类，是因为它非常适合品牌 APP 使用场景下的消费者感知特征，并且代表了在不断互动中最完整、准确的消费者感知过程。“认知处理”是指消费者在特定的消费者/品牌互动中与品牌相关的认知思维和阐述的程度；“情感”表示消费者在特定消费者/品牌互动中产生积极的品牌相关情感的程度；“激活”是指消费者在特定的消费者/品牌互动中花费在品牌上的时间和精力的程度。

这三个维度对于实现品牌 APP 的持续使用具有重要意义，然而，以往的研究通常将三个维度作为一个整体或二阶结构，缺少对于三个维度的区分。由于三种维度的契合并不是消费者的整体感知，而是一个完整的感知过程，本书将通过三个维度组成的感知过程来探究如何最终形成用户持续使用意愿。

七、品牌 APP 的跨渠道使用行为

全渠道模式下消费者的跨渠道使用行为受到了相当多的关注。首先，多数学者基于成熟的理论，应用调查法调查了跨渠道购买的原因，阿延萨等（2016）通过分析全渠道消费者在购物过程中对新技术的接受程度和使用意愿，基于 UTAUT2 模型中使用的变量和另外两个因素——个人创新性和感知安全性，开发了一个原始模型来解释跨渠道购物行为，找出了在全渠道环境下影响消费者购买意愿的关键决定性因素。尤洛娃等（2017）指出，随着全渠道消费者的激增，销售人员在向全渠道消费者销售时，既有挑战也有机会使用适应性销售技巧，学者们研究开发并评估了在面向全渠道消费者销售时的适应性销售行为模型，并将其分为非互动性和互动性两个维度，调查了消费者的购买意图。托里科等（2017）指出，全渠道购物行为出现后，缺乏将在线和移动设备分开考虑的研究，从而分析了冲动和触碰需求这两个个体特征如何影响全渠道消费者行为的决策过程。常等（2017）运用推拉锚定效应模型，明确了推动效应实体店获得的产品和服务的移动信息搜索行为和感知价值，以及拉动效应消费者对移动店吸引力的评价，从而探究了实体店与移动店的消费者渠道转换意向。

其次，还有部分学者调查了消费者的全渠道服务使用意愿。现有研究认为全渠道整合质量、顾客感知和零售商策略是顾客全渠道行为的影响因素。虽然这些研究在一定程度上促进了我们对全渠道服务使用行为的理解，但研究认为全渠道零售模式意味着一种相当独特的范式。孙等（2020）指出，尽管全渠道服务模式已经受到了相当多的关注，但仍然缺乏关于数字化对全渠道的多方面影响的理论研究，从而将社会认知理论（SCT）扩展到数字化语境中，探究了消费者的全渠道服务使用问题。刘露

(2020）表明在全渠道服务使用的过程中，渠道的流畅性感知是关键决定因素，零售商应该优化全渠道服务模式的管理，为顾客提供流畅的跨渠道服务体验。

第四节　研究思路与研究方法

一、研究思路

在数字经济时代背景下，移动应用不仅成为中国数字经济创新发展的核心引擎，而且成为中国数字经济高质量发展的重要动力。同时，在全渠道建设中，移动端出现了多个渠道相互竞争和侵蚀现象。在全渠道模式下，品牌 APP 的使用行为成为研究重点。

本书首先基于对品牌 APP 的可用性研究，根据麦肯齐等（2011）提出的量表开发流程，构建品牌 APP 可用性评价指标体系。其次，以航空公司 APP 为例，通过半结构式访谈和问卷调查的原始数据收集，以及二手数据收集，对数据进行归纳分析，对量表信度效度进行检验。分析了航企 APP 有用性感知的内涵和衡量方法，填补了衡量 APP 可用性研究的空白。最后，为 APP 交互结构设计、产品和服务开发提供参考，指导开发者对 APP 进行持续改进。本书关注的是本地化 APP 的可用性，研究结论同样可以应用到微信、支付宝等 APP 的设计中。

开发品牌 APP 是与消费者接触的第一步，而用户的抵制行为是品牌 APP 渠道获客阶段面临的问题。本书对造成用户产生抵制行为的前因展开探索，从消费者视角出发，从根本上了解消费者产生抵制行为的原因。研究填补了对三种抵制行为实证研究的空白，通过考察外部环境因素发展创新抵制理论。同时，从另一个视角帮助企业洞察消费者心理及行为，从而提高用户黏性并增强用户和企业沟通。

持续使用才是企业实现可持续发展的关键所在，鉴于品牌 APP 的潜在好处与巨大前景，用户持续使用意愿受到学术界和企业的高度重视。本书通过区分品牌 APP 类型，即体验型和交易型 APP，并引入空间临场感和社会临场感两个因素，分别探讨了二者如何分别通过提升空间临场感和社会临场感来增强用户持续使用意愿的问题。对于体验型品牌移动应用，本书引入 AR 技术，结合空间临场感对其展开研究。同时，引进尝试理论解释 AR 价值共创的复杂机制。对于交易型品牌移动应用，基于服务主导逻辑，积极互动的过程即用户主动参与价值共创的过程，这是品牌 APP 实现持续使用的意义所在。本书将用消费者品牌契合来解释用户持续使用意愿的机制，拓展了用户持续使用意愿的研究。通过探索影响用户 APP 持续使用因素，增强用户持续使用意愿，帮助企业从多角度了解消费者使用行为，这有利于企业绩效的实现，从而实现用户企业双赢局面。

本书研究的品牌 APP 的跨渠道使用行为是指在购买旅程的不同阶段，用户与品牌的互动由其他渠道转移到品牌 APP 渠道的行为。本书对全渠道中品牌 APP 的跨渠道使用进行细化研究，揭示了顾客全渠道中品牌 APP 的跨渠道使用意愿的影响机制。从渠道的便利性、无缝性以及透明性角度出发，表明了渠道质量整合的重要作用。同时，从消费者视角，发现敏捷性、流畅性及灵活性的感知均会从不同方面影响消费者购物整体感知。对全渠道环境的敏锐认识使得本书对这个问题有了更深入的调查，仔细考虑了新的环境情况中一些重要的影响因素，也进一步延伸了对这一主题的研究，建立了新的框架和特定前因，进一步实证探索了客户跨渠道行为的潜在驱动因素。本书扩充了在全渠道背景下对跨渠道行为的研究，同时，阐明了顾客全渠道中品牌 APP 的跨渠道使用意愿选择决策的影响机制，丰富了全渠道背景下跨渠道行为的研究。对消费者的品牌 APP 的跨渠道购物行为的研究，有助于企业从消费者视角看待消费者跨渠道使用意愿，提高用户转换率，提升企业绩效。

本书的技术路线图如图 1-1 所示。

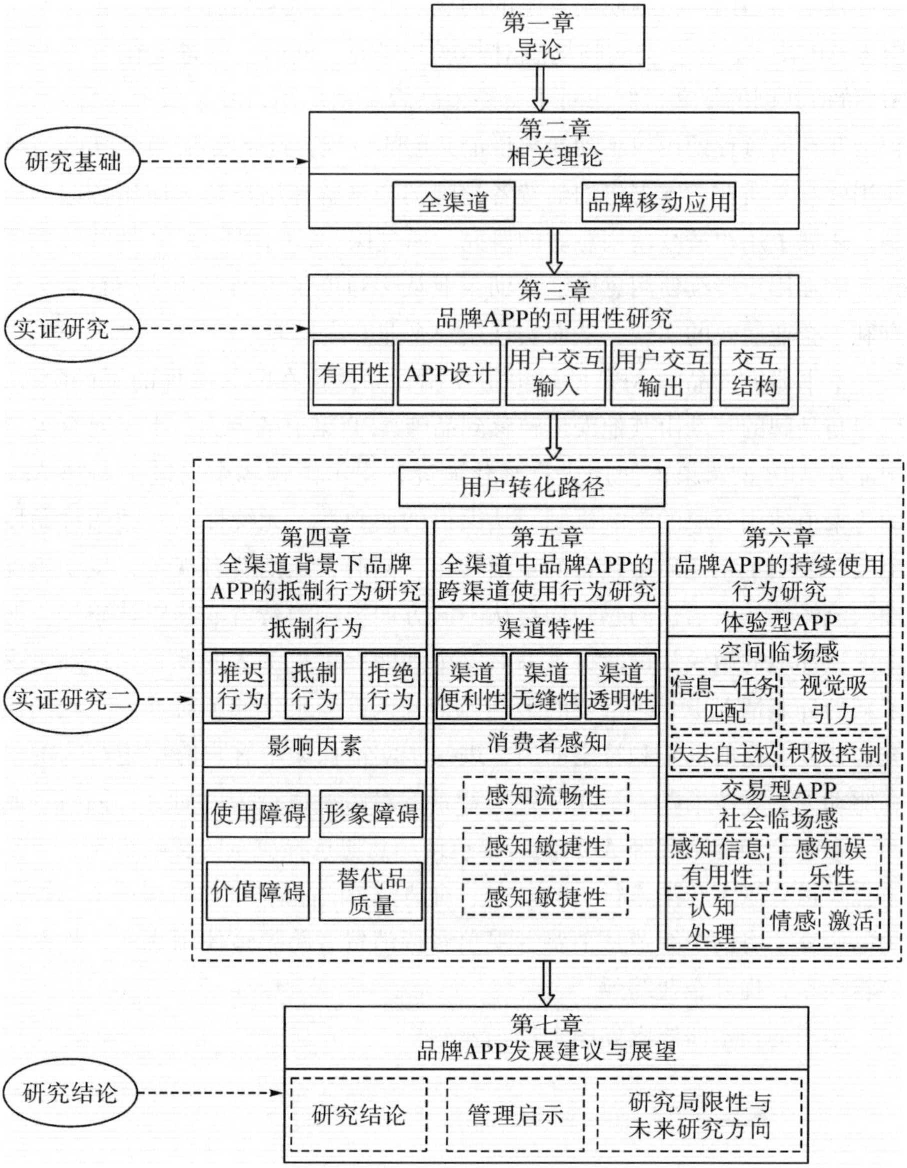

图 1-1　技术路线图

二、研究方法

全渠道背景下品牌移动应用的重要性在数字经济时代越来越重要，本书应用文献综述法、访谈法、问卷调查法、定量分析法、编码分析法对用户跨渠道、全渠道使用行为进行全面分析。

（一）文献综述法

文献综述法是从大量已发表的研究成果中提取与研究主题紧密相关的观点、数据和方法，进而形成对研究领域的全面理解和综合分析。旨在通过系统性地搜集和分析已有文献，来总结特定研究领域的现有知识、理论框架、研究方法和主要发现。文献综述不仅是对已有研究的简单归纳，更重要的是通过批判性分析和比较，揭示出研究中的不足和未来研究的方向。基于文献综述法，可以了解该领域的研究现状，包括主要理论、研究方法和研究发现。可以发现尚未解决的研究问题和潜在的研究方向，形成更加全面和系统的理论认识。此外，还可以指导实践，为实践提供理论支持，帮助决策者和从业者理解最新的研究成果和最佳的实践方法。

该方法的主要步骤为：确定研究课题、搜索、筛选、整理、阅读、整合和完成文献综述。首先，明确综述的研究问题或主题，确保综述的焦点清晰、具体。其次，进行文献的检索和筛选，选择适合的学术数据库，如中国知网、万方维普、EBSCO、SAGE、Elsevier、Taylor & Francis、Wiley Blackwell、Emerald 和 ProQuest 等数据库，根据相关性和质量筛选出重要的文献。再次，对文献进行批判性分析，评估其研究方法、数据和结论的有效性。最后，将不同研究的发现进行对比，找出一致性和差异性。将相关研究结果进行整合，总结出当前研究的总体情况和主要结论。这一方法有助于学者全面、系统地了解与他们研究课题相关的领域现状，基于前人智慧提出更为精准的研究模型与假设。

（二）访谈法

访谈法是一种常见的质性研究方法，通过与研究对象进行面对面或远程的交流，收集关于某个特定主题的信息和观点。访谈法广泛应用于社会科学、市场研究、教育研究和健康研究等领域。以下将详细介绍访谈法的定义、类型、步骤、优缺点及注意事项。访谈法是通过与研究对象进行直接对话，获取他们对某一问题、现象或事件的深入理解和个人见解的一种研究方法。访谈可以是结构化、半结构化或非结构化的，具体形式取决于研究的目的和问题的复杂性。

结构化访谈是一种严格按照预设问题进行的访谈方法，旨在确保所有受访者在相同条件下回答相同的问题，从而获得一致性和可比较的数据。这种方法在社会科学研究、市场调查和评估研究中广泛应用。访谈者在访谈过程中严格按照预先设计好的问题清单进行提问，不进行任何即兴或自由发挥的提问。这种方法的核心特点是标准化和统一性，每位受访者面对的提问完全相同，访谈者不对问题进行任何变动或调整。由于所有受访者回答相同的问题，数据具有高度一致性，便于分析和比较。结构化访谈的问题通常是封闭式或选择题，回答可以直接量化，便于统计分析。由于问题和流程预先设计好，访谈过程通常较为简短高效，节省访谈者和受访者的时间。标准化的问题设计和提问流程减少了访谈者的主观影响，有助于提高数据的客观性和可靠性。但是，结构化访谈的问题固定，无法根据受访者的回答进行深入追问或探讨，可能会遗漏重要信息，具有一定的设计难度。设计高质量的结构化访谈问题需要深入理解研究主题和目标，确保问题能够全面覆盖研究内容且易于受访者理解和回答。

半结构化访谈是一种灵活且广泛应用的质性研究方法，结合了结构化访谈的系统性和非结构化访谈的灵活性，能够深入探索研究对象的观点和经验。半结构化访谈是一种访谈方法，访谈者在访谈前准备一套核心问题，但在访谈过程中允许根据受访者的回答进行灵活调整和深入追问。这种方法既保持了一定的结构性，确保访谈主题和问题的连贯性，又具有灵活性，能够深入挖掘受访者的真实想法和经验。半结构化访谈能够深入了解受访者的真实想法和经验，获取丰富的质性数据。适用于探索性研究、复杂问题的深入分析及需要详细背景信息的研究。但是，由于访谈内容多样且非结构化，数据整理和分析过程较为复杂，耗时较长。访谈者需要具备良好的沟通技巧和应变能力，能够在访谈中灵活引导和深入追问。不同访谈间的一致性较低，可能影响数据的比较性和量化分析的可靠性。访谈者的主观判断和追问方式可能影响受访者的回答，带来一定的偏见。

（三）问卷调查法

问卷调查法是调查消费者感知和行为的一种常用方法。该方法通过向受访者发放问卷的方式来获取所需的信息和资料。该方法广泛应用于社会科学、市场研究、教育研究、心理学等领域。

首先，根据研究目的和问题，设计结构合理、问题明确的问卷。问卷通常包括封面信、指导语、问题和选项。问题可以是封闭式（如选择题）或开放式（如问答题）。其次，确定调查对象，即需要回答问卷的样本群体。样本应具有代表性，以确保调查结果的可靠性和有效性。再次，通过邮寄、面对面、电话、互联网等方式将问卷分发给样本群体。现代科技的发展使得在线问卷调查越来越普遍。收回填写好的问卷，确保样本量充足，以便于后续的数据分析。最后，对收集到的数据进行整理和分析，使用统计软件（如 SPSS、Excel）进行数据处理，得到研究结果。

为了提高问卷的内容效度，本书所使用的问卷测评项改编自以往的权威文献，并根据本书的研究背景进行相应的调整，再通过专家评估、前测、反复修改等形成最终的调查问卷。

（四）定量分析法

定量研究法是指利用数学方法和统计工具分析数据的方法。本书使用的定量分析法包括了：统计分析、回归分析、因子分析和结构方程模型。统计分析是定量研究的核心方法，包括描述性统计（如平均值、中位数、标准差）和推断性统计（如 t 检验、ANOVA、回归分析）。统计分析用于检测数据中的模式、关系和趋势。回归分析用于研究自变量和因变量之间的关系。线性回归分析用于研究一个或多个自变量对因变量的线性影响，逻辑回归分析用于二分类结果的预测，其他形式如多项式回归、分层回归等也很常见。因子分析是一种数据简化技术，用于识别和提取变量之间的潜在结构或关系。主要用于构建和验证量表、识别潜在变量（因子）。结构方程模型是一种综合性统计方法，结合回归分析、因子分析和路径分析，用于研究复杂的变量关系和因果模型。SEM 允许同时分析多个因变量和自变量。本书采用 SPSS 和 SmartPLS 软件对研究数据进行分析，并对研究的测量模型和结构模型进行检验。

（五）编码分析

开放性编码分析（Open Coding Analysis）是定性研究中数据分析的一种方法，主要用于将原始数据分解成有意义的单元，并对其进行初步的分类和命名。它是扎根理论（Grounded Theory）的一部分，旨在从数据中生成理论，而不是通过预设的理论框架来解释数据。我们采用开放性编码访谈内容进行编码。开放性编码是指将资料分解、检视、比较、概念化和范畴化的过程，这是一个将资料打散，然后再以新的方式重新组合起来的操作过程。开放性编码遵循如下程序：①定义现象。主要包括“贴标签”和“概念化”两步，把原始资料分解为一件件独立的故事或事件，再赋予一个可以代表它们所指现象的名字。②发掘范畴。把描述同一现象的概念聚拢成一类，以发展范畴的性质和面向对该范畴取名字及进行定义。本书采用的开放性编码步骤如图 1-2 所示。

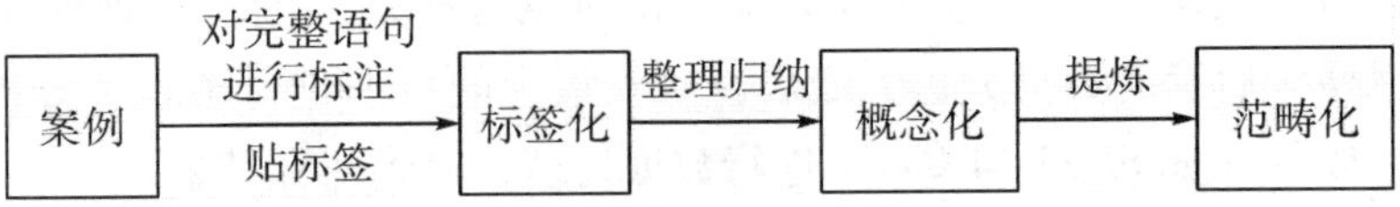

图 1-2 开放性编码步骤

第五节 品牌 APP 研究的基本框架

由于全渠道具有增强用户体验、推动品牌塑造等特征，在数字化、社交化、大发展的新零售时代，从单渠道零售到多渠道零售，再向全渠道零售的转变，为消费者提供了一个服务或产品提供商（即单一品牌）跨多个（即线上和线下）渠道的无缝用户体验，强调品牌增强了对客户信息的集中控制。因此，在数字经济时代，主流国际品牌大多采用全渠道管理，通过数字和共享经济商业模式来应对日益增长的对产品和服务便捷获取的需求。同时，品牌 APP 同样对用户黏性的提高和品牌积极态度的产生有至关重要的作用。而且，企业为了提高品牌知名度及消费者购买意愿，品牌 APP 的开发与视觉设计早已成为一种新的营销形式。由此提出若将二者结合分析，即在全渠道背景下，品牌 APP 的开发会对用户体验产生何种影响？

要分析品牌 APP 会对用户体验产生何种影响，先要从技术层面开发一款易用、有用的品牌 APP。可用性是指可以被特定用户使用，并能有效地达到使用目的。相应地，扩展到 APP 的可用性，指的是该 APP 可以被特定用户使用，并能有效地达到使用目的。然而，在大量文献分析中，却没有一个系统、权威、专业的衡量 APP 可用性的测量工具或者指标体系。首先，现有关于测量 APP 可用性的工具并没有结合 APP 的情景；其次，现有的研究在评估 APP 可用性方面都是基于实验的方法，比如分析性能指标（如速度）对 APP 感知可用性的影响；最后，关于可用性的衡量指标没有统一的标准。现有的研究往往用大量的其他构念来代替 APP 的可用性。因此，本书第三章聚焦品牌 APP 可用性研究。

用户使用 APP 大致会出现以下两个阶段：其一是在使用前的采纳阶段，企业根据 APP 有用性指标开发出其品牌 APP 后，将其品牌 APP 推广到大众视野以吸引用户，形成用户采纳意愿。用户采纳意愿是初始使用行为的直接体现，也是应用成功的前提，在采纳阶段，与采纳相反的是用户的抵制行为。由此，本书第四章提出哪些因素会导致用户产生对品牌 APP 的抵制行为。其二是使用阶段，该阶段会出现两种不同的使用行为模式。一是品牌 APP 的跨渠道使用。与多渠道相比，全渠道覆盖全范围的接触点。此外，与多渠道中的非循环状态不同，全渠道中的数据是跨渠道共享的。品牌 APP 的跨渠道行为是全渠道背景下的创新性使用行为，也是一种常见的消费者行为模式。由此本书第五章提出哪些因素会影响用户进行品牌 APP 的跨渠道使用。二是持续使用。品牌 APP 持续使用的重要性体现在：①鉴于人们对智能手机的依赖性越来越强，各类品牌 APP 的涌现极大提升了市场竞争力，如何通过移动 APP 来长期留存客户成为企业需要关注的问题。②品牌 APP 的长期使用是企业提高资源利用效率的体现。③持续使用可以实现价值共创，互动时间越长，品牌 APP 可以提供的价值就越多，这是一次性使用无法实现的。由此可见，持续使用对企业成功起着至关重要的作用。本书第六章提出哪些因素会影响用户的持续使用意愿，通过实验研究的方式得出针对不同 APP 类型，用户持续使用意愿的影响因素。

本书主要研究内容如下：

第一章是导论，主要介绍研究背景、研究目的与意义，以及研究内容与方法。首先分析了本项目研究的背景，对本书中所涉及的主要概念如全渠道和品牌 APP 等进行界定，在此基础上引出五个研究问题。其次介绍了本书的研究意义。最后介绍本书用到的主要研究方法、各章节研究的具体内容。

第二章是相关理论，对国内外有关文献进行回顾和评述，并梳理了本书用到的主要理论。

第三章是品牌 APP 的可用性研究。本章节通过量表开发流程，构建 APP 可用性的测量指标体系。首先采用访谈法，针对用户使用航空 APP 的体验进行半结构化访谈，初步得到有关品牌 APP 可用性测量大类。其次对二手数据进行收集和归纳分析，以及通过问卷调查收集数据，对量表的信度效度进行检验。最后形成 APP 有用性测量模型，主要包括 APP 有用性、用户交互输入、用户交互输出、交互结构及 APP 设计五个构念，共同构成用户对 APP 有用性的评价。

第四章是全渠道背景下品牌 APP 的抵制行为研究。本章节对品牌 APP

的抵制行为进行定义，将抵制行为分为三种，即延迟行为、反对行为、拒绝行为。从心理障碍和功能障碍两个维度进行分析，将消费者产生抵制行为的前提分为使用障碍、形象障碍及价值障碍三个方面，从这三个角度分析品牌 APP 抵制行为的产生。同时，APP 市场的竞争相当激烈，品牌 APP 的采用不仅取决于对自身的满意度，还取决于对替代品的感知。因此，研究加入消费者对替代品的感知，以讨论消费者对品牌 APP 采取抵制行为的动机。此外，跨渠道研究发现，一个渠道可以影响另一个渠道的采用，说明线下服务满意度对消费者抵制行为具有调节作用。本章构建消费者抵制行为结构方程模型，通过严密的实证研究分析了消费者对品牌 APP 产生抵制行为的机制。

第五章是全渠道中品牌 APP 的跨渠道使用行为研究。研究跨渠道使用意愿是了解全渠道的必然过程。为了更好地理解全渠道背景下跨渠道服务使用意愿是如何形成的，本书将跨渠道服务使用意愿定义为客户愿意参与跨渠道服务的程度，如使用强度和使用范围，并实证探索其关键性的前因和驱动因素。分析了渠道便利性、渠道无缝性及渠道透明性三个方面分别对于消费者感知敏捷性、流畅性及灵活性的影响，讨论了消费者感知敏捷性、流畅性和灵活性对于全渠道中品牌 APP 的跨渠道使用意愿的影响。

第六章是品牌 APP 持续使用行为研究。本章通过分析持续使用行为为企业带来的长久益处，基于服务主导逻辑，阐明用户持续使用行为的重要性。与此同时，将品牌 APP 分成体验型 APP 和交易型 APP 两种类型，对于体验型 APP，借助空间临场感变量，分享对持续使用意愿的影响，空间临场感通过积极控制和失去自主权两个中介变量，对持续使用意愿产生影响。对于交易型 APP，基于消费者—品牌契合和社会临场感两个方面，探索消费者对持续使用意愿的影响因素。本章利用实证研究的方式，分别探索影响用户持续使用行为的因素，构建结构方程模型，并实证了模型。

第七章是品牌 APP 发展建议与展望。该部分内容主要对本书第三章至第六章所得出的结论进行总结凝练，并阐述各章节所得出的结论的意义，以及各个章节结论所给予管理者的启示，同时，分析了研究的局限性与未来的研究方向。

第二章　相关理论

第一节　技术接受模型

技术接受模型是戴维斯等于 1989 年在理性行为理论和计划行为理论的基础上提出的，为了更好地了解技术接受模型，本书对理性行为理论和计划行为理论也有意识地进行了文献的梳理和总结。

一、理性行为理论

理性行为理论（Theory of Reasoned Action，TRA），又称“理性行动理论”，是美国学者菲什贝和阿詹于 1975 年提出的。在众多探讨用户态度如何影响其使用行为的理论框架中，理性行为理论占据着举足轻重的地位。这一理论根植于社会心理学领域，深入剖析了个体在做出有意识行为决策时的心理动因。理性行为理论强调，人们的行为不仅受个人偏好和态度的影响，还由社会规范、期望及个体对行为结果的预期所驱动。

理性行为理论认为：个体的实际行为由行为意向（behavioral intention）引起，而行为意向则由个体的行为态度（attitude）和主观规范（subjective norm）两方面因素构成，其中行为态度受到个体对特定行为的评价或看法，即信念（behavioral beliefs）的影响，主观规范则受到规范信念的影响。换言之，信念在塑造最终行为中扮演着决定性的角色。只有当信念发生转变时，这种变化才会通过影响个人的态度和意向等中间环节，进而对实际行为产生连锁影响；信念作为内在驱动力，是行为改变的先决条件，它指引着人们的选择与行动方向（吴茹双，2013）。菲什贝和阿詹早在 1980 年就确立了理性行为理论的基本假设：①大部分人的实际行为是受到其个人意志控制的，且合乎理性；②人的行为意向是行为最终是否发生的即刻决定因素（immediate determinant）。

其理论模型如图 2-1 所示。

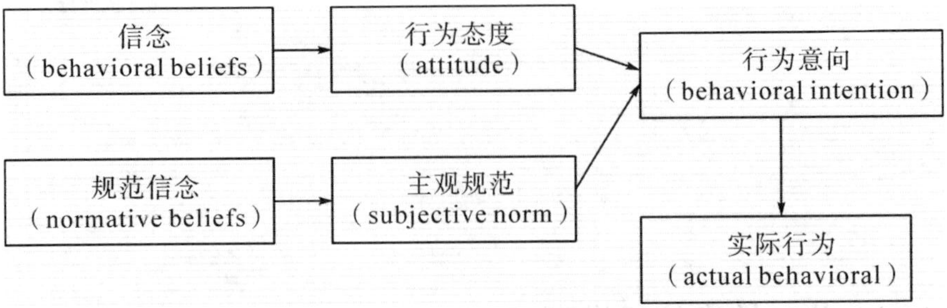

图 2-1　理性行为理论模型

理性行为理论模型是一个广泛应用的模型，它构建了一个框架，说明各种影响行为的因素如何先作用于态度和主观规范，进而间接地塑造实际行为。这一理论的核心在于解析个体理性行为的根源及其形成机制，它隐含着一个基本假设：个体在多数情况下能够自主决定并控制自己的行动。通俗地讲，根据理性行为理论，人们的行为选择并非无的放矢，而是基于对行为后果的预期评估。当个体预期某一行为将带来积极、可预料的结果时，他们会倾向于支持并执行这一行为；相反，如果预计行为将引发不良或不受欢迎的后果时，个体则会倾向于反对或避免该行为（吴茹双，2013）。这一过程体现了人类行为的理性特征，即我们在行动前会进行权衡和判断，力求最大化收益、最小化风险。

二、计划行为理论

在所有有关理性行为理论的拓展研究中，计划行为理论（Theory of Planned Behavioral，TPB）最为著名，其是由阿詹（1985）在理性行为理论的基础上提出的。理性行为理论模型建立在一个基本假设之上，即人是完全理性的，能够基于充分的信息和深思熟虑的考量来做出行为决策（吴茹双，2013）。个人行为往往受到多种复杂因素的影响，其中许多因素并不完全受个人意志的控制。冲动性购买就是一个典型的例子，它展示了人们在面对即时诱惑或情感冲动时，可能会做出与长期利益相悖的决策。因此，为了提高原模型对个体行为预测和解释的准确性，阿詹引入了感知行为控制变量（Perceived Behavior Control，PBC）。计划行为理论模型如图 2-2 所示。

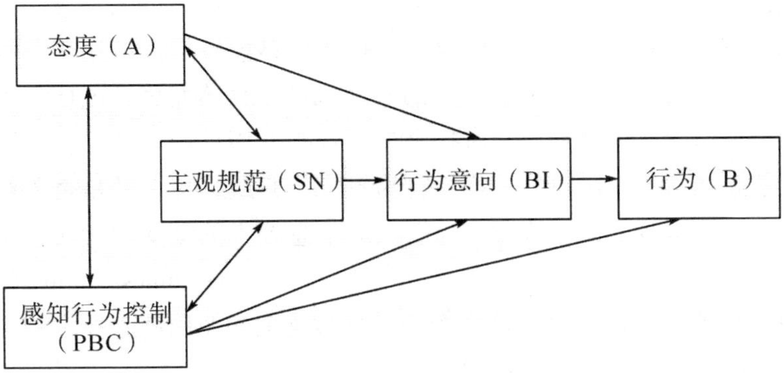

图 2-2 计划行为理论（TPB）模型

感知行为控制这一概念的引入，旨在更细致地描绘个体在评估执行特定行为时所感受到的难易程度。它是对个体基于过往经验，对可能遇到的障碍和挑战的一种主观判断；当个体认为自己拥有足够的资源和机会去执行某项行为时，他们对该行为的预期阻碍就会减少，从而提高行为受个人意志控制的程度。感知行为控制变量在影响行为的过程中，扮演着双重角色：一方面，它可以通过增强或减弱行为意向来间接地影响最终行为；另一方面，它可以直接对行为产生作用，即在某些情况下，即使行为意向不强，但个体若感知到高度的行为控制力，也可能采取行动（吴茹双，2013）。

计划行为理论作为理性行为理论的深化与拓展，已得到了学术界的广泛认可，马登（1992）与莱昂内（1999）等学者的研究均有力地证明了该理论在阐释行为意向方面的卓越能力。然而，学术探索永无止境，众多研究者仍在不懈努力，试图通过向该模型中添加新元素来进一步提升其解释力与预测精度。在这一背景下，行为经验作为一个备受瞩目的候选变量被频繁提及。阿詹等（2002）的后续研究不仅验证了行为经验在模型中的显著作用，更揭示了其在特定情境下可能超越原有模型内其他变量的影响力。

三、技术接受模型

戴维斯等（1989）在信息技术用户接受领域的一项开创性贡献，是将理性行为理论与计划行为理论的精髓相融合，孕育出了技术接受模型（Technology Acceptance Model，TAM）。技术接受模型的核心在于其灵活性和适应性，它允许研究者根据具体的研究对象，对模型中的变量关系进行细致的调整和优化。这一特性使得技术接受模型能够广泛应用于各种信息技术环境，深入剖析用户决策背后的心理机制。具体而言，该模型聚焦于用户的个体信念，特别是他们对技术易用性和有用性的主观评估，进而探讨这些信念如何影响用户的态度、行为意向，并最终决定其是否采纳某项信息技术。技术接受模型认为，当涉及对信息技术的接受行为时，个体在外部因素的刺激下，会产生感知有用性（perceived usefulness）和感知易用性（perceived ease of use），这两个变量是影响个体使用信息技术的决定因素。技术接受模型如图 2-3 所示。

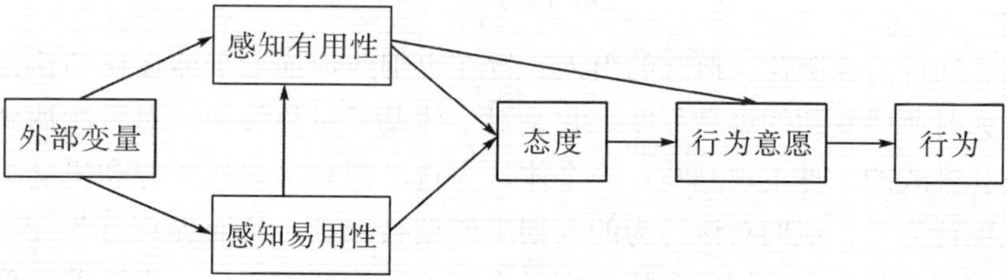

图 2-3　技术接受模型（TAM）

感知有用性，是指个人相信使用信息技术能让工作成果变得更好，效率更高。而感知易用性，则是说个人觉得信息技术用起来很方便，能省不少力气。这两者都是基于个人的主观感受。外部的一些因素，比如个人的特点、技术的特性，还有组织的管理方式等，它们不会直接决定我们会不会用某个信息技术，而是通过影响我们的感知有用性和感知易用性，间接地影响我们的决定和行动。此外，感知易用性还能让感知有用性变得更强烈。换句话说，如果我们觉得一个信息技术既好用又能帮大忙，那我们对它的好感度就会更高。这种好感度，也就是我们对信息技术的态度，再加上感知有用性，一起决定了我们是否愿意尝试使用这个技术（吴茹双，2013）。

戴维斯等之后根据实际情况对技术接受模型进行了改进，将其分为初次使用和再次使用两个阶段。在初次接触某项信息技术时，用户的感知有用性和感知易用性共同构成了他们是否愿意尝试使用的关键因素。然而，当这项技术成为日常工具，进入重复使用阶段时，用户的持续使用意向则主要受到感知有用性的驱动，而感知易用性的影响力则减弱，变为间接且较小的作用。这一区分的前提是，技术本身在两个阶段间未发生显著变化。

与理性行为理论和计划行为理论相比，技术接受模型更加聚焦于个体层面，它摒弃了复杂的社会群体因素，直接引入了外部变量，清晰地展示了这些外部因素如何影响个体的内部态度和行为意愿。自提出以来，技术接受模型凭借其简洁明了的逻辑结构和广泛的适用性，在信息技术接受研究领域赢得了极高的认可，并不断被验证和完善，成为该领域中最具影响力和清晰度的理论模型之一。

第二节　技术接受与使用统一理论

文卡塔斯等整理对技术接受模型的相关研究，并对技术接受模型进行了完善，在综合总结了过去 8 个关键模型（如技术接受模型、理性行为理论、计划行为理论、激励模型、创新扩散理论、社会认知理论等）的基础上，对关键模型进行比较与分析，提出了“权威模式”，即涵盖主要因素的整合型模型结构——技术接受与使用统一模型（Unifed Theory of Acceptance and Use of Technology，UTAUT）。UTAUT 主要包括四个对使用意图与使用行为有影响的关键因素：努力期望、绩效期望、社会影响和便利条件。绩效期望、努力期望和社会影响对使用意愿有直接影响，便利条件对信息技术使用行为有重要影响。此外，模型还包括四个控制变量：性别、年龄、经验与自愿性，用来调节四个关键因素对使用意图及使用行为的影响（王晨，2010）。UTAUT 模型如图 2-4 所示。

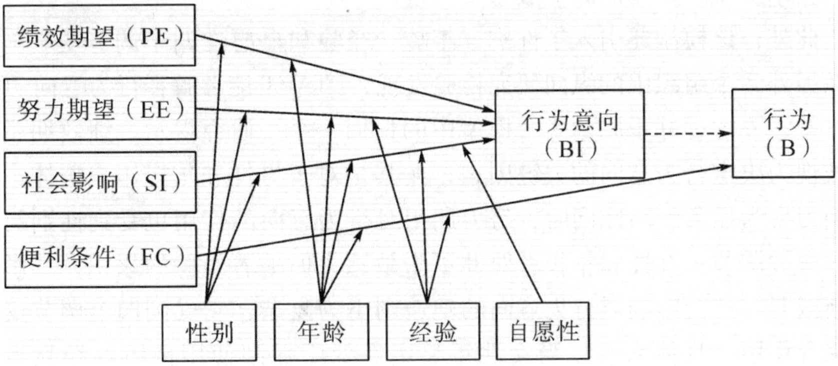

图 2-4　技术接受与使用统一模型（UTAUT）

该模型的变量解释如下：

（1）绩效期望（Performance Expectancy，PE），指个人感觉使用技术系统对工作有所帮助的程度；

（2）努力期望（Effort Expectancy，EE），指个人使用技术系统所付出努力的程度；

（3）社会影响（Social Influence，SD），指个人所感受到的受周围群体影响的程度，主要包括主观规范（subjective norm）、社会因素和（对外展示的）公众形象（image）三方面；

（4）便利条件（Facilitating Conditions，FC），指个人所感受到组织在相关技术、设备方面对系统使用的支持与便利程度。

在探讨技术接受的过程中，绩效期望被证实为显著影响使用意愿的关键因素。一方面，当新技术被认为能够显著提升工作生活的效率，即绩效结果显著时，个体对使用新技术的意愿也就越为强烈（俞坤，2012）。这种正面的绩效预期成为推动技术采纳的强大动力。另一方面，在技术使用的初期阶段，努力期望的影响尤为显著，因为此时用户需要投入较多的精力来熟悉和掌握新技术，努力程度相对较高。然而，随着技术使用的深入和经验的积累，用户逐渐变得熟练，所需付出的努力也随之减少，努力期望对使用意愿的影响因此变得不那么显著，用户努力程度逐渐降低。社会影响也是不容忽视的一个重要因素。当个体感知到他们所在乎的人对使用某项信息技术持赞同或支持态度时，这种正面的社会反馈会极大地增强他们的使用意愿。人们往往希望自己的行为能够得到他人的认可和支持，这种心理需求在技术接受过程中同样发挥着重要作用。因此，社会影响成为推动技术普及和应用的另一股重要力量。

此外，该模型还引入了性别、年龄、经验和自愿性四个调节变量。通过在另外2个组织中的纵向研究检验发现，UTAUT能够解释行为意向70%的方差，要远远好于原始8个模型中的任何一个。研究揭示，绩效期望普遍被视为决定行为意向的关键因素，尤其是对于男性和年轻用户群体，其影响力更为显著。与此同时，努力期望对行为意向的作用也受到性别与年龄的微妙调节：女性和年长者对此更为敏感，但随着经验的累积，其影响逐渐减弱。社会影响对行为意向的塑造则更为复杂，它受到四个调节变量的综合作用。具体来说，当女性年长用户处于强制使用情境且经验尚浅时，社会影响尤为强大。而便利条件则展现出对年长用户的独特价值，特别是在他们积累了丰富的使用经验后，便利条件成为推动实际使用行为的关键因素（孙元，2010）。研究结果充分说明 UTAUT 成功整合来自 8 个分立的理论中 32 个主效应和 4 个调节效应，将其作为行为意向和使用行为的决定因素，形成了 4 个关键主效应和 4 个调节效应。

文卡塔斯视 UTAUT 为信息技术接受评估的一把利器，管理者能够借此精准衡量新技术的引入效果，并前瞻性地预测及阐释用户接纳新技术的行为模式。相较于经典的技术接受模型，UTAUT 以其更强的解释力脱颖而出，不仅继承了技术接受模型的简洁直观与测试便捷性，还成功跨越了移动通信、办公自动化、软件应用及决策支持等多个技术领域。UTAUT 以其新颖性和实用性，成为检测与评估技术接受度的优选工具，同时其开放性和可塑性也为未来的复制、调整与验证提供了广阔空间，旨在不断拓展其应用领域与研究边界（俞坤，2012）。

然而，正如所有理论模型所难免的，UTAUT 亦非尽善尽美。当前模型的测量手段尚处于初步阶段，可能隐含内容效度上的不足，加之其构建基础——8 大理论中的某些核心概念，或许并未充分融入 UTAUT 所精练出的 4 大关键变量之中，这构成了模型发展与应用中需注意的局限性（孙元，2010）。因此，在利用 UTAUT 时，需持审慎态度，不断探索与完善，以期更准确地反映技术接受的真实面貌。

由此，在 UTAUT 的基础上，文卡塔斯又于 2012 年提出 UTAUT2 模型，如图 2-5 所示。UTAUT2 在原有 UTAUT 的模型基础上新引入了“享乐动机”“价格价值”及“习惯”3 个新变量，剔除了“自愿性”调节变量，在 UTAUT2 中，享乐动机指在使用某种技术中，享受使用的过程或获得的乐趣；价格价值指消费者在付出的货币成本与收益间的权衡；习惯指用户因为学习等原因而倾向于自动化执行行为的程度。改进后的 UTAUT2 经研究发现比原有模型的解释能力更好。改进后的模型主要用于解释消费者对于新技术的接受和使用行为等，而 UTAUT 主要用于解释组织内员工对于新技术的接受和使用行为，因此两者在研究中适用的场景并不相同，在实际研究中应当结合研究主体及研究对象来选用相关模型。

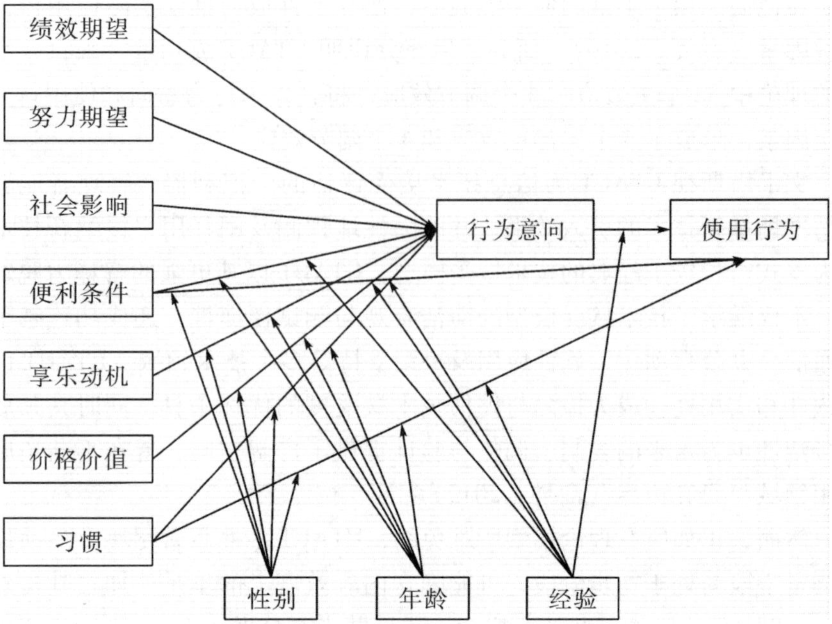

图 2-5 技术接受与使用统一模型 2

阿延萨等（2016）通过消费者在购物过程中对新技术的接受程度和使用意愿来确定影响全渠道消费者行为的因素。基于 UTAUT2 中使用的变量和两个附加因素——个人创新和感知安全，开发了一个原始模型来解释全渠道购物行为，找出了在全渠道环境下影响消费者购买意愿的决定性因素。结果表明，在全渠道环境下，购买意愿的关键决定因素依次为：个人创新、努力预期和绩效预期。

第三节 锚定效应

通过著名的幸运轮实验，特沃斯基和卡尼曼于 1974 年提出了锚定效应的概念，它是指在不确定情境下，人们在进行数据判断估计时会受到最先获得的数值即初始锚的影响，并以初始锚作为参照点进行不断地（不充分）调整并且做出最后的估计，而判断估计结果偏向初始锚的一种判断偏差现象。

一、传统锚定效应

1974 年，特沃斯基和卡尼曼采用了一种经典实验设计来探究锚定效应，这一方法被广泛采纳并称为“传统锚定范式”。其核心在于“两步走”研究策略（Two-step Paradigm），旨在通过诱导被试对某一未知目标值进行相对判断（与目标锚值比较大小），随后再要求他们直接估计该目标值的绝对数量（王晓庄 等，2009）。在他们的实验中，参与者首先面对一个需要估计的情境问题，随后实验通过旋转一个包含 0 到 100 随机数的轮盘，为每位参与者设定一个锚点值，关键步骤在于，让被试在给出自己的绝对估计之前，先判断目标值是高于还是低于这个随机产生的锚值。

这种“两步走”研究策略之所以被称为语义启动范式，是因为它不仅是在引导被试进行数值上的比较，更重要的是，它通过语义上的引导（“高于”或“低于”的提问方式）启动了被试的认知过程，从而影响了后续的绝对估计（李斌等，2010）。王等（2000）的研究进一步证实了这种语义启动效应的存在，他们同样采用了两步提问的方式来构建实验，这强化了该范式作为锚定效应研究标准方法的地位。

二、基础锚定效应

基础锚定效应，由 Wilson 等（1996）揭示，是一种独特的心理现象，它表明即便是简单、无直接关联的数值信息，也能在未经语义引导或比较要求的情况下，影响人们的数量估计，导致锚定偏差。这种效应通过一步式呈现数值锚并直接要求估计的方式进行研究，因此也被称为一步式研究范式或数值启动范式。

威洛斯（1996）的实验表明，当被试对随机给出的数据锚进行认知处理时，其后续的数量估计会不自觉地受到该锚值的影响，产生偏差，这就是基础锚定效应。与传统锚定效应相比，基础锚定效应省去了比较步骤，直接进行估计，但两者在数量估计的本质上是一致的，都关注“靶子维度”的评估。

曲琛（2008）利用图形材料的数字启动范式实验，进一步验证了基础锚定效应的存在。而吴等（2008）的网上拍卖研究则发现，在一步式研究中，锚值的重复呈现能调节锚定效应的强度，但在传统“两步式”研究中则无此效果。卡罗尔等（2009）的研究则揭示了锚定效应的复杂性，指出在某些情境下，无论是基于语义还是数值的启动，都能触发锚定效应，包括影响自信心的锚定效应。

三、自发锚定效应

一些研究者最先的观点认为，锚定效应是指对目标值进行判断估计时，参照锚定值作为基准而进行的不充分调整所产生的估计偏差（朱懋强，2016）。然而相关标准锚定范式实验研究结果并没有支持这一观点。因此，埃普利等（2001，2004，2006）按锚定值的不同来源将其分为了自我生成锚和外部锚。①自我生成锚强调的是在面临不确定性决策情境时，个体基于自身过往的决策经验及当前所获取的信息，在潜意识层面自发形成的一种作为比较基准的估计值。这一过程是内源性的，完全由个体内部因素驱动，无需外部干预。②外部锚，或称实验者锚，则直接来源于实验设计者的外部输入，作为实验中为参与者提供的一个明确或隐含的参考点。通过对比这两种不同类型的锚值对个体决策行为的影响，埃普利等的研究进一步证实了锚定效应中的“不充分调整”机制。米勒等提出的“检验—操作—检验—停止”范式设计的实验研究则验证了“不充分调整”的心理机制。随着锚定效应研究的不断深入，对于锚值类型的研究也变得更细致，除了基本的自我生成锚与外部锚之外，还进一步探讨了极端值锚和不合理值锚等特殊情况。

四、阈下启动效应

以阈下呈现锚来研究的锚定效应就叫作阈下启动范式。通过大量的实验发现，锚定效应也可以发生在没有可供比较锚的情况下。穆斯韦勒等（2005）通过研究发现，被试在进行判断估计的过程中确实被阈下呈现的锚值所影响，被试的目标值的估计判断产生了向锚定值方向偏离的结果。此外，也有研究表明，要使被试产生锚定效应，需要被试对于锚值的感知与通达超出某一确定的阈限。

学者常等（2017）运用推拉锚定效应模型，明确了推动效应实体店获得的产品和服务的移动信息搜索行为和感知价值，以及拉动效应消费者对移动店吸引力的评价，从而探究了实体店与移动店的消费者渠道转换意向。汪洋等（2021）从消费者的心理特征这一视角切入，研究数据隐私敏感性对线上渠道搜索转移到线下渠道购买意愿的影响，探究了消费者的渠道迁徙规律及其中的作用机制。

第四节　社会认知理论

SCT 的发展始终位于一个三元互惠决定框架之中。三元互惠决定论是 SCT 的核心，是对心理特质论的内因决定论和行为主义的外因决定论的统一和完善。三方互惠的因果模型认为，人的认知等主体因素、人的行为和环境因素三者之间构成动态的交互决定关系。其中任何两个因素之间都存在双向互动，且强度随各因素的变化而发生变化。

根据阿尔伯特·班杜拉提出的社会认知理论，个体行为、环境因素与个体内部特征之间不仅是单向因果关系，而更倾向于三元交互决定的因果关系模型（杨迪，2021）。这一模型核心在于强调个体、环境及行为三者之间的动态交互关系，其独特之处在于这些交互作用的强度和时效性并非固定不变，而是随着个体特征的差异、环境条件的变迁及行为本身的发展而展现出多样性。朱阁等（2010）在研究新技术采纳行为的背景下，巧妙地运用该理论框架，通过对比分析新技术采纳前后的情境，深刻揭示了这三者之间错综复杂的互动模式。

环境因素、个体认知及行为之间的交互作用构成了辩证的统一体系。首先，个体（P）与行为（B）之间的关系反映了互动的思想、情感和行为。一方面，人类通过思考、信仰和感觉等因素影响着自身行为；另一方面，自身的行为和外在影响又部分决定了个体的思维模式、认知水平及情绪表达等（杨迪，2021）。其次，环境（E）与个体（P）之间的交互作用表明社会环境因素会影响个体认知和人格特征的形成，并且外部环境的存在和作用效果也会受到个体认知的影响。最后，在三元体系中的行为（B）和环境（E）之间也存在交互关系，在日常生活中，个体行为会改变环境条件，又会被他所创造的环境因素所影响。潜在环境向实际环境转变的过程主要取决于个体的行为。行为（B）反映了哪一种潜在环境影响因素会发挥作用，且以哪种形式发挥作用，而环境（E）的影响在一定程度上也决定了哪些行为会被激活及以哪种形式激活。

从广义上讲，社会认知理论（SCT）是一个心理学理论，它解释了社会系统中的个人如何进行多种人类活动，包括获取和采用信息和知识。它主要关注学习过程，以及其中多种因素之间的相互作用。社会认知理论的要点包括如下三点。

（1）社会学习：社会认知理论强调了社会学习的重要性，人们通过观察、模仿和以他人行为为榜样的社会过程进行学习。学习是一个社会过程，是社会认知理论的重点。社会认知理论认为，知识和技能的习得是通过主动掌握经验（对技能或任务的直接经验）和掌握模型（对榜样的观察学习）实现的。在社会认知理论中，掌握新技能和新知识比学习的结果或目标更重要。

（2）自我效能感：即在特定环境下能够成功完成任务或实现目标的个人信念，是社会认知理论中值得特别关注的一个概念，尤其是在学习和技能发展方面。自我效能感不仅有助于提高掌握某种行为的效率，还影响技能的应用，以及这些技能是否得到了很好的利用。自我效能感是针对特定领域的，会因情况而异，在某些情况下，人们可能对自己的行为或成功完成任务的能力更有信心，而在另一些情况下，他们可能没有这种信心。这一点在学习环境中尤为重要，因为在这样的环境中，获取资源的途径各不相同，比如工作场所。

（3）学习导向：学习导向可以理解为在现有技能、知识和能力的基础上，推动自信发展（而不是将自信作为一种结果）的心态。那些表现出学习导向的人积极寻求挑战和学习机会，以获得新的技能和知识。

通过调查消费者的全渠道服务使用意愿，托里科等（2017）指出，随着全渠道购物行为的出现，现有文献缺乏将在线和移动设备分开考虑的研究，从而分析了冲动和触碰需求这两个个体特征如何影响全渠道消费者行为的决策过程。申等（2018）表明了全渠道服务通过整合不同的平行渠道，能够为客户提供一体化、无缝、一致的跨渠道购物体验，为了更好地理解这一新兴现象，而实证探索了全渠道服务使用的潜在驱动因素。孙等（2020）指出尽管全渠道服务模式已经受到了相当多的关注，但仍然缺乏关于数字化对全渠道的多方面影响的理论研究，从而将社会认知理论（SCT）扩展到数字化语境中，探究了消费者的全渠道服务使用问题。刘露（2020）表明在全渠道服务使用过程中，渠道的流畅性感知是关键决定因素，零售商应该优化全渠道服务模式的管理，为顾客创造流畅的跨渠道服务体验。

第五节 期望确认理论

菲什贝和阿詹于 1980 年提出的理性行为理论（TRA）认为用户行为态度和主观规范通过影响行为意愿进而影响用户使用行为，该模型由于缺乏对除个人意愿以外的客观影响因素的考虑，已经不再适用于大部分信息系统场景下的用户行为预测。戴维斯于 1989 年开创性地提出的技术接受模型（TAM），迅速成为理解信息系统用户采纳行为意愿的经典框架。该模型核心在于揭示外部变量（涵盖系统特性、用户个性特征及环境限制条件）如何影响用户对系统有用性和易用性的主观感知，进而塑造其使用态度，并最终决定使用行为意向。这一模型为分析信息系统接纳过程提供了有力工具。随后，阿詹在 1991 年提出了计划行为理论（TPB），进一步丰富了用户行为意向研究的维度。TPB 指出，用户的行为意向不仅受到行为态度和主观规范的影响，还受到感知行为控制的制约。这些要素共同作用，构成了预测用户未来行为意向的综合框架。TPB 与 TAM 虽各有侧重，但均聚焦于探讨用户对新信息系统的接纳机制。

期望（expectation），是用户事先对产品或服务制定出的一种标准，达到这个标准就是达到期望。期望最早是由学者恩格尔、科拉特和布莱克威尔于 1968 年在著作 *Consumer Behavior* 中作为一个学术概念被提出。学者霍华德和约翰的著作 *The structure of Buyer in Consumer Behavior*：*Theory and Application* 一书中阐述了期望的含义，认为期望是用户在消费之前真实产生的一种情感认知，确认是用户将使用之后的感受与使用之前的期望进行比较的过程。奥利弗认为，用户对于所有的产品或服务都会有期望，在实际经历后会产生确定的认知，将这种认知与之前的期望进行对比，这种比较的过程就是确认（confirmation）。

用户在确认后可能会出现三种不同的结果，分别是正向不确认、负向不确认及确认。正向不确认是指产品或服务的表现超出用户的期望；负向不确认是指产品或服务的表现低于用户的期望；确认是指正向不确认和负向不确认两者中间的一种状态，即产品或服务的表现与用户期望平衡的一种状态。奥利弗（1980）首次提出的期望确认理论是应用于研究用户满意度和持续使用意愿的重要理论。奥利弗指出，用户对产品或服务的重复购买意愿来源于他们之前使用的满意度，满意度由用户对产品或服务的期望，以及产品或服务在实际使用过程中的绩效两个因素比较的结果决定。奥利弗提出的用户满意度形成模型详尽地阐述了从期望到再次购买意愿的五个关键步骤，分别是期望形成阶段、感知构建阶段、期望确认过程、满意度评估阶段和行为意向影响阶段。

众多学者基于期望确认理论，结合不同的研究对象扩展和修改了期望确认理论。丘吉尔等（1982）对奥利弗（1980）提出的期望确认理论进行了补充扩展，见图 2-6，模型中引入了感知绩效因素，认为用户满意度影响重复购买意愿，满意度由感知绩效、期望确认程度共同决定（Churchill et al.，1982）。帕特森等（1985）将期望确认理论应用于信息系统（Information System，IS）领域，加入感知价值，通过实证研究证实了在 B2B 专业服务领域中的该模型。巴特切吉提出期望确认理论未考察消费者使用后的预期对满意度和重复使用行为的影响，仅仅考虑了用户消费前的预期产生的影响，因此，基于奥利弗的理论基础，巴特切吉用“感知有用性”变量表示消费者消费后对产品或服务的期望，使用“期望确认”变量代替期望确认理论中的期望与确认/不确认两个因素（Bhattacherjee，2001）。巴特切吉（2001）基于 Oliver（1980）的理论基础，提出了后来广泛适用的期望确认模型（Expectation-Confirmation Model，ECM），这一模型对用户持续使用信息系统具有良好的解释力。

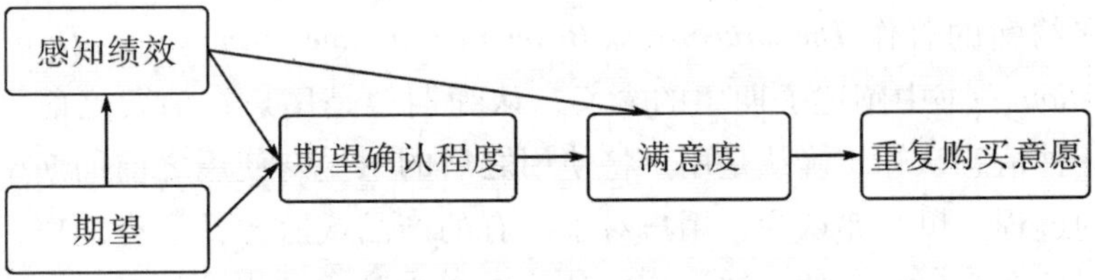

图 2-6　期望确认理论

从期望确认模型可知，感知有用性是指消费者对使用某信息系统能否对自身学习能力或工作效率有所提升的一种判断；期望确认是用户使用某信息系统后，将使用后的实际绩效与使用前的预期进行比较，依据比较的结果来判断达到其预期的程度；满意度是用户使用某信息系统后产生的满意程度；持续使用意愿是用户在采用某一信息系统之后再次使用的行为意愿。

根据图 2-7 可知，期望确认理论与期望确认模型存在一定差异。期望确认理论只考虑用户事前期望，未考虑用户事后期望；而期望确认模型以感知有用性代替了事后期望；期望确认理论既研究用户消费前的变量，也考察了消费后的变量；而期望确认模型倾向于研究用户消费后的变量。

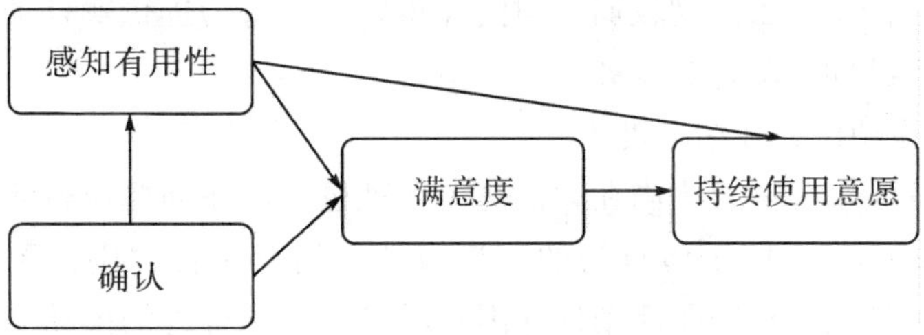

图 2-7　期望确认模型

第六节　动机理论

动机理论是心理学研究中的一个关键领域，能够在一定程度上解释个体或者群体的某些行为。动机（motivation）一词来源于拉丁文"movere"，意思是移动或引向行动，是指引导或者引起个体从事具有内在或外在方向活动的持久倾向，能够对消费者的行为产生重要作用。已经有许多学者采用动机理论来了解用户在不同环境刺激下的动机，以解释用户所做出的行为。

一、动机的分类

由于动机本身的复杂性和多样性，以及学者们研究出发点的不同，动机的分类并没有统一的标准。目前比较典型的分类主要有以下三种。

1. 生理性动机和社会性动机

生理性动机源于与生俱来的生理需求，如饥饿、口渴、睡眠、性欲和自卫，它们共同构成了生命存续、维持与发展的基本驱动力；这些动机直接关联个体的生物性存在，是生命体为了延续生命活动而自然产生的。相比之下，社会性动机则体现了人类作为社会成员的独特属性，它们是在社会生活的熏陶下逐渐形成并发展的心理驱动力；这些动机如寻求交往以建立联系、追求亲和感以获得归属、渴望权力以实现影响或控制等，均源自个体对满足自身社会性需求的渴望。

2. 主导动机和辅助动机

动机可按其对行为的作用大小和地位高低分为主导动机和非主导动机。主导动机是行为的主要驱动力，影响最大，决定行为方向。非主导动机则起辅助作用，虽强度较弱，但同样重要，为行为提供额外动力。两者交织作用，共同推动行为发展。

3. 内在动机和外在动机

动机依其来源可分为内在动机与外在动机。内在动机源自活动本身的乐趣与满足感，驱使个体行为的力量根植于活动过程之中，无需外在诱因。相反，外在动机则受活动外部因素激发，个体行为的推动力源于对结果或目标的追求。

动机分类的多样性反映了其本身的复杂性与研究视角的多元性，每种分类都有其合理性，有助于我们更全面地理解动机在行为中的作用。

二、几种典型的动机理论

西方对动机的研究时间较长，并形成了一个比较成熟的研究领域。动机研究大体上经历了三个重要时期，即本能理论时期、驱力理论时期和认知理论时期。不同发展时期，研究学者提出了各种不同的动机理论，以下介绍三种典型的动机理论。

1. 马斯洛需求理论

马斯洛需求理论将人的需要分为五个层次，分别是生理需要、安全需要、社会需要、尊重需要和自我实现需要。生理需求是最基础的一层，涵盖了对食物、水、住所、性及其他基本生理需求的满足。安全需求紧随其后，指的是保护自身免受身体与情感伤害的渴望。进入更高层次，社交需求成为焦点，这包括了对爱、归属感、被接纳及友谊的深切需求，反映了人类对社交联系的内在追求。尊重需求则进一步指向了自我价值的体现，既包括内在的自尊感、自主性和成就感，也涵盖了外界对个体地位、认可与关注的渴望。自我实现需求则位于金字塔的顶端，它代表了人类追求自我完善、不断成长、发掘自身潜能并最终达到个人潜能极限的驱动力，这一层次的需求超越了基本的生存与社交满足，是人类精神追求的极致体现。

马斯洛将这五种需求划分为低级与高级两大类别：生理需求与安全需

求被视为较低级的需求，它们的满足是生存的基础；而社交需求、尊重需求及自我实现需求则构成了高级需求，它们的实现标志着个体在心理与精神层面的成长与升华。马斯洛的需求层次理论因其全面性和深刻性而广受认可，它不仅为我们理解人类动机提供了框架，也对教育、管理、心理咨询等多个领域产生了深远的影响。

2. 成就动机理论

麦克莱兰在 1961 年提出的理论框架中，将人类的基本需求精练地概括为成就、权力与亲和三大类别。随后，阿特金森在 1974 年对成就需求进行了更为深入的探讨，构建了成就动机模型。阿特金森的理论核心在于，个人的成就动机并非单一维度，而是由两大相互作用的驱动力构成：一是追求成功的动机，它源于对成就的内在渴望，并受到个体预估的成功概率及成功所能带来的满足感（诱因值）的共同影响；二是避免失败的动机，它反映了人们对失败的恐惧与回避倾向，同样受到避免失败需求的强度、失败可能性的评估及失败所带来的负面后果（消极诱因值）的制约。这一理论不仅丰富了动机理论的内涵，也为后续研究提供了工具与框架，对动机理论的发展产生了积极而深远的影响。

3. 自我决定理论

自我决定理论，由德西莱恩于 1985 年创立，深刻探讨了人类行为背后的自我驱动机制，强调了自我在动机形成与执行中的核心地位，同时兼顾了个体主动性与社会环境之间的动态交互。该理论体系由四大支柱构成：基本心理需要理论、认知评价理论、有机整合理论和因果定向理论，构建了一个全面理解人类动机行为的框架。

基本心理需要理论是自我决定理论的基石，它界定了人类三种基本心理需求——自主感、胜任感与归属感。认知评价理论则聚焦于外在激励如何微妙地影响个体的内在动机。有机整合理论进一步探讨了外在动机向内在动机转化的过程。因果定向理论揭示了人类倾向于朝向促进自我决定的环境发展的天性。自我决定理论作为一种前沿的认知动机理论，因其对个体自主性、心理需求及环境互动关系的深刻洞察，受到了学术界的广泛瞩目，并逐渐成为动机研究领域的重要趋势，为理解人类行为动机提供了新的视角和工具。

在探讨消费者行为学的广阔领域里，霍夫曼等（1996）提出了一项重要分类，将消费者区分为两大类型：目标导向型消费者与体验型消费者。

前者是一类目标明确、计划周详的购物者，他们追求效率最大化，倾向于以最少的努力迅速达成购买目标，这一行为背后主要驱动的是功利性动机，即追求实际效用与成本效益的最大化。

在消费者行为领域，动机尤其关键，可细分为功利性动机与享乐性动机两大类别，这两者分别与目标导向型消费者和体验型消费者紧密相关。功利性动机主要作用于目标导向型消费者，是指这类消费者在外在奖励或实用价值的驱动下，选择完成任务或参与活动的心理倾向。持有功利性动机的消费者更倾向于采用高效、实用的策略与手段，以达到节省时间、精力或获取直接利益的目的。在购物决策中，他们可能更加注重产品的性价比、实用性及长期价值，而非短暂的感官享受。

与之相对，享乐性动机则深深吸引着体验型消费者。这一动机驱使消费者投身于那些能带来快乐、愉悦或满足感的购物活动中。体验型消费者享受购物过程本身，追求新奇、有趣的体验及情感上的共鸣，而非仅关注商品的物质价值。他们的购物决策往往受到产品能否提供独特体验、情感满足或社会认同感的影响。过往的研究广泛探讨了功利性动机与享乐性动机对消费者购买行为的影响。黄（2016）的研究就验证了这两种动机如何独立且相互关联地作用于消费者的购买决策过程。贝利等（2013）的研究也深入分析了功利性动机、享乐性动机与消费者购买意愿之间的复杂关系，揭示了动机因素在塑造消费者行为模式中的重要作用。

在消费者行为的研究中，功利主义、享乐主义和社会性动机被确认为驱动消费者积极行为的三大关键要素。这些动机不仅深刻影响着消费者的决策过程，还精准地满足了他们多样化的需求。功利主义动机反映了用户对 APP 满足需求的认知；享乐主义动机则源于乐趣、享受，满足内在的需求；社会性动机来自情景驱动的增值活动，从而形成他们在品牌 APP 环境中的社交活动。这三个部分的动机分别满足了消费者以下三个方面的需求：①信息、知识和理解；②审美、愉悦、情感体验；③与家庭、朋友和社会的联系。本研究采用了此种分类，并概念化为感知信息有用性（功利主义动机）、感知娱乐性（享乐主义动机）和感知社会性（社会性动机）。

第七节　尝试理论

受菲什贝和阿詹（1980）的启发，态度研究的主导模型一直是计划行为理论（TPB），该理论假设态度、主观规范和感知行为控制预测未来意图（Ajzen，1991），无论是消费者研究、医疗保健、企业家精神，还是心理学，这种支配地位都是显而易见的。

TPB 起源于理性行动理论（TRA），其假设态度和主观规范预测意图。尽管这个模型取得了成功，但是在它出现后不久就受到了批评。主要争论点在于 TRA 假定意志控制，而 TPB 假定对行动的部分意志控制，即一旦意图形成，没有什么重要的事情会限制行动。TRA 和 TPB 构成了技术接受模型（TAM）的基础，该模型已经广泛应用于信息系统的各个学科，讨论了核心概念，如感知的易用性和感知的有用性（Davis，1989）。所有这些模型都被认为是单向的。

为了适应不断变化的环境，巴戈齐等（1990）提出了尝试理论，即假定在最终表现之前会有一系列的尝试。巴戈齐（2007）进一步指出，TRA、TPB 和 TAM 将行为视为最终目的，而事实上，行为可能是达到更根本目的的中间目标。

为了捕捉“一系列试验”概念，巴戈齐等（1990 ）在模型中引入了（过去）行为的重复性和频率，这两个因素反映了过去的行为。按照凯尔曼（1974）的观点，过去的频率和过去的经常性应在一定程度上影响个人的尝试意向和态度，即使尝试意向和态度并不完全反映过去的尝试（行为），而是隐含地反映了过去的尝试（行为）。虽然过去的尝试频率和过去的尝试次数是两个不同的概念，但它们很可能是高度相关的，人们不应该单独使用过去的尝试次数来预测个人的尝试意向。重复性会影响自我效能感、对结果的预期和对行动成败的期望。例如，一个人对某一行为的成功或失败的预期可能与自我效能感有关，如“我最近尝试通过社交媒体与我的老朋友交流是成功的 ”或“我最近尝试在社交媒体上寻找我的老朋友是失败的”。

尝试理论旨在解释个体努力执行困难行为或实现相关目标。一方面，尝试理论指出人们对采用技术创新的态度包括三个维度：①对成功采用的态度；②对失败采用的态度；③对学习使用技术的态度。另一方面，尝试理论是基于过程的目标导向概念，由巴戈齐等（1990）的观点可知，顾客行为受到内部障碍（熟练程度低、使用效率低）和外部环境障碍（网络连接问题、过度亲密）的影响，两者会使顾客认为其行为不足以达成预期目的。

尝试理论可以解释AR价值共创的复杂机制。AR价值共创和尝试理论都是基于过程且为目标导向的消费者行为概念，由于上文已提出的各种AR技术特性和潜在风险，其结果可能并不会完全受到顾客自身的控制，而会受制于其内外部障碍。尝试过程的意志和非意志部分捕捉到消费者对AR购物APP中价值共创两个相反方面的反应。

以IKEA Place为例，由于高度空间临场感，顾客可以自由选择摆放在特定位置的虚拟家具，随心所欲地装饰自己的房间，从而实现低风险的线上购物，这种体验是由顾客自己控制的。然而，顾客也可能因为AR而受到阻碍并失去自主权，因为虚拟和现实之间的转换对消费者来说相对较为陌生，过程中很容易因为缺乏经验和效率或因为某些潜在风险（技术焦虑、过度亲近感）而延迟购物并导致选择困难。尝试过程中的价值共创者可以通过AR的潜在好处主动控制其购物体验，但同时也会因为效率、熟练程度低或风险因素而失去自主权。因此，本书认为自主控制和失去自主权两者能解释消费者在AR应用中的共创尝试过程。

第三章　品牌 APP 的可用性研究

第一节　品牌 APP 可用性定义

随着移动电商的发展，移动端的竞争愈发激烈，从流量之争到用户经营和精准营销，目的就是增强目标用户的使用体验，即对可用性的感知。垂直细分类 APP 目标群体相对较小，竞争更为激烈，对 APP 可用性的要求更高，能让用户方便快捷使用以满足用户使用需求。

可用性是在人机交互领域常用的概念，指可以被特定用户使用，并能有效地达到使用目的。APP 的可用性是指该 APP 可以被特定用户使用，并能有效地达到使用目的（Venkatesh et al.，2006）。移动应用是安装在手持设备，如智能手机或平板电脑上的 IT 软件。APP 的可用性区别于移动终端的可用性，不仅包括操作系统是否好用，还包括是否能有效满足用户的使用需求。APP 的可用性在以往的研究中有很多讨论。在信息系统领域常基于 TAM 模型从感知易用性和有用性两个维度来评估信息系统感知可用性。基于感知服务质量评估模型，大量研究者提出网站质量的分析模型，从易用性、导航、安全保障、内容、响应性来衡量网站的质量（Davidavičiené et al.，2011）。

关于 APP 可用性的研究如表 3-1 所示。

表 3-1　关于 APP 可用性的研究

年份	学者	可用性特征	可用性测量
2004	Jen-Her Wua et al.	使用意愿、感知易用性、感知有用性、兼容性、使用成本、感知风险	通过线上线下问卷调查移动电商的使用意愿

表3-1（续）

年份	学者	可用性特征	可用性测量
2005	Dianne Cyr et al.	外观设计（颜色、形状、类型、音乐、动画等）、易用性、有用性、娱乐性	要求用户进行实验任务，并就实验任务、界面进行开放式访谈
2005	Fiona Fui-hoon Nah et al.	有效性、效率、满意度、安全性、成本、用户接受意愿	采访企业重要人物及不同部门员工对于手机应用的价值认知，采用价值导向方法归纳有用性
2006	Venkatesh et al.	内容、易用性、订制化、促销、情感	对比电子商务网站和移动商务网站在网站设计上的区别，设置有用性权重
2006	ShengCheng Huang et al.	有效性、效率、用户满意度	从时间、尝试次数、成功率、错误数量等方面对比分析两个手机应用
2006	Martina Ziefle et al.	有效性、效率、易用性	对比分析两种导航结构的有效性和效率，实验调查受测者的易用性感知
2007	Christian Monrad Nielsen et al.	功能可见性、可认知性、一致性、功效性、反馈、信息、交互风格、导航、任务流等	文献归纳出可用性测量指标，利用现场实验法和实验室实验法对比评估可用性
2007	Andrew Urbaczewski	有效性、效率、满意度	采用客观数据衡量有效性和效率；利用 SUS、ASQ、NET 三种问卷，通过问卷调查测量满意度
2011	Boonlit Adipat et al.	时间、准确性、感知易用性、感知有用性	要求用户参与五种不同模型测试，通过回答测试问题衡量用户性能，采用问卷量表衡量用户感知
2009	Andreas Sonderegger et al.	时间、交互效率、错误率、感知吸引性、感知有用性	利用量表问卷，要求用户评估感知产品吸引力与感知有用性
2008	Chengliang Liu et al.	准确性、适用性、可理解性、可靠性、交互性、可交换性、易访问性、外观设计、性能	问卷调查要求用户进行移动电商服务质量评估

表3-1(续)

年份	学者	可用性特征	可用性测量
2010	José M. Morales-del-Castillo Carlos Porcel et al.	可靠性、内容、易用性、灵活度、错误率、速度、外部广告、功能、交互性	结合文献整理、专家小组访谈等形式提出网站有用性评估指标
2011	Younghwa Lee et al.	一致性、可导航性、可支持性、可学习性、简洁、交互性、移情性、可靠性、易懂性、内容	通过文献研究和专家小组访谈等方式提出网站可用性评价指标
2014	Ankur Pant	有效性、有用性、效率、易学性、易访问性、满意度	基于文献和网站情况，设计问卷，问卷调查要求用户评估网站的可用性
2015	Wan Abdul Rahim Wan Mohd Isa et al.	下载速度、页面尺寸、无效链接	文献分析提出有用性评估指标，根据指标分析评估 347 个民宿网站的可用性
2016	吴威 等	效率性、系统可靠性、履行性、隐私安全性、外观设计、服务性、补偿性	结合国外文献研究和电子商务的影响因素提出电商服务质量评价指标

通过对这些文献的分析我们发现缺少一个有效衡量 APP 有用性的测量工具。基于对文献的分析，我们认为现有研究存在以下不足。

首先，现有关于测量 APP 的可用性并没有结合 APP 的情景。例如在操作过程中，按钮大小是否容易操作。文卡塔斯等（2006）基于微软可用性指南开发了一套网站设计的可用性衡量工具，并应用到移动网站中。尽管研究中指明在移动网站中一些变量（如易用性和个性化）的衡量更加重要，但没有结合 APP 的背景，所开发的可用性测量量表并不适合 APP 可用性的测量。

其次，现有的研究在评估 APP 可用性方面使用的都是基于实验的方法，以此分析性能指标（如速度）对 APP 感知可用性的影响。例如，约凯拉等（2006）基于实验的方法，对比两种不同的交互界面对有效性和整体可用性感知的影响。通过设计不同的移动网站和任务水平，阿迪帕特等（2011）发现多层的、彩色的文本展示会影响用户对 APP 可用性的感知。然而，受限于实验的方法，实验变量有限，研究只能分析片面的现象，而不能全面分析 APP 可用性的定义和内涵。此外，这些研究采用实验的方法，往往只能从结果上来反映变量与可用性的相关关系，但不能解释其因果关系。

最后，关于可用性的衡量指标没有统一的标准。现有的研究往往用大量其他的构念来代替衡量 APP 的可用性。例如，大量研究用整体满意度来衡量 APP 的可用性，此外还有一部分研究用服务质量来衡量。左文明等（2010）结合旅游服务的特点构建了旅游类 B2C 移动电子商务服务质量评价指标体系，包括可靠性、便利性、响应性、移动情境性和安全性五个维度。吴威（2016）分析了 B2C 移动电子商务服务质量的影响因子主要是售后服务性、系统可靠性、响应性、安全保证性、效率性和有形性。

本研究主要采用访谈的方法，针对用户使用航空 APP 的体验进行半结构化访谈。希望了解用户对航空公司 APP 现阶段的使用感受及对 APP 的需求。此外，我们结合苹果用户体验手册中关于用户 APP 使用体验的描述，丰富对用户航空 APP 使用需求的分析。选择苹果开发者 UEG 作为参考是基于以下考虑。苹果 APP Store 是用户最容易接受的应用商店，苹果应用商店的 APP 的质量也受到用户的好评。UEG 旨在帮助开发者设计一个用户友好的 APP，主要关注用户交互界面的设计。从用户使用体验的角度出发，对开发者提出 APP 设计的建议。例如，建议开发者在交互信息提醒中使用言简意赅的语句，使得用户能够很快理解信息。我们认为苹果 UEG 中涉及的内容为 APP 可用性的内涵。此外，我们还参考了其他用户体验手册（Ickin et al.，2012）。最终选择苹果用户体验指南作为最终的参考。来自对实际操作中用户体验的总结，对 APP 可用性定义的准确性及其测量量表的全面性有重要作用。

第二节　品牌 APP 可用性维度

组织行为量表的开发大致有两种路径（刘云 等，2009）。第一种是通过文献梳理和访谈等方法形成拟开发量表的初始维度及条目，通过问卷等方式收集数据并对该初始量表进行检验，以验证该假设量表的性能。第二种同样是通过文献研究、访谈等方法形成量表的初始条目库，根据条目库和相关文献梳理出初始量表，然后收集数据并进行探索性分析，确定待验证的假设量表，最后使用相关技术方法来验证该量表的性能。第一种路径适用于对已有量表的改编，第二种路径适用于开发全新的量表。本研究采用第二种量表开发的研究范式。

根据 MacKenzie 等（2011）提出的量表开发流程，本研究主要分为以下步骤，如图 3-1 所示。

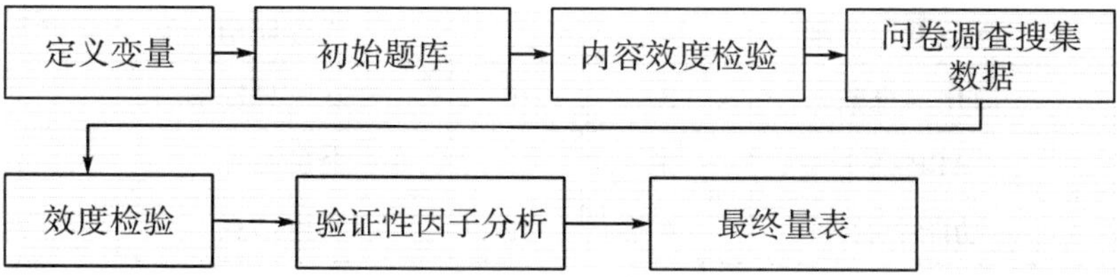

图 3-1　量表开发流程

一、基于访谈的可用性维度探索

以深圳航空（以下简称“深航”）APP 用户为访谈样本，从手机客户端 1—4 月份购票频次前 100 名的旅客中进行外呼邀请，最终邀请到旅客 10 人。这部分旅客经常使用深航 APP，对深航 APP 非常了解，便于我们深度了解用户的核心需求。为了能更好了解和解读用户对 APP 质量感知的诉求，访谈的参与者有深航移动端的业务人员 7 人，负责 APP 开发的技术人员 3 人，访谈的主题是关于用户对深航 APP 的使用体验。

访谈内容的整理遵循内容分析法的步骤（钟帅 等，2015；Gary et al.，1997），主要包括以下四步：①筛选访谈内容并删除与研究主题无关的内容；②根据前文研究和小组访谈确定编码方案，这是内容分析成功的关键；③将第一步整理的意义完整的语句进行材料编码；④对编码数据进行记词法和概念组分析。原访谈整理出 73 个语句，排除与 APP 不相关的“线下推广活动要结合一些好的商圈进行，参考南航”“贵宾室是否可以携带家人进入休息”“客服热线在航班异常时根本打不进，应学习南航设立 VIP 专线”“呼叫中心不能及时获得新产品上线的信息”“白金 90 个航段过多，原 60 个较适中”“白金卡保级所需航段过多”“国际航班很少，出国旅行大多从香港出发，比较麻烦”等，还有 57 个与 APP 相关的意见。基于内容分析的方法对语句进行分析，分析结果如表 3-2 所示。

表 3-2　访谈数据的内容分析结果

序号	可用性类型	合计	序号	可用性类型	合计
1	瞬间启动	4	7	个性化产品和服务	12
2	社会化分享	4	8	操作流程逻辑清晰	5
3	内容展示合理	3	9	优惠促销	3
4	简化信息输入	3	10	交互信息提醒	3
5	APP 话术	3	11	会员服务	4
6	功能全面性	6	12	航班信息	7

二、基于二手数据的可用性维度探索

苹果开发者用户体验指南中针对 APP 的设计提出了若干建议（APPle，2016），我们采用开放性编码对 APP 的 HIG 和访谈内容进行编码。开放性编码是指将资料分解、检视、比较、概念化和范畴化的过程（斯特劳斯 等，1997），这是一个将资料打散，然后再以新的方式重新组合起来的操作过程。开放性编码遵循如下程序：①定义现象。主要包括“贴标签”和“概念化”两步，把原始资料分解为一件件独立的故事或事件，再赋予一个可以代表它们所指涉现象的名字。②发掘范畴。把描述同一现象的概念聚拢成一类，并对该范畴取名字及进行定义，以发展范畴的性质和面向（吴先明 等，2014）。本研究采用的开放性编码过程如图 3-2 所示。

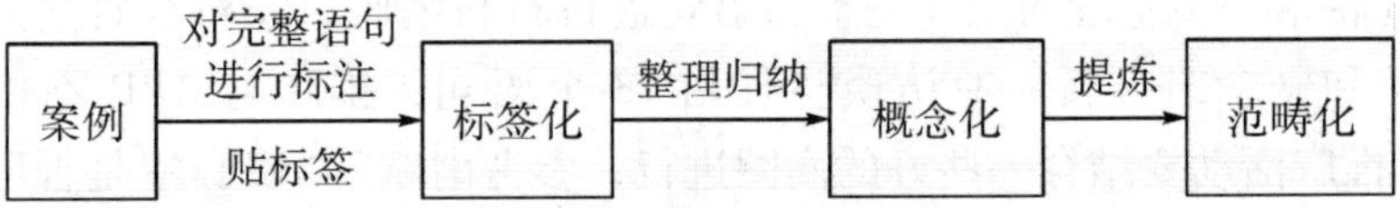

图 3-2　开放性编码过程

两名管理科学与工程专业的博士，针对苹果开发者用户体验手册和访谈的内容进行讨论，梳理相关研究文献，形成航企 APP 的编码矩阵。梳理出航企 APP 的有用性感知维度，其中包含了 21 个构念。由于案例篇幅较大，开放性编码只选取部分，开放性编码示例如表 3-3 所示。

表 3-3　开放性编码示例

开放性编码	贴标签	概念化	范畴化
在 APP 中，企业品牌的 logo、图片、颜色等的展示要低调	品牌设计和展示的要求	合适的品牌展示	品牌展示
除了在这个用户体验指南中特别说明的一些，还要注意 APP 的图标标识应该聚焦在公司的品牌上	APP 品牌与公司品牌的一致性		
当用户需要使用其他应用或使用电话自带功能，如打电话时，用户按主屏 home 键后，应用能够停止并推出	APP 能随时进行退出操作	保存数据支持随时退出	数据保存
因为用户可能需要随时都能退出 APP，APP 要能尽快并能在合适的时候保存数据	退出时数据保存及时合理	数据保存的合适性	
当用户选择停止 APP 的运行时，能保存当前的状态	退出应用能保存当前状态		
APP 能及时启动，用户不需要等待就能使用	应用启动速度快	启动及时	瞬间启动
登录界面容易卡住	及时打开		
响应速度慢很影响体验	打开相应速度慢		
登录不稳定，4G、Wi-Fi 状态下连续操作数次，结果差异较大	登录不稳定		
相比较南航和东航，打开速度极其慢	相对打开速度慢		
APP 启动时有一个启动的图片展示	启动图片提示	启动进度提示	
APP 启动时避免有弹出框	启动提示的展示不要用弹出框		
在启动过程中，提供一个启动状态栏	启动状态栏提示		
美丽迷人的图片会吸引用户关注 APP，这个最简单的工作回报会很大	图片展示漂亮	通过高质量的图片让用户满意	APP 图片美观
漂亮的图片也会在用户心中形成一种品牌形象	漂亮的图片在品牌形象上的重要性		
APP 的设计应该考虑使用看上去高档和珍贵的素材	图片质量好		
APP 中的图片应该使用高分辨率的图片	图片分辨率高		
确保登录页的图片和 APP 中的按钮是高水平设计的	图片设计好		

三、可用性维度归纳分析

根据开放性编码中涉及的构念内涵，结合相关研究文献，本书对各构念衡量的内涵进行了定义。开放性编码识别出 21 个可用性方面，根据麦肯锡等（2011）提出的二阶变量构成原则，对于有共同主旨或类似特征的构念理论上应该能抽象成高阶的变量。本研究识别出 5 个高阶构念，分别是 APP 设计、APP 有用性、用户交互输入、用户交互输出、交互结构。一阶和二阶变量的定义见表 3-4 至表 3-8。

表 3-4　APP 设计的一阶变量及定义

构念	定义	文献举例
品牌展示	衡量航空公司 APP 中所展示的品牌形象是否合适	Lowry 等（2008）研究了网站的品牌对消费者信任的影响
数据保存	衡量用户在使用 APP 的过程中，对操作数据保存及时性和自动性方面的感知	Sarker 等（2003）研究了手持设备的使用行为，研究发现 APP 数据能否随时保存数据对用户的体验具有很大的影响
运行速度	衡量用户对 APP 启动速度的感知	Hammad 等（2015）分析了 APP 市场用户对 APP 的评价，基于文本分析，用户对响应速度慢的问题会产生抱怨情绪。Pousttchi 等（2007）对移动银行的用户需求进行分析，发现用户并不能接受 APP 打开过慢的情形
美观程度	衡量 APP 在整体风格美观程度	Wells 等（2011）通过实验的方法分析整体颜色搭配、图片对网站整体质量好坏感知的影响
APP 设置	衡量用户对 APP 设置的多少	过多要求用户对 APP 进行设置会影响用户的评价（Jokela T et al.，2006）

品牌展示、数据保存、运行速度、页面美观程度、APP 设置是衡量 APP 整体设计质量的重要指标。

（1）品牌展示：用户对 APP 的品牌展示的评价影响了用户对 APP 质量的感知。对航空公司而言，APP 作为应用市场上一个独立的产品，除了是航空公司的一部分，本身也拥有自己的品牌形象。APP 品牌展示是否合适是衡量 APP 质量感知的一部分。

（2）数据保存：APP 的数据保存也是影响用户感知的因素，用户在操作过程中可能会需要随时退出，APP 提供随时的数据保存能让用户再次回到应用时不需要重复输入信息。

（3）运行速度：APP 的运行速度特别是打开速度的快慢，影响用户对 APP 评价的好坏，启动很慢或不稳定的情况往往受到用户的抱怨。

（4）页面美观程度：对 APP 而言，页面的设计可以在短时间内给用户留下印象，好的页面图片的设计是提升用户好感最简便的方式。基于对各航空公司 APP 的调研，用户对厦门航空 APP 的页面设计评价最好。

（5）APP 设置：衡量 APP 设置的多少。APP 应该能够根据用户的操作识别用户的操作习惯、偏好等信息，而不是要求用户进行设置。

表 3-5　APP 有用性的一阶变量及定义

构念	定义	研究举例
信息分享和社会化	衡量 APP 支持社交化的程度	对于那些需要用户创造内容的 APP 来说，社交化是一个很重要的功能（Oulasvirta et al.，2007）
内容全面性	对 APP 提供的产品和服务全面性的感知	李永华等（2006）在研究中提出，网站提供的信息和服务全面性是影响电子商务网站吸引力的重要因素
内容个性化	衡量航空公司 APP 针对用户提供差异化服务的感知	何淑英等（2006）研究发现 APP 提供个性化服务内容能吸引更多的用户并保留老用户
会员服务	关于会员服务的多少	对会员进行管理并提供相关服务是衡量电商网站服务质量的一个指标
消息推送	衡量 APP 信息推送的有用性	梁廷鹏等（2006）的研究表明推送信息对用户需求的符合程度影响用户的满意度，并指出信息推送的适用网站类型
优惠促销	衡量 APP 渠道提供优惠活动的多少	文卡塔斯等研究表明优惠促销信息以一定的权重衡量电子商务、移动商务网站的可用性

APP 有用性衡量 APP 能最终满足用户的需求程度，是 APP 的核心目的。对航空公司 APP 而言，信息分享和社会化、内容的全面性与个性化、会员服务、消息推送、优惠促销是用户对 APP 核心服务的诉求。

（1）信息分享和社会化：信息分享和社会化衡量 APP 支持用户与联系人进行信息分享和社交的程度。航空 APP 的社交化有利于用户在 APP 中建立社会关系，增加 APP 的黏性。对于航空公司 APP 来说，航班信息、行程信息的分享也有利于建立一种社交化的氛围。

（2）内容全面性：内容的全面性是对 APP 提供的产品和服务全面性的感知。对于航空公司 APP 来说要满足用户基本的订票需求，未来还可能提供乘机出行的其他服务。对于旅客来说，跨平台服务的全面性、机票相关服务的全面性对航企 APP 的评价可能具有重要的影响。

（3）内容个性化与会员服务：内容个性化衡量航空公司 APP 针对用户提供差异化服务的感知。航空公司 APP 是一个强会员体系的应用，航空公司针对不同等级的会员提供差异化的服务。基于移动端的场景和会员数据提供个性化的服务。

（4）消息推送：消息推送衡量 APP 信息推送的有用性。对旅客来说，及时了解航班信息、订单变更信息的需求比较高。APP 是一个能随时与旅客联结的渠道，合适的信息推送内容是衡量 APP 质量的一个重要因素。

（5）优惠促销：优惠促销衡量 APP 渠道提供优惠活动的多少和吸引力。APP 的优惠促销活动用来吸引用户，特别是针对航空公司价格的优惠活动，在差不多的航班时刻的前提下，价格是用户选择航空公司的一个重要因素。从访谈的情况来看，用户对于 APP 上优惠促销活动的需求比较多。此外，专门针对会员提供产品和服务，如积分信息查询和兑换，会影响会员的使用体验。

表 3-6　用户交互输入的一阶变量及定义

构念	定义	研究举例
简化信息输入	输入信息需要做出的努力程度	谭等（2009）基于元分析的方法设计了输入的文本类别，方便用户在网页上搜索信息
按钮操作难易程度	衡量 APP 的按钮大小对于用户操作的难易程度的影响	库尔尼亚万等（2008）曾研究了年龄对 APP 的使用行为的影响，对于年纪大的用户，他们更需要比较大的操作按钮
功能标识直观	衡量用户是否能很快找到并判断按钮的功能	艾哈迈德 · 塞法等（2006）将视觉内容例如图标等的易读性作为可用性评价模型的指标
按钮图片设计	衡量使用现实的图片来传递按钮的用途，便于用户理解	姜善华等（2007）分析发现手机图片的视觉真实性影响用户的社会临场感和情绪参与度

用户交互输入衡量用户在输入信息和进行操作时需要的努力程度。用户输入信息是否方便快捷是用户交互输入衡量的主要内容，主要包括简化

信息输入、按钮操作难易程度、功能标识直观、按钮图片设计。

（1）简化信息输入：输入信息需要做出的努力程度。需要输入过多的文本信息会增加用户使用的难度。

（2）按钮操作难易程度：衡量 APP 的按钮大小易于用户操作的程度。对于 APP 来说，受限于屏幕大小，太小的按钮会增加用户操作的难度，按钮大小会影响用户的使用。

（3）功能标识直观：衡量用户是否能很快找到并判断按钮的功能。

（4）按钮图片设计：衡量使用现实的图片来传递按钮的用途，便于用户理解。

表 3-7 用户交互输出的一阶变量及定义

构念	定义	研究举例
精练的语言	APP 对客展示的语言尽量少，APP 的展示空间有限，用少量的语言表达核心的意思	德武尔夫等（2006）分析了在线购物网站用户使用行为，研究表明网站文字的可读性对整体质量的感知具有显著的影响
用户交流术语	衡量 APP 对于用户沟通的语言是否容易理解。	刘成良等（2011）将语言信息的可理解性作为一个评估电商网站可用性的指标
交互信息提醒	操作过程中能及时提醒用户的操作情况	库尔尼亚万等（2008）研究发现交互信息提醒会让部分老龄使用者分散注意力，感到恐惧
标准化的用户界面	采用行业内一致的用户界面	谭等（2009）提出一个有效的网站设计，应该在用户交互界面与同类型应用保持一致

用户交互输出衡量用户操作过程中 APP 对客户反馈和展示的有效性。APP 给用户展示的形式和语言是交互输出涵盖的内容，对用户进行操作指引。包括精练的语言、用户交流术语、交互信息提醒、标准化的用户界面，

（1）精练的语言：APP 对客展示的语言尽量少，APP 的展示空间有限，用少量的语言表达核心的意思。对 APP 而言，展示语言的精练及可读性也是 APP 整体质量的重要影响因素。

（2）用户交流术语：衡量 APP 对于用户沟通的语言是否容易理解。过于专业和晦涩的交流术语增加用户使用的难度。对于航空公司而言，存在大量的专业术语，同样需要注意对客交流术语是否容易理解。

（3）交互信息提醒：操作过程中能及时提醒用户的操作情况。

（4）标准化的用户界面：采用行业内一致的用户界面。

表 3-8 交互结构的一阶变量及定义

构念	定义	研究举例
操作流程逻辑性	衡量 APP 的操作流程简洁且符合用户习惯	李永华等（2006）研究分析网站的系统质量例如操作流程等影响用户满意度，进而影响用户选择电商网站
内容展示原则	核心内容展示在主页面，功能按照使用需求的强度从上到下进行展示	阿迪帕特等（2011）通过实验的方法分析了移动网站的页面展示，发现数型结构的展示形式，将核心和关键的信息放在页面上方有利于用户把握网页的内容

交互结构衡量用户与 APP 进行交互过程中的逻辑结构和展示结构的高效性。用户操作 APP 的过程是用户与 APP 的交互过程，每一步给用户展示什么内容、如何展示、如何提醒和指导用户是交互结构涵盖的内容。包括操作流程逻辑性、内容展示原则。

（1）操作流程逻辑性：衡量 APP 的操作流程简洁且符合用户习惯。重复输入信息或过于复杂的操作流程会影响用户的体验。

（2）内容展示原则：核心内容展示在主页面，多种功能按照使用需求的强度从上到下进行展示。

第三节 品牌 APP 可用性量表的开发与验证

一、品牌 APP 可用性测量的初始量表

编码所包含的信息对初始量表的设计具有重要的参考作用，本研究根据编码语句和访谈所表述的内容进行扩展。HIG 和访谈开放性编码的关键词和观点是测度项开发的基础，参考以往类似变量的研究，最终形成初始量表。初始量表包含 85 个测度项。

专家甄别法是保证量表内容效度的关键方法之一，因此是量表开发中的一个重要环节，未来对上述测量题项的适用性进行更深入细致的分析。本研究邀请专家进行两轮甄别。首先，邀请 2 名有丰富 APP 实用经验的管

理科学与工程专业的博士研究生，请他们对测量题项的适当性、系统性、准确性和可读性提出建议，从而保证量表的内容效度，并准确表述测量题项的含义，使普通受调查者能够无障碍地理解测量题项。其次，邀请 2 名从事管理学研究和教学的专家对测量题项再次进行甄别，目的是增强量表的简洁性和内容效度。最后，经过多轮讨论，剔除多余的测量题项，并修改个别表述不清的测量题项。

为了使测量题项易于被受访者理解，符合他们的阅读习惯，根据测量题项设计调查问卷，并向华中科技大学的学生发放问卷，根据受访者的反馈，研究者对个别不易理解或易产生歧义的测量题项表述进行修改。最终形成初始量表 80 个测量题项，初始测度量表见表 3-9。问卷见附录 A。

表 3-9 初始测度量表

因子(缩写)	测度项	测度项内容
美观程度（GRP）	GRP1	该 APP 使用了很漂亮的插图
	GRP2	该 APP 使用了很清晰的图片
	GRP3	该 APP 中使用的图片素材是高质量的
	GRP4	使用漂亮美观的图片对航空企业的 APP 是有利的
品牌展示（BRD）	BRD1	该 APP 品牌的展示是低调的
	BRD2	该 APP 可以很有效地树立自己的品牌形象
	BRD3	该 APP 让我联想到该航空公司的品牌
	BRD4	该 APP 并没有强迫用户观看公司广告
精练的语言（LAG）	LAG1	该 APP 所使用的词汇很简洁
	LAG2	该 APP 仅使用少量的文字就表达主要的信息
	LAG3	该 APP 没有使用容易引起混淆的词汇
	LAG4	该 APP 没有使用让我疑惑且难以理解的简写词汇
信息分享和社交（INS）	INS1	该 APP 支持用户与其他人分享信息（如航班动态、行程信息）
	INS2	该 APP 支持用户跟其他人建立联系
	INS3	该 APP 可以实现用户跟其他人之间的互动（如通过游戏进行互动）

表3-9(续)

因子(缩写)	测度项	测度项内容
操作按钮直观(CNT)	CNT1	该 APP 的主要功能一目了然
	CNT2	该 APP 的按钮标签简单易懂
	CNT3	该 APP 功能入口简单易懂
	CNT4	该 APP 功能入口设计很直观
	CNT5	用户能直观地判断该按钮的用途
内容全面性(CTF)	CTF1	在该 APP 上可以找到如酒店、旅行社、租车等服务
	CTF2	该 APP 提供了乘机出行相关的所有服务（如航班延误后的服务）
	CTF3	该 APP 可以办理与机票相关的各种服务（如改期、值机）
内容个性化(PSN)	PSN1	该 APP 提供的服务有多种类型可供选择（如餐食种类）
	PSN2	该 APP 基于用户使用习惯，向用户做个性化推荐
	PSN3	该 APP 针对不同等级的会员提供差异化服务
	PSN4	该 APP 针对特殊旅客（小孩、老人等）提供个性化服务
	PSN5	该 APP 根据用户的消费偏好提供专属服务
数据保存(DAS)	DAS1	在用户退出之后，该 APP 自动保存操作数据
	DAS2	在用户退出时，该 APP 不用用户自己进行操作就能保存数据
	DAS3	该 APP 能保存用户填写的数据，用户不会被要求重新填写相关内容。（如操作失误、退出、返回等类似原因）
	DAS4	在用户重新进入时，该 APP 能够使用户直接进入上一次退出时的操作界面
最小化用户设置(SET)	SET1	该 APP 避免用户填写一些带有自我偏好（餐食偏好、座位偏好）的信息
	SET2	该 APP 对设置没有强制性要求
	SET3	该 APP 不会要求用户改变设置（如地理位置、颜色、字体大小等）
	SET4	该 APP 不会要求用户完善个人信息

表3-9(续)

因子(缩写)	测度项	测度项内容
简化信息输入(MNP)	MNP1	该 APP 能辨别用户需要输入的内容(如 12306 向用户提供可能的输入选择),简化信息输入。
	MNP2	该 APP 不要求用户输入过多的信息,使用户消耗过多的时间
	MNP3	该 APP 提供用户一些可选项,不需要直接输入文字
	MNP4	该 APP 不需要用户输入很难辨认的信息(如很难识别的验证码)
按钮易操作(SIZ)	SIZ1	该 APP 的按钮大小容易操作
	SIZ2	该 APP 的按钮尺寸较大
	SIZ3	该 APP 按钮标识明显
操作流程逻辑性(LOG)	LOG1	该 APP 向用户提供一个清晰高效的操作流程,使得用户可以按部就班地完成操作
	LOG2	该 APP 遵循一个高效、符合用户习惯操作流程(如不会出现重复性操作)
	LOG3	该 APP 提供的操作流程可以清晰地知道下一步操作,以及当前的操作阶段
	LOG4	该 APP 的操作流程可以让用户预测接下来的操作
	LOG5	该 APP 设计的操作流程符合用户使用习惯
现实图标(RLG)	RLG1	该 APP 使用的图标有助于用户理解该图标所提供的具体服务
	RLG2	该 APP 使用的图标能很好地阐释其功能的意思(如用行李箱表示办理托运)
	RLG3	该 APP 使用与现实结合的图标使用户容易直接掌握该图标所表达的内容
交互信息提醒(IFF)	IFF1	在操作过程中,该 APP 能及时反馈交互信息(如提示支付失败或成功)
	IFF2	在操作过程中,该 APP 能及时提醒操作进度
	IFF3	该 APP 在交易的关键环节做出信息提示
	IFF4	在操作环节出错时,该 APP 提醒出错所在位置

表3-9(续)

因子(缩写)	测度项	测度项内容
瞬间启动(STA)	STA1	该 APP 能快速启动，并立即使用
	STA2	打开该 APP 不会花费较长时间
	STA3	该 APP 在打开后能立即使用
标准化的用户界面(ITF)	ITF1	该 APP 使用的按钮图标与其他航空类 APP 相似
	ITF2	该 APP 使用的图标、按钮我在其他 APP 中也见过
	ITF3	该APP使用的标准图标我已经通过其他的APP了解其内容
内容展示结构(STR)	STR1	该 APP 将常用的功能置于顶部
	STR2	该 APP 将主要功能放在主页面
	STR3	该 APP 把重要的信息置于顶部展示
	STR4	该 APP 把使用频率最高的操作放在最上面
	STR5	该 APP 通常把使用频次较低的操作置于底端
用户交流术语(TER)	TER1	该 APP 使用的术语容易理解
	TER2	该 APP 避免使用难以理解的专业术语
	TER3	该 APP 使用的术语不会产生误解
信息推送(INF)	INF1	该 APP 能及时发布、提醒航班的动态信息（如航班变动）
	INF2	该 APP 提供的信息能满足我出行的需求（如乘机帮助、天气、行李转盘等）
	INF3	该 APP 能让我及时了解订单和行程变化信息
	INF4	该 APP 会在合适的时间提醒我航班信息（如出发前一天提醒航班信息）
优惠促销(PRO)	PRO1	该 APP 提供的优惠活动具有吸引力
	PRO2	该 APP 提供的优惠活动可以满足我的出行需求（如结伴同游优惠、家庭出行优惠）
	PRO3	同其他同类 APP 相比，该 APP 提供的优惠具有竞争力
会员服务(VIP)	VIP1	会员积分可以在 APP 上实现兑换
	VIP2	会员积分可以在 APP 上进行查询
	VIP3	该 APP 会对会员积分变动及时提醒
	VIP4	该 APP 会对会员升级情况及时提醒

二、品牌 APP 可用性影响模型构建

可用性感知各维度的测量模型如图 3-3 所示。

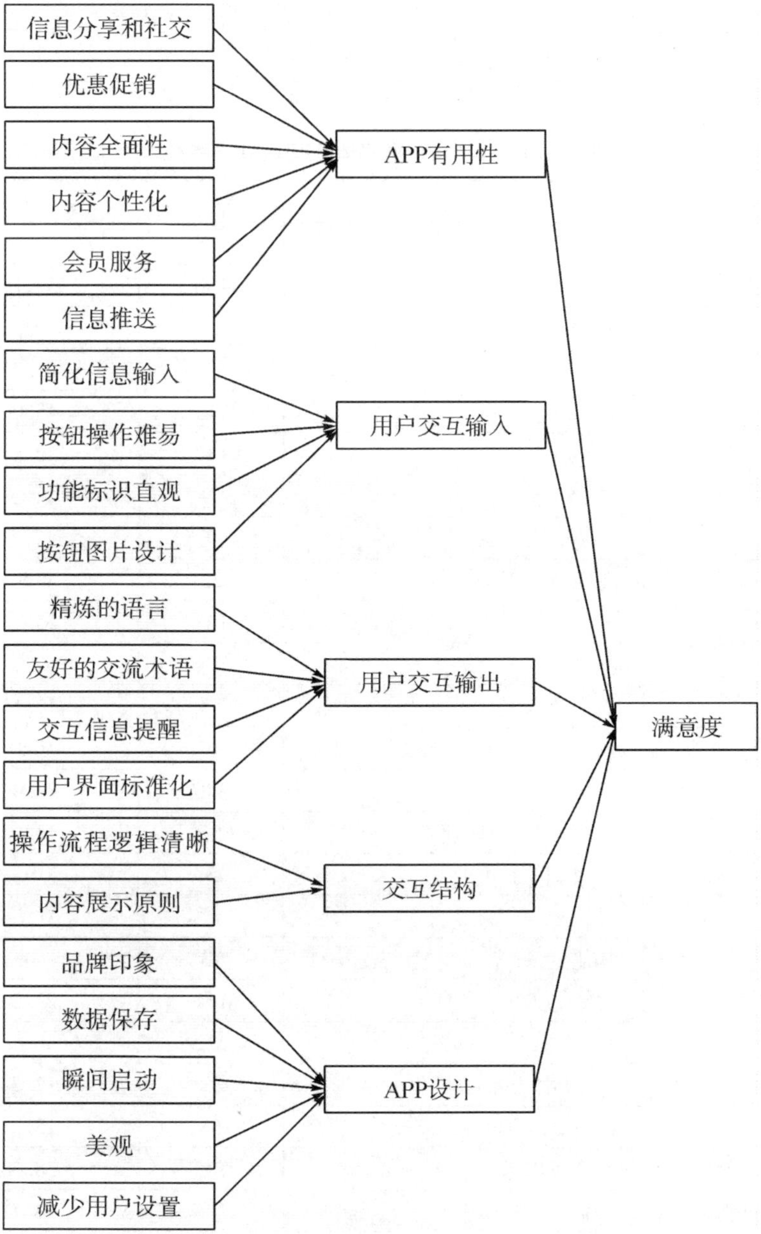

图 3-3 可用性感知测量模型

三、数据收集与假设检验

（一）数据收集

在第三方外包平台猪八戒（http://www.zbj.com/）、在线旅游论坛、航空官方微信和微博平台收集有效问卷478份。样本构成和基本人口统计学特征如表3-10所示。

表3-10　样本构成和基本人口统计学特征

类别	特征	频数	占比（%）
性别	男	288	60.3
	女	190	39.7
年龄	0~18岁	3	0.6
	19~23岁	75	15.7
	24~30岁	215	45.0
	31~40岁	147	30.8
	41~50岁	29	6.1
	51~60岁	9	1.9
教育程度	高中及以下	23	4.8
	大专	123	25.7
	本科	274	57.3
	硕士及以上	58	12.1
职业	学生	47	9.8
	上班族	346	72.4
	个体户/自由职业者	57	11.9
	无业/下岗/失业	3	0.6
	退休	2	0.4
	其他	23	4.8
乘机次数	2次及以下	111	23.2
	3~5次	222	46.4
	6~10次	82	17.2
	10次以上	63	13.2
乘机类型	公商务出差	183	38.3
	旅游	206	43.1
	探亲	89	18.6

（二）信度与效度检验

鉴于反映型构念和构成型构念在信度和效度的检验指标上存在差异，本书分别对它们进行检验。对于反映型构念，本研究分别采用探索性因子分析（ExploratoryFactorAnalysis，EFA）与验证性因子分析（Confirmatory Factor Analysis，CFA）对反映型构念进行检验，具体结果见表 3-11。在进行探索性因子分析时，首先，通过考察 KMO（Kaiser-Meyer-Olkin）值来判断样本数据是否适合因子分析。其次，使用 SPSS 分析软件对样本数据进行分析，得到 KMO 值为 0.971，表明数据适合进行主成分分析。因子分析抽取的 15 个因子解释了 81%的方差。

表 3-11　旋转后的因子负载矩阵

	主成分														
	1	2	3	4	5	6	7	8	9	10	11	12	13	14	15
GRF1	.229	.148	.228	.687	.163	.170	.064	.220	.159	-.022	.103	.150	.007	.099	-.047
GRF2	.257	.262	.138	.702	.138	.162	.071	.241	.112	.098	.137	.082	.001	.007	.114
GRF3	.194	.239	.064	.714	.110	.169	.075	.254	.189	.116	.130	.094	.021	-.032	.016
GRF4	.220	.277	.035	.700	.069	.073	.145	.029	.011	.238	.015	.034	.168	.069	-.001
LAG1	.233	.296	.156	.317	.148	.136	.103	.662	.073	.058	.084	.153	.001	.093	.081
LAG2	.273	.304	.141	.273	.098	.135	.122	.619	.162	.062	.148	.174	.001	.126	.094
LAG3	.312	.318	.038	.182	.109	.162	.112	.677	.115	.133	.087	.108	.156	.039	-.003
LAG4	.380	.318	.067	.184	.101	.181	.072	.621	.025	.175	.124	.067	.178	.065	-.108
INS1	.148	.137	.123	.166	.144	.732	.132	.229	.090	.142	.035	.179	.074	-.070	.111
INS2	.136	.139	.111	.158	.142	.852	.106	.077	.115	.106	.107	.091	.075	.090	.016
INS4	.145	.082	.108	.097	.203	.813	.136	.084	.163	.055	.161	.069	-.003	.035	-.066
CNT1	.293	.662	.158	.235	.158	.156	.073	.225	.165	.136	.147	.073	-.025	.089	.165
CNT2	.330	.731	.127	.184	.148	.083	.125	.200	.157	.123	.143	.067	.082	.041	.060
CNT3	.279	.735	.124	.211	.107	.110	.105	.197	.115	.146	.129	.159	.131	-.040	-.042
CNT4	.306	.703	.104	.264	.080	.155	.087	.192	.122	.145	.109	.161	.121	-.029	-.025
CNT5	.354	.623	.079	.236	.157	.072	.090	.300	.124	.126	.145	.123	.017	.075	-.070
DAS1	.197	.183	.138	.137	.795	.132	.132	.144	.169	.101	.071	.042	.026	.035	.101
DAS2	.161	.080	.157	.072	.806	.133	.123	.141	.175	.108	.083	.169	.110	-.008	.091
DAS3	.252	.220	.165	.165	.634	.208	.074	.020	.138	.160	.153	.196	-.017	.165	-.149
DAS4	.134	.067	.179	.143	.602	.356	.153	.014	.179	.054	.261	.198	.006	.136	-.133

表3-11(续)

	主成分														
	1	2	3	4	5	6	7	8	9	10	11	12	13	14	15
SET1	.201	.200	.214	.114	.234	.281	.166	.197	.158	.101	.180	.546	-.152	.121	.017
SET2	.302	.296	.147	.246	.183	.077	.174	.143	.048	.154	.083	.598	.174	-.095	.067
SET3	.361	.231	.100	.175	.179	.064	.091	.151	.063	.098	.060	.622	.215	.046	.190
SET4	.140	.023	.201	.008	.133	.186	.208	.069	.194	-.005	.109	.709	.030	.180	-.133
SIZ1	.286	.341	.122	.214	.153	.150	.101	.186	.110	.131	.175	.154	.022	.545	.157
SIZ2	.249	.049	.097	.089	.215	.066	.319	.235	.162	.054	.037	.247	.100	.656	.023
SIZ3	.209	.412	.158	.230	.168	.103	.108	.179	.065	.188	.088	.066	.135	.524	.182
LOG1	.658	.292	.129	.154	.084	.136	.078	.203	.135	.153	.230	.143	.019	.175	.077
LOG2	.646	.299	.207	.193	.097	.101	.164	.104	.151	.178	.213	.154	.093	.100	-.075
LOG3	.661	.304	.149	.146	.112	.132	.135	.122	.134	.208	.189	.120	.048	.078	-.027
LOG4	.685	.099	.152	.111	.172	.087	.163	.122	.271	.183	.100	.228	.041	.007	-.193
LOG5	.728	.236	.165	.162	.176	.128	.142	.175	.134	.097	.132	.147	.085	.043	-.122
RLG1	.138	.267	.166	.216	.158	.080	.159	.163	.166	.148	.114	.171	.071	-.030	.675
RLG2	.191	.198	.172	.212	.153	.150	.198	.195	.137	.174	.107	.095	.201	-.022	.591
RLG4	.126	.184	.086	.192	.189	.131	.177	.239	.148	.190	.081	.091	.168	-.003	.652
INF1	.341	.297	.226	.204	.128	.159	.097	.153	.158	.591	.214	.088	.038	-.049	.134
INF2	.390	.207	.183	.147	.194	.152	.119	.110	.206	.608	.220	.060	.079	.087	.039
INF3	.364	.293	.122	.163	.194	.128	.128	.128	.108	.643	.168	.067	.167	.039	.130
INF4	.409	.117	.193	.140	.109	.152	.159	.108	.170	.614	.185	.116	.047	.060	-.194
STA1	.338	.170	.229	.120	.188	.130	.110	.117	.178	.190	.700	.122	.046	.013	-.011
STA2	.265	.184	.167	.124	.171	.186	.142	.128	.221	.199	.705	.082	.149	.052	.027
STA3	.279	.281	.145	.157	.151	.176	.164	.134	.176	.178	.660	.159	.105	.013	.057
ITF1	.261	.080	.222	.118	.116	.102	.764	.124	.126	-.008	.103	.088	-.069	-.068	.068
ITF2	.129	.116	.198	.054	.066	.118	.815	.049	.137	.150	.064	.122	.119	.166	-.012
ITF3	.166	.110	.118	.104	.166	.158	.806	.073	.058	.114	.114	.162	.101	.106	-.005
STR1	.220	.099	.679	.150	.173	.140	.277	.112	.146	.080	.110	.149	-.069	-.061	.133
STR2	.373	.319	.556	.236	.093	.068	.181	.170	.068	.201	.176	.035	.140	.167	.403
STR3	.172	.129	.635	.153	.089	.109	.128	.008	.251	.205	.127	.144	.125	.197	.288
STR5	.181	.120	.763	.084	.211	.079	.103	.119	.166	.103	.134	.120	.169	-.068	-.059
STR6	.199	.132	.672	.070	.139	.170	.271	.038	.039	.114	.107	.137	.135	.165	-.190

表3-11(续)

	主成分														
	1	2	3	4	5	6	7	8	9	10	11	12	13	14	15
TER1	.381	.191	.367	.129	.117	.094	.124	.201	.156	.112	.200	.083	.513	-.034	.150
TER2	.343	.197	.290	.111	.070	.075	.119	.138	.231	.177	.195	.145	.593	.091	.065
TER3	.421	.172	.318	.124	.089	.149	.150	.173	.204	.120	.154	.152	.533	.132	-.077
PRO1	.241	.140	.160	.116	.173	.155	.106	.135	.777	.122	.058	.111	.013	.051	.075
PRO2	.228	.201	.162	.132	.222	.138	.110	.068	.730	.160	.200	.101	.119	.005	-.039
PRO3	.190	.121	.149	.130	.171	.140	.143	.054	.768	.074	.188	.113	.122	.089	-.004

注：篇幅原因，省去小数点前的0。

基于主成分分析，所有指标在对应因子上的荷载均大于0.505。且各项指标在其对应因子的负载远大于在其他因子上的交叉负载，表明各指标均能有效地反映其对应的因子，从而保证了较好的量表效度。

对构成型构念的检验，我们首先检测了各构成型构念测度项之间的多重共线性。从表3-12中可以看出，大部分构成型构念的VIF（variance inflation factor）均小于3.3，信息推送和会员服务的部分测度项表明存在共线性。

表3-12　构成型构念的信度与收敛效度分析

变量	题项	权重	标准差	*t*值	负载	标准差	*t*值
品牌展示							
VIF=1.417	BRD1	0.234	0.059	3.990	0.684	0.047	14.633
VIF=2.646	BRD2	0.363	0.079	4.628	0.898	0.021	42.095
VIF=2.423	BRD3	0.377	0.082	4.583	0.881	0.030	29.409
VIF=1.690	BRD4	0.236	0.072	3.282	0.766	0.043	17.667
个性化服务							
VIF=2.514	PSN1	0.297	0.107	2.771	0.870	0.038	22.891
VIF=3.174	PSN2	0.243	0.120	2.028	0.888	0.032	27.322
VIF=3.030	PSN3	0.240	0.126	1.909	0.832	0.042	19.955
VIF=2.477	PSN4	0.304	0.098	3.095	0.870	0.035	24.603
VIF=3.092	PSN5	0.052	0.099	0.528	0.828	0.037	22.547

表3-12(续)

变量	题项	权重	标准差	t 值	负载	标准差	t 值
最小化信息输入							
VIF=1.799	MNP1	0.436	0.083	5.261	0.849	0.038	22.486
VIF=2.249	MNP2	0.161	0.096	1.773	0.806	0.047	17.164
VIF=2.133	MNP3	0.190	0.086	2.210	0.801	0.045	17.999
VIF=1.827	MNP4	0.413	0.080	5.143	0.841	0.038	21.902
信息推送							
VIF=3.832	INF1	0.319	0.091	3.524	0.931	0.019	48.174
VIF=3.097	INF2	0.295	0.111	2.643	0.903	0.027	33.596
VIF=3.043	INF3	0.231	0.098	2.352	0.887	0.027	32.882
VIF=2.830	INF4	0.262	0.075	3.511	0.883	0.024	37.253
会员服务							
VIF=2.142	VIP1	0.386	0.104	3.710	0.872	0.033	26.230
VIF=3.088	VIP2	0.117	0.089	1.920	0.857	0.031	27.356
VIF=3.356	VIP3	0.256	0.093	2.743	0.894	0.028	31.820
VIF=3.566	VIP4	0.366	0.099	3.715	0.911	0.026	34.515
内容全面性							
VIF=1.709	CTF1	0.236	0.067	3.556	0.750	0.046	16.290
VIF=2.072	CTF2	0.404	0.084	4.806	0.875	0.031	28.482
VIF=1.651	CTF3	0.527	0.077	6.877	0.891	0.034	26.220

对信息推送和会员服务进行重新检验，我们对两个测度项的相关性进行分析。发现测度项之间的相关性均超过0.7，为强相关关系。会员服务和信息推送为反映型变量。会员服务的衡量都是基于会员积分信息的查询、兑换、提醒服务，是积分服务的基础服务，对会员来说同等重要。好的会员服务会在查询、兑换和提醒上都有很好的体验，且从技术实现上来说，积分的查询、兑换和提醒是同步实现的功能。信息推送的有效性是衡量推送信息的有用性和及时性的指标，反映在航班信息、行程和订单信息上。信息推送的关键在于与中航信系统接口的对接及数据获取，对航班动态信息、行程信息都会有同样的影响。

在收敛效度检验上，构成型构念要求各测度项的权值均显著。从表 3-12 可看出，除了个性化的一个测度项不显著外，其余构成型构念的测度项权值均在 0.05 显著性水平下显著。在构成型构念中，测度项的权重和负载分别测量该测度项对整个构念的相对贡献与绝对贡献。从检验结果来看，个性化的测度项 PSN5 对整体的解释力度不够。

PSN5 表示该 APP 根据用户的消费偏好提供专属服务，从填写问卷的用户访谈中了解到，用户对该题项的理解为通过其他电商平台了解用户的购物偏好，不符合航空 APP 的背景。而本研究希望衡量的内容可以通过 PSN2 进行衡量，因此选择删除 PSN5。删除变量测度项 PSN5 后的信度效度分析如表 3-13 所示。

表 3-13　调整构念后的信度效度分析

变量	题项	权重	标准差	t 值	负载	标准差	t 值
品牌展示							
VIF = 1.417	BRD1	0.234	0.057	4.103	0.684	0.046	14.941
VIF = 2.646	BRD2	0.363	0.080	4.517	0.898	0.022	40.227
VIF = 2.423	BRD3	0.377	0.085	4.444	0.881	0.030	29.419
VIF = 1.690	BRD4	0.236	0.073	3.258	0.766	0.044	17.290
个性化服务							
VIF = 2.410	PSN1	0.308	0.103	2.994	0.871	0.037	23.27[illegible]
VIF = 2.912	PSN2	0.260	0.104	2.509	0.889	0.032	27.476
VIF = 2.124	PSN3	0.266	0.096	2.770	0.833	0.043	19.446
VIF = 2.258	PSN4	0.321	0.096	3.332	0.871	0.035	24.906
最小化信息输入							
VIF = 1.799	MNP1	0.436	0.084	5.211	0.849	0.039	21.829
VIF = 2.249	MNP2	0.161	0.098	1.735	0.806	0.046	17.399
VIF = 2.133	MNP3	0.190	0.089	2.140	0.801	0.045	17.677
VIF = 1.827	MNP4	0.413	0.079	5.230	0.841	0.039	21.750
内容全面性							
VIF = 1.709	CTF1	0.236	0.067	3.536	0.750	0.042	17.730
VIF = 2.072	CTF2	0.404	0.080	5.066	0.875	0.031	28.484
VIF = 1.651	CTF3	0.527	0.068	7.695	0.891	0.030	29.489

在构成型构念中，测度项的权重和负载分别测量该测度项对整个构念的相对贡献与绝对贡献。所有构成型构念的测度项都能很好反应对应的构念。

本研究采用验证性因子分析对反映型构念的信度和效度进行检验，如表 3-14 所示。各反映型构念的测度项的标准负载，Cronbach's alpha 和复合信度（composite reliability，CR）值均高于 0.70，表明量表较好的信度。各反映型构念的平均抽取方差（average variance extracted，AVE）均高于 0.50，表明了量表较好的收敛效度。

表 3-14　反映型构念的信度效度检验

变量	测度项	负载	标准差	*t* 值	Cronbach's alpha	复合信度	平均抽取方差
信息分享和社交	INS1	0.886	0.015	58.470	0.892	0.933	0.823
	INS2	0.935	0.008	123.687			
	INS4	0.899	0.013	71.651			
优惠促销	PRO1	0.904	0.014	64.122	0.901	0.938	0.835
	PRO2	0.923	0.010	96.758			
	PRO3	0.914	0.009	97.262			
[illegible]操作	SIZ1	0.912	0.009	100.309	0.817	0.891	0.734
	SIZ2	0.734	0.035	21.245			
	SIZ3	0.911	0.011	80.341			
功能一目了然	CNT1	0.892	0.013	67.943	0.942	0.955	0.811
	CNT2	0.921	0.009	97.353			
	CNT3	0.911	0.012	74.546			
	CNT4	0.902	0.014	66.677			
	CNT5	0.876	0.016	53.333			
用户设置最小化	SET1	0.830	0.020	41.659	0.840	0.893	0.676
	SET2	0.862	0.016	54.506			
	SET3	0.843	0.019	45.167			
	SET4	0.748	0.034	22.225			

表3-14（续）

变量	测度项	负载	标准差	t值	Cronbach's alpha	复合信度	平均抽取方差
图标设计结合现实场景	RLG1	0.916	0.013	72.406	0.905	0.940	0.840
	RLG2	0.910	0.012	77.747			
	RLG3	0.924	0.010	93.575			
精练的语言	LAG1	0.881	0.017	52.783	0.910	0.937	0.787
	LAG2	0.888	0.013	66.067			
	LAG3	0.898	0.013	68.325			
	LAG4	0.882	0.016	55.112			
友好的交流术语	TER1	0.899	0.020	45.483	0.885	0.929	0.813
	TER2	0.895	0.015	58.263			
	TER3	0.910	0.011	84.371			
交互信息反馈	INF1	0.900	0.014	64.424	0.915	0.940	0.797
	INF2	0.904	0.013	68.885			
	INF3	0.910	0.012	74.036			
	INF4	0.855	0.021	40.421			
用户界面标准化	ITT1	0.876	0.020	42.777	0.884	0.928	0.812
	ITF2	0.914	0.010	95.810			
	ITF3	0.913	0.009	100.895			
操作流程清晰	LOG1	0.876	0.017	51.916	0.932	0.948	0.786
	LOG2	0.910	0.012	78.666			
	LOG3	0.888	0.015	59.183			
	LOG4	0.858	0.021	40.341			
	LOG5	0.901	0.012	72.837			
内容展示原则	STR1	0.839	0.020	42.919	0.876	0.910	0.668
	STR2	0.779	0.028	27.576			
	STR3	0.842	0.026	31.823			
	STR4	0.835	0.021	40.691			
	STR5	0.790	0.026	30.192			

表3-14（续）

变量	测度项	负载	标准差	t 值	Cronbach's alpha	复合信度	平均抽取方差
数据保存	DAS1	0.882	0.015	58.552	0.894	0.926	0.758
	DAS2	0.883	0.015	59.465			
	DAS3	0.873	0.015	59.396			
	DAS4	0.844	0.020	42.109			
瞬间启动	STR1	0.925	0.011	84.359	0.916	0.947	0.856
	STR2	0.933	0.009	101.460			
	STR3	0.916	0.017	55.255			
美观程度	GRP1	0.861	0.016	55.518	0.881	0.918	0.738
	GRP2	0.907	0.011	85.638			
	GRP3	0.891	0.012	76.941			
	GRP4	0.769	0.035	22.121			
会员服务	VIP1	0.841	0.023	37.343	0.912	0.938	0.790
	VIP2	0.900	0.013	70.781			
	VIP3	0.904	0.013	71.534			
	VIP4	0.908	0.012	76.710			
信息推送	INF1	0.925	0.010	95.207	0.924	0.946	0.813
	INF2	0.899	0.016	57.150			
	INF3	0.898	0.014	64.450			
	INF4	0.885	0.015	59.284			

（三）结构效度检验

探索性因子分析只适合在量表开发的初期使用，当对量表的内部结构有了比较清晰的预期后（通过探索性因子分析和信度分析），验证性因子分析是最为直接的分析方法，能够建议研究者的预期。另外，安德森等（2004）认为，在理论发展过程中先利用探索性因子分析建立模型，然后为了保证量表所测特性的稳定性、准确性和可靠性，再用验证性因子分析检验模型是必要的。因此，在探索性因子分析和正式调研数据信度分析的基础上，运用结构方程模型进行验证性因子分析。利用绝对拟合指数和相对拟合指数两类指标评估模型整体拟合度，我们将二阶构念有用性、用户交互输入、用户交互输出、交互结构、APP 设计作为二阶变量。通过 SmartPLS 进行验证。

衡量模型优劣的拟合指标很多，本研究采用 R2、SRMR 和 NFI 进行判断。SRMR 越接近 0 表明模型拟合越好。SRMR<0.05 表示模型拟合理想。拟合指标 NFI 越接近 1 越好，大于 0.9 时最佳，大容量样本下 0.8 以上也能接受。通过 PLS 进行的模型检验结果如表 3-15 所示，可以看出，二阶模型的拟合指数高于一阶模型。

表 3-15 模型检验结果

模型	R2	SRMR	NFI
一阶模型	74%	0.058	0.796
二阶模型	76%	0.045	0.823

（四）校标关联效度检验

为了确认测量工具的有效性，问卷开发者必须验证该测量工具是否会产生预期的行为或效果。校标关联效度通过检验所测量的变量与其他变量之间的相关关系或因果关系来检验。大部分文献认为，APP 的质量与整体满意度有直接的关系。因此，本书将 APP 设计、有用性、用户交互输入、用户交互输出和交互结构跟满意度进行相关分析，发现为显著正相关，效标关联效度表现良好。结构模型检验结果如表 3-16 所示。

表 3-16 结构模型检验结果

变量	满意度
R2	0.71
APP 设计	0.105*
有用性	0.362***
用户交互输入	0.106*
用户交互输出	0.164**
交互结构	0.155**

注：* 表示 $P<0.05$，** 表示 $P<0.01$，*** 表示 $P<0.001$。

第四节　本章小结

本研究基于访谈和文献回顾分析用户对APP可用性评价的维度，量表提供了各维度的衡量指标。通过问卷调查收集数据对量表的信度效度进行检验。衡量航企APP的可用性从如下5个维度共21个方面进行评估。①APP有用性：信息分享和社交、优惠促销、内容全面性、内容个性化、会员服务、信息推送；②用户交互输入：简化信息输入、按钮操作难易、功能标识直观、按钮图片设计；③用户交互输出：精练的语言、友好的交流术语、交互信息提醒、用户界面标准化；④交互结构：操作流程逻辑清晰、内容展示原则；⑤APP设计：品牌印象、数据保存、瞬间启动、美观程度及减少用户设置。

第四章　全渠道背景下品牌 APP 的抵制行为研究

第一节　品牌 APP 抵制行为

在研究中，我们将品牌 APP 抵制定义为用户通过采用其他服务渠道的行为来抵制拥有品牌的组织提供的品牌 APP。与抵制创新的用户相关的几个概念是采用者、非采用者、电阻者、延迟者、反对者和拒绝者。采用者是指在创新推出后采用创新的人（Heidenreich et al.，2015）。非采纳者是指不接受创新的人（Dickerson et al.，1983）。抵抗者（resistor）的含义比非采用者更广泛，因为有三类抵抗者（延迟者、反对者和拒绝者）。延迟者是指那些将采用创新的决定推迟到合适时间的人（Laukkanen et al.，2008）。反对者是对创新持否定态度的人（Lee et al.，2009）。拒绝者是指那些决定不采用创新的人（Laukkanen et al.，2008）。这三组分别对应三种抵制行为：推迟，反对和拒绝（Szmigin et al.，1998）。加蒂尼翁等（1989）将抵抗分为延迟和拒绝。斯米金等（1998）对这种分类提出了不同意见。随后，劳卡宁等（2008）发现这三种行为在互联网环境下的采用障碍方面是不同的。具体来说，这三种抵抗行为的含义如下。

（1）延迟：延迟是指用户在发现创新是可以接受的情况下，仍然推迟采用的行为（Gatignon et al.，1989）。他们更愿意等待，看看创新的发展，然后再决定采用。情境因素是消费者推迟购买的主要原因（Szmigin et al.，1998）。

（2）反对：反对创新的消费者是因为被创新的负面口碑所影响，从而认为创新是不合适的（Kleijnen et al.，2009）。但反对是用户对共同创新的一种模棱两可的接受状态，用户可能在相对较长时间后反而接受创新（Kuisma et al.，2007）。

（3）拒绝：拒绝是三种抵抗行为中最强烈的一种（Patsiotis et al.，2013）。其意味着根本不采用创新（Lian et al.，2013）。拒绝可以是积极抵制创新（AIR）或被动抵制创新（PIR），罗杰斯（2003）认为消费者的拒绝行为是对创新评价的结果（Rogers，2003），而一些其他研究表明，拒绝的原因可能是个人天生的保守主义（Hirschheim et al.，1988）、惰性（Ganiere et al.，2004）或对创新的偏好现状（Woodside et al.，2005）。

第二节　品牌 APP 抵制行为的影响因素

现有研究将阻力的前因归纳为三类：采用者特定因素、情境特定因素和创新特定因素，从而分别产生 PIR 和 AIR（Heidenreich et al.，2015；Kleijnen et al.，2009）。作为采用者的情境特定因素导致 PIR。海登里希等（2016）进一步研究了认知和情境被动抵抗的影响，发现两者都强烈抑制产品创新。

具体来说，采用者特定因素是指导致决策者抵制的特征，如认知僵化、参与、风险厌恶（Talke et al.，2014）和缺乏自我效能感（Ellen et al.，1991）。情境特定因素是指反映消费者采用的背景情况，如购物环境、货币限制，或已经拥有的创新产品（Talke et al.，2014）。

创新特定因素是指消费者对创新的认知（Talke et al.，2014），包括功能障碍和心理障碍。当消费者感知到的功能属性达不到他们的最佳期望时，就会出现功能障碍（Heidenreich et al.，2015）。心理障碍的产生主要是因为创新与消费者的信念相冲突（Antioco et al.，2010）。劳卡宁、辛克宁和劳卡宁（2009）研究了互联网银行的创新阻力，并将用户阻力分为功能阻力和心理阻力。拉姆等（1989）确定了五个采用障碍：使用障碍、价值障碍、风险障碍、传统障碍和形象障碍。前两种是功能障碍，后三种是心理障碍。

后来的学者对这些障碍进行了深入的探讨。维德曼等（2011）探讨了各种风险壁垒的影响，发现财务风险、业绩风险、物理风险、时间风险、社会风险和心理风险显著影响人们对天然气汽车的抵制。此外，拉布雷克等（2017）发现消费者的现有习惯抑制了创新的采用，这与传统壁垒有关。安蒂奥科等（2010）研究了“缺乏内容”和“有内容”两种情况下壁垒的影响，这两种情况使创新技术具有不兼容性和不确定性的属性。对抵制的前因的研究比较全面。然而，由于抵抗本身可以细分为三种行为，所以究竟是什么因素分别影响了延迟、反对和拒绝，目前尚缺少研究。

一、使用障碍

拉姆等（1989）认为使用障碍是消费者抵制创新的原因，并将其定义为“与消费者的实践或习惯不相容相关的障碍”。使用障碍的概念意味着创新是复杂的，并且与可用性的概念有关（Laukkanen et al.，2008）。

作为服务渠道，消费者需要自己在品牌 APP 上获取服务。消费者不仅需要改变他们获取服务的习惯，还需要适应依赖于触摸界面的新界面（Xu et al.，2015）。在应用程序中输入数据比在电脑中输入数据需要更多的努力。而且，由于移动设备的尺寸较小，所显示的信息更难以解释（Bruner et al.，2005）。这些不便导致了用户的心理不适（Xu et al.，2015）。此外，赫茨伯格的双因素理论认为，刺激人们工作的两个因素是卫生因素和动机因素。卫生因素满足基本需求，如工作条件和工资。激励因素满足更多的内在需求，如成就（Herzberg et al.，1959）。将双因素理论推广到收养行为，人们决定收养是因为卫生因素得到满足。

由于缺乏可用性是消费者拒绝 APP 程序的最重要原因（Hoehle et al.，2015），我们将可用性视为采用的主要因素。如果存在使用障碍，人们可能根本不会采用品牌 APP。由于延迟、反对和拒绝这三种类型的阻力反映了不同程度的阻力，我们作出如下假设。

H1a：延迟、反对和拒绝的使用障碍存在显著差异。

H1b：使用障碍与品牌 APP 被拒绝呈正相关。

二、形象障碍

形象障碍与创新的起源是负相关的（Ram et al.，1989）。品牌 APP 负面形象的源头可以是品牌本身，也可以是消费者使用过的 APP，这带来了两种不同的形象障碍。

其一，负面形象可能源于拥有该品牌的组织。当消费者将品牌 APP 作为组织整合营销策略的一部分时，消费者对整个组织的印象会影响他们对品牌 APP 的印象。

其二，负面形象可能源于 APP 本身。凯（1993）报告用户可能有电脑焦虑，使用 APP 也可能带来消极的心态。品牌 APP 可以被视为一种自助服务技术（SST）。一些消费者在使用 SST 时感到不舒服和沮丧（Parasuraman, 2000），对品牌缺乏信任和对 SST 的挫折感都是内在的心理因素。此外，李等（2011）发现心理信念显著影响软件应用的采用。

基于双因素理论，我们认为这种内在的形象障碍是拒绝的关键因素。因此，有形象障碍的人可能根本不会采用 APP 程序。考虑到延迟、反对和拒绝之间的区别，我们作出如下假设。

H2a：延迟、反对和拒绝的形象障碍存在显著差异。

H2b：形象障碍与品牌 APP 被拒绝呈正相关。

三、价值障碍

价值障碍是另一种功能障碍，它与创新价值有关（Ram et al., 1989）。拉姆等（1989）以 ATM 为例阐述了价值障碍，认为 ATM 对寻求复杂银行交易的客户不提供价值，表明价值障碍与感知有用性有关。关于 APP 安装，感知收益也是一个重要的影响因素（Harris et al., 2016）。此外，用户没有动力采用一项创新，除非该创新相对于其替代品提供了强大的价值，这与相对优势的概念有关。因此，价值障碍包括两个相关的概念：感知有用性和相对优势。从前者来看，缺乏感知有用性是抵制创新的重要原因（Ram et al., 1989）。从后者来看，品牌 APP 是组织的一个广泛的、可选的服务渠道，用户没有义务下载。用户只有在发现一款 APP 比竞争对手有相对优势时才会采用它。然而，缺乏相对优势可能不会导致拒绝的极端情况。考虑到延迟、反对和拒绝之间的区别，我们作出如下假设。

H3a：延迟、反对和拒绝的价值障碍存在显著差异。

H3b：价值障碍与延迟使用或反对使用品牌 APP 呈正相关。

四、替代品感知

APP 市场的竞争相当激烈。航空公司的 APP 有两种竞争对手：其他航空公司的品牌 APP 和在线旅行社（OTA）的 APP，因为它们在功能上有重叠，比如航空公司的信息搜索和机票订购功能。因此，品牌 APP 的采用不仅取决于对自身的满意度，还取决于对替代品的感知。替代品的感知

（KAQ）的定义是“一个人意识到替代应用程序与主要应用程序相比能够满足他/她需求的程度”（Xu et al.，2015）。如果 KAQ 较高，则用户可能没有下载品牌 APP 的动机。但考虑到备选 APP 并不能完全替代品牌 APP，且同一移动设备上可以同时存在多种 APP，用户对备选 APP 的偏好可能不会导致对品牌 APP 的拒绝。考虑到延迟、反对和拒绝之间的区别，我们作出如下假设。

H4a：推迟、反对和拒绝的 KAQ 存在显著差异。

H4b：KAQ 与延迟使用或反对使用品牌 APP 呈正相关。

五、线下服务满意度

以往的研究表明，渠道相互作用既有积极的影响，也有消极的影响。积极效应将积极结果归因于跨渠道协同效应，即采用多渠道的客户购买频率更高，每次购买的平均金额更高，忠诚度更高（Piercy，2012）。信任转移理论被广泛用于说明渠道互动的积极作用（Liu et al.，2018），这解释了导致在线采用的初始信任形成的原因。

跨渠道的消极作用被视为跨渠道不协同（Montoya et al.，2003），例如，由于任何一个渠道的服务质量差而导致所有渠道的客户流失的危险（Piercy，2012）、搭便车行为（Baal et al.，2005），以及协调多渠道战略的困难（Cao et al.，2015）。期望—确认理论和现状偏差效应常被用来解释消费者不愿采用新渠道的原因（Bhattacherjee，2001；Yang et al.，2013）。

跨渠道的相关研究发现，一个渠道可以影响另一个渠道的采用（Nel et al.，2015）。信任转移理论表明，一个领域的信任会影响另一个领域的感知和态度，这解释了跨渠道协同效应（Yang et al.，2011）。此外，一个组织的品牌名称和标志出现在其 APP 上，这符合品牌延伸的定义：在新产品上使用现有的品牌名称（Degraba et al.，1995）。根据品牌延伸理论，母品牌的质量正向影响消费者对品牌延伸的形象（Aaker et al.，1990）。信任的双重效应转移和品牌延伸也会通过形成初始信任和正面形象，提高焦点品牌 APP 相对于替代产品的竞争力。此外，APP 的安装并不是排他性的，同一类别的 APP 可以共存于同一用户的手机中。因此，我们作出如下假设。

H5：线下服务满意度负向调节形象障碍与拒绝的关系。

H6：线下服务满意度负向调节 KAQ 与延迟或反对的关系。

所提出的研究模型如图 4-1 所示。

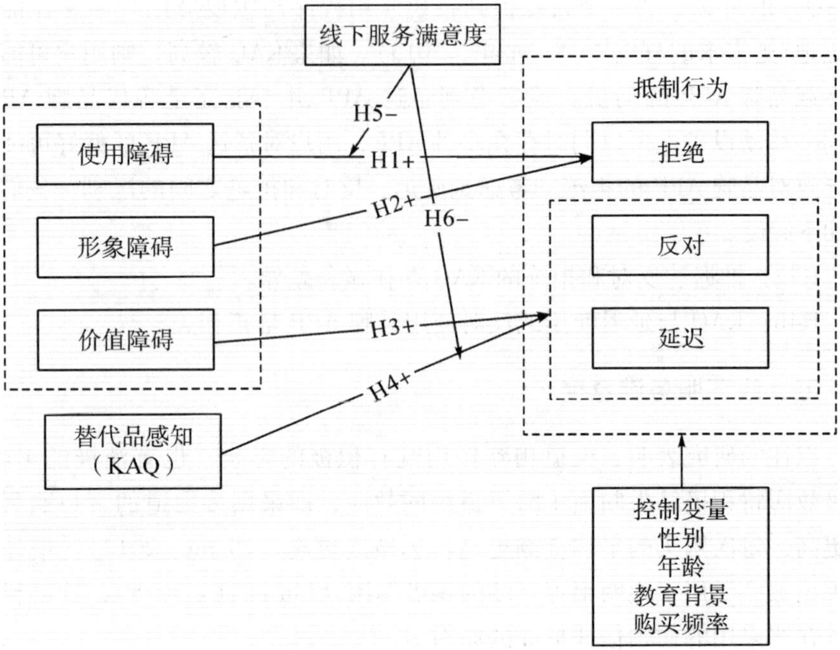

图 4-1　研究模型

第三节　数据收集与检验

一、数据收集

（一）方法

本书采用调查法对研究模型进行检验。我们用 5 点李克特量表测量多个项目的构念。最后的问卷以中文填写。为了确保翻译的有效性，我们首先将问卷翻译成中文，然后邀请信息系统领域的专家小组对表达进行修改。然后，我们与深圳航空移动运营的 12 人小组讨论问卷，并对问卷进行修改，使问卷清晰简洁。

（二）样本

本书的调查对象是航空公司的顾客。选择航空公司的原因有：①研究问题是针对服务机构的。航空公司是典型的服务业。通过对深航的采访了解到，目前各航空公司都在加大对品牌 APP 开发和运营的投入。然而，对品牌 APP 的抵制是显而易见的。②与其他服务行业相比，中国参与市场竞争的航空公司数量较少，因此航空公司的品牌很容易识别。③航空公司的品牌 APP 是一种新的服务渠道，这符合研究背景。客户可通过品牌 APP 获得在线机票预订、手机值机、行李服务、航班信息搜索等服务。

数据来自深圳航空公司（问卷发布在公司官方微信上）和中国最大的大众网站，要求参与者必须有航空旅行的经历和使用任何一种 APP。我们总共获得了 532 份有效回复，其中大众网站回复 256 份，深圳航空回复 276 份。在抵制者中，149 名客户表示他们打算在一年内采用航空公司品牌 APP（推迟者），80 名客户表示他们打算在一年多的时间内采用该品牌 APP（反对者），123 名客户表示他们打算永远不下载该 APP（拒绝者）。其余的已经下载了品牌 APP。为了清理无效数据，我们删除了回答时间在 5 分钟以内的问卷，这是因为完成问卷所需的时间存在异常，最后剩下 303 份问卷。收集数据后，我们进行独立样本测试，以比较两个来源的数据。所有显著值均大于 0.05，表示两组数据之间没有差异，可以将它们放在一起进行分析。

（三）变量测量

自变量和调节变量的构念采用多项测量。使用障碍、价值障碍和形象障碍这三个词改编自劳卡宁（2016）。KAQ 的条目改编自徐等（2015）。服务质量量表改编自帕拉苏拉曼等（1988）和塔萨瑞等（2002）。三个因变量的测量方法改编自劳卡宁等（2008）。推迟者打算在一年内采用品牌 APP。反对者还没有决定是否安装该品牌 APP，但如果他们这样做，肯定不会在一年内。最后一类是拒绝者，他们根本不打算下载或使用品牌 APP。采用李克特 5 分量表测量被调查者的三种抵制行为。

二、数据分析

（一）信度和效度

我们对反思构念进行信度和效度检验，对形成型构念进行多重共线性诊断。首先，对于反思结构，我们通过执行主成分因子分析（PCF）来检验因子收敛效度。PCF 只有在 Bartlett 球度检验通过的情况下才适用（Kaiser et al.，1974）。本研究中，Kaiser-Meyer-Olkin（KMO）统计量为 0.841，在 0.001 水平上显著，表明该数据集适合进行 PCF 分析。其次，我们提取了特征值大于 1 的因素，这解释了总方差的 80%。预期的因子负载在 0.5 以上，而其他因子的负载均在 0.5 以下，显示出足够的收敛效度和区分效度。再次，我们对测量模型进行验证性因子分析，使用Cronbach's alpha统计、复合信度（CR）和平均方差提取（AVE）来评估内部一致性信度。Cronbach's alpha值均在0.7以上，表明量表具有较高的信度（Nunnally，1978）。CR值大于0.8，AVE值大于0.5。这些结果建立了内部一致性信度和收敛效度，因为CR的可接受阈值为0.7，AVE的可接受阈值为0.5（Bagozzi et al.，1998）。然后，我们比较构念AVE的平方根及其相应的相关系数来评估区分效度。AVE的平方根大于相关性，表明区分效度是可以接受的。五个形成型构念是有形性、可靠性、响应性、保证性和移情性。形成型构念的指示可以被看作是构念的起因，而不是由构念引起的（Maccallum et al.，1993）。一个形成性构念的每一项都有不同的作用，因此构念的指标不需要高度相关（Rossiter，2002），也不要求构念内指标之间的相关性高于不同构念指标之间的相关性（Maccallum et al.，1993）。最后，我们检查多重共线性以确定VIF是否小于3.3（Diamantopoulos et al.，2006）。所有VIF均低于阈值，可靠性可接受。

我们以两种方式检验共同方法偏差。其一，我们进行哈曼单因素检验。结果表明，该值为29.1%，低于44%的阈值（Podsakoff et al.，1986）。其二，根据Podsakoff等（1986）的建议，我们使用偏最小二乘（PLS），通过在模型中添加共同方法因子来检查共同方法偏差。我们计算了由方法和主结构解释的指标方差（Liang et al.，2007）。主变量负荷的平均二次和为16.51，方法因子负荷的平均二次和为0.05。考虑到两个值之间的较大差异，本研究中，共同方法偏差并不是一个严重的问题。

（二）假设检验

为了验证我们的假设，我们首先检查三种类型的抗性之间是否存在差异。我们进行了单向方差分析（ANOVA）来检验差异，并使用偏最小二乘法（PLS-Graph）来确定具体差异。与LISERL和MPlus相比，PLS在统计功率方面表现良好（Lu et al.，2014）。研究模型包括形成性结构，可以使用PLS来估计。

方差分析检验结果如表4-1所示，延迟、反对和拒绝之间存在显著差异。F值显示，使用障碍对三种抵制行为的差异最大，其次是形象障碍、替代品质量知识障碍和价值障碍。

表 4-1 方差分析检验结果

Item	Postponement	Opposition	Mean *（SD）Rejection	Total	*F*-value	Sig.
UB1	2.15(0.90)	2.15(0.90)	2.95(1.08)	18.08(1.05)	18.35	$P<0.001$
UB2	2.00(1.00)	2.00(1.00)	2.95(1.07)	26.75(1.11)	25.38	$P<0.001$
UB3	2.27(1.06)	2.27(1.06)	3.09(0.97)	19.08(1.07)	18.58	$P<0.001$
UB4	2.01(0.91)	2.01(0.91)	2.80(0.97)	19.34(1.00)	22.25	$P<0.001$
IB1	2.71(1.01)	2.71(1.01)	3.35(1.05)	13.53(1.07)	12.78	$P<0.001$
IB2	2.67(1.07)	2.67(1.07)	3.26(0.95)	10.03(1.02)	10.14	$P<0.001$
KAQ1	3.29(1.07)	3.29(1.07)	3.81(0.93)	8.27(1.02)	8.34	$P<0.001$
KAQ2	3.06(1.08)	3.06(1.08)	3.70(0.91)	12.46(1.04)	12.39	$P<0.001$
KAQ3	3.03(1.06)	3.03(1.06)	3.60(0.94)	9.19(1.04)	8.87	$P<0.001$
VB1	2.29(0.68)	4.04(0.68)	3.78(0.72)	0.96(0.70)	0.20	$P=0.82$
VB2	3.71(0.69)	3.71(0.69)	3.69(0.69)	2.09(0.69)	4.26	$P<0.01$

此外，我们在 3 个模型中考察了障碍和 KAQ 的影响。一旦自我报告者选择了一种抵抗行为，就排除了其他两种。在模型 1 和模型 2 中，我们考察了价值障碍和 KAQ 对延迟和反对的影响，以及离线服务满意度对上述关系的调节作用。在模型 3 中，我们考察了使用障碍和形象障碍对拒绝的影响及离线服务满意度的调节作用。假设检验结果如图 4-2 所示，表 4-2 总结。

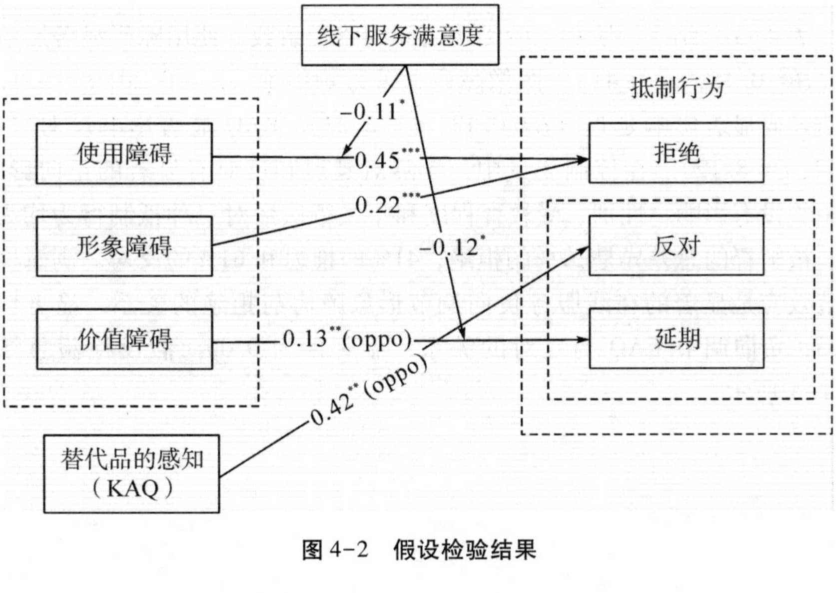

图 4-2 假设检验结果

表 4-2 模型试验分析结果

	Model 1 Postponement	Model 2 Opposition	Model 3 Rejection
自变量	—	—	—
使用障碍	—	—	0.45***
印象障碍	—	—	0.20***
价值障碍	0.13**	0	—
替代品质量	-0.14*	0.42***	—
调节影响	—	—	—
SWS×印象障碍	—	—	-0.11*
SWS×替代品质量	-0.03	-0.12*	—
控制变量	—	—	—
年龄	0.15*	0.07***	-0.03
性别	-0.11	0.36	0.03
教育	-0.02	0.029	-0.01
流行频率（每年多少次）	0.10	0.17	0.04
R2	0.42	0.51	0.39

注：* 表示 $P< 0.05$；** 表示 $P< 0.01$；*** 表示 $P< 0.001$。

表 4-3 总结了一阶和二阶结构之间的路径系数。使用障碍显著影响拒绝（$\beta= 0.45$，$t= 6.41$），图像障碍显著影响拒绝（$\beta= 0.20$，$t= 3.17$），价值障碍显著影响延迟（$\beta=0.13$，$t= 2.22$），KAQ 显著影响反对（$\beta= 0.42$，$t= 8.12$）。在控制变量中，年龄对延迟和反对有显著的正向影响，对拒绝没有影响。性别、受教育程度和年飞行次数对三种抵制行为均无影响。被解释的总差异是32%的拒绝，41%的推迟和61%的反对。满意度的调节效应是显著的在线服务负向调节形象障碍与拒绝的关系，显著性为 0.05，负向调节 KAQ 与反对的关系，显著性为 0.05。假设检验总结如表 4-4 所示。

表 4-3 一级和二级结构之间的路径系数

Second-order construct	First-order construct	Path coefficient	t value
线下服务满意度	可触知	0.27***	20.42
	可靠性	0.25***	36.09
	响应性	0.18***	29.43
	保证	0.19***	26.97
	同理心	0.23***	24.90

注：*** 表示 $P< 0.001$。

表 4-4 假设检验总结

假设	效果	结果
H1a：使用障碍对三种抵制形式是不同的	正向	支持
H1b：使用障碍→拒绝	正向	支持
H2a：印象障碍对三种抵制形式是不同的	正向	支持
H1b：印象障碍→拒绝	正向	支持
H3a：价值障碍对三种抵制形式是不同的	正向	部分支持
H3b：价值障碍→推迟或反对	正向	支持
H4a：替代品质量对三种抵制形式是不同的	正向	支持
H4b：替代品质量→推迟或反对	正向	支持
H5：印象障碍×线下服务满意度→拒绝	负向	支持
H6：替代品质量×线下服务满意度→推迟或反对	负向	支持

第四节 结果与讨论

本书考察了服务业对品牌 APP 的抵制行为，揭示了三种抵制行为之间的差异，并发现线下服务满意度的调节作用。推迟、反对和拒绝在两个方面是不同的。

首先，方差分析结果表明，对于三种类型的阻力，障碍和 KAQ 是不同的影响。其次，障碍和 KAQ 对抵制行为均有显著影响。然而，影响推迟、反对和拒绝的因素是不同的，使用障碍和形象障碍显著影响拒绝，KAQ 和价值障碍分别显著影响推迟和反对。

品牌 APP 作为服务机构的新服务渠道，其采用受线下服务质量的影响。在线服务满意弱化了形象障碍与拒绝之间的关系。由于线下服务满意度的存在，即使形象障碍消费者拒绝品牌 APP 的意愿可能会降低，线下服务的满意度也会减弱 KAQ 对反对行为的负面影响。在竞争激烈的 APP 市场中，即使用户感知到替代 APP 的有用性，线下服务满意度也削弱了替代 APP 的竞争力，消费者对品牌 APP 的反对程度也有所降低。

本书探讨了服务机构中消费者对品牌 APP 的 AIR 的影响因素。实证研究了创新特定因素、市场竞争因素和跨渠道因素对三种抵制行为的影响。结果表明，三种抵制行为受到不同前因的影响，而满意度则不同于线下的服务代表了跨渠道的协同效应。本研究填补了缺乏对三种抵制行为实证研究的空白，通过考察外部环境因素发展创新抵制理论。根据研究结果，我们提出了降低管理者阻力的具体方法，即提高品牌 APP 的可用性，利用品牌美誉度，改进品牌 APP 的功能设计，保持高水平的线下服务质量。

第五章　全渠道中品牌APP的跨渠道使用行为研究

第一节　全渠道特征及全渠道管理特征

一、全渠道特征

（一）全渠道的无缝性

无缝性指的是消费者在购物过程中能够在不同渠道之间进行无缝切换，从而获得流畅的购物体验。这种特征体现在以下五个方面。

（1）提供一致的购物体验：消费者无论在哪个渠道进行购物，无论是商店、移动设备还是在线等，都可以得到相同的商品信息、价格和促销活动。

（2）统一的库存和供应链管理：无缝性要求零售商能够实现多渠道的库存和供应链整合。这意味着零售商必须确保库存信息实时更新，以便消费者在不同渠道上查看产品库存时获得准确的信息。这也要求零售商能够有效地管理库存，以便及时履行订单。

（3）不同渠道间的统一协作：为了提高整条营销渠道的服务质量，从而为消费者创造更有价值的服务，各个渠道之间需进行实时沟通，在多层面的基础上相互协作。

（4）统一的客户账户和个人资料：零售商应该为消费者提供一个统一的客户账户系统，使他们可以在不同渠道上使用相同的账户信息和个人资料。这包括付款信息、送货地址、订单历史等。

（5）交叉渠道订单跟踪和客户支持：消费者购买产品后，无论他们是通过电子商务网站、实体店还是其他渠道购物，都应该能够跟踪订单的状态和送货进度。此外，客户支持也应该提供跨渠道的支持，以解决客户的问题和提供帮助。

（二）全渠道的一致性

一致性特征是指在多个渠道上，所搜集到的品牌或产品有关信息都是一致的。主要体现在以下三个方面。

（1）产品相关信息的一致性：全渠道一致性特征要求消费者从各种可接触的渠道中所获得的产品信息具有一致性，其中包括产品特征、外观、功能属性等一系列有关产品的信息。

（2）价格一致性：由于渠道的多样性，消费者出于趋利的目的，往往会在不同渠道之间进行价格的比较，因此全渠道的建设必须确保消费者在各渠道中购买产品时价格的一致性，有助于建立消费者对各渠道的信任。

（3）服务质量的一致性：无论消费者在哪个渠道购物，服务质量也应该保持一致。这包括客户支持、退换货政策、送货服务、售后服务等方面。

（三）全渠道的互补性

全渠道互补性是指企业在不同的销售渠道中，通过整合各种渠道的资源，实现渠道间的协同互动、资源共享，为消费者提供无缝的最佳购物体验。主要体现在以下四个方面。

（1）多渠道整合：零售企业需要通过整合不同的销售渠道，例如实体渠道、电子商务渠道和移动电子商务渠道等，以满足消费者所有时间、所有地点、所有方式的购买需求，可以优化整个购买流程，提升消费者满意度。

（2）资源共享：全渠道零售要求各渠道间实现资源的共享，包括物流资源、库存资源、信息资源等，以提供无缝的购物体验。

（3）多渠道信息收集：在全渠道零售中，通过多渠道可以收集更多消费者信息，以此对用户进行精准画像，全方位了解用户偏好以实施精准化营销。

（4）顾客体验优化：全渠道互补性要求企业在服务接触点与消费者进行更多的互动，为彼此提供信息和服务入口，从而优化整个购买流程，提升消费者满意度。

二、全渠道管理特征

（一）协同管理

全渠道零售管理是指零售商通过任何可能的渠道同时与顾客进行沟通，因此容易与多渠道零售管理混淆。而多渠道零售管理是指通过多渠道向消费者提供产品或服务（线上、线下等），但需要强调的是，它不协同管理众多可用渠道。因此全渠道管理和多渠道零售管理之间存在较大差异。

全渠道的管理特征之一在于协同管理。协同管理是指在不同销售渠道之间进行有效的沟通和协作，为消费者提供一致、流畅的服务体验，同时优化服务流程以实现销售目标的一种管理方法。全渠道的协同管理要求各渠道之间保持高度有效的沟通，整合各渠道信息和消费者数据，借助先进的数字技术，对信息进行高效整合，以形成各渠道之间信息的充分性、透明性，从而确保消费者在各渠道中所获得的信息、所体验的服务质量具有一致性。协同管理在供应链中尤为重要，随着不同渠道的整合，库存协同管理变得至关重要。

全渠道协同管理还强调共享销售数据和营销资源，以实现各个渠道之间的优势互补和资源最大化利用。这有助于提高销售效率，优化客户体验，并增强品牌影响力。在协同管理中，以现实为例能更好理解。例如，优衣库推出了“线上购买，店内提货”的零售业务，将自己定位为一家时尚科技公司；同时，Zara 部分线下门店加入数字化体验后重新开业，线上再次融合线下的发展趋势也呈现出全球全渠道时尚零售的迹象。这表明了全渠道零售的线上和线下渠道并不是独立运行而是协同管理，则其完全不同于多渠道零售方式。

（二）提升用户体验

在渠道发展中，多渠道是全渠道的前置阶段。伯丁（2013）认为零售渠道的发展经历了四个阶段。从单渠道到多渠道，再到跨渠道，最终完成全渠道的转变。在单渠道中，企业以实体店为主；多渠道中，虽然企业运行多个渠道，但消费者仅在其中一条渠道完成购买活动；转变为跨渠道时，企业通过线下门店和线上网店同时为消费者提供服务，在这一过程中，企业开始重视消费者体验，最终完成全渠道模式。由此可见，从跨渠道阶段开始，企业真正转向以消费者为中心，不同渠道之间开始融合。

以上也可以展示出全渠道的另一重要特征——提升用户体验。在数字化、社交化、大发展的新零售时代，从单渠道零售到多渠道零售，再向全渠道零售的转变，为消费者提供了一个服务或产品提供商（单一品牌）跨多个（线上和线下）渠道的无缝用户体验，强调品牌增强了对客户信息的集中控制。因此，在数字和共享经济时代，主流国际品牌大多采用全渠道管理，通过数字和共享经济商业模式来应对日益增长的产品和服务便捷获取需求。其主要体现在以下七个方面。

（1）多渠道覆盖：通过多种渠道，如实体店、移动应用及网站等不同渠道，与用户进行互动，提供个性化的服务和体验。

（2）一致性体验：无论用户在哪个渠道上与品牌互动，都能获得一致的品牌体验，包括品牌形象、产品信息、服务标准等。

（3）个性化推荐：收集用户在不同渠道的信息数据，并加以分析，根据用户的历史行为和偏好，为其提供个性化服务，来提高用户的满意度和忠诚度。

（4）快速响应：通过实时监控用户的需求和反馈，及时回应用户的问题和投诉，提供高效的解决方案，增强用户的信任感。

（5）社交化互动：鼓励用户在社交媒体上分享他们的品牌体验和意见，增加品牌的曝光度和口碑效应。

（6）数据分析和优化：通过对用户数据的分析，了解他们的行为模式和需求变化，不断优化产品和服务，提升用户体验。

（7）跨渠道整合：将不同渠道的信息和数据进行整合，为用户提供更全面和连贯的体验，同时提高品牌的协同效应。

第二节　品牌 APP 跨渠道使用行为

跨渠道或在搜索和购买之间切换渠道，是一种常见的零售行为（Neslin et al.，2006），可能涉及线下环境、网页浏览、线下直接购买或者在线购买之前有意光顾实体店（Verhoef et al.，2007）。大多数通过跨渠道转换的消费者是为了通过不同渠道实现效用最大化（Chiou et al.，2012；Heitz-Spahn，2013）。有几个因素影响了这一行为，包括产品和零售商的可用性增加，购物渠道的多样化及越来越多地使用手机端 APP 进行浏览和购买（Bezes, 2016；Sit et al., 2018；Wang et al., 2015）。跨渠道行为也可以分为跨渠道搭便车和品牌内部锁定（Neslin et al., 2006）。当消费者在搜索阶段（获取初始信息、搜索或比较）与另外一家零售商接触，然后切换其他零售商进行购买时，即为跨渠道的搭便车行为（Viejo-Fernández et al., 2020）。

品牌内部锁定是第二种形式，即消费者切换渠道而不是品牌本身，品牌能通过 APP 的良好购物体验留住消费者。虽然这样做是好的，因为它可以防止消费者从零售商迁移，但它仍然可能产生负面后果。例如，如果门店销售人员在特许经营网络内失去佣金，则可能会出现渠道冲突，因为购买可能归因于另一家实体店或在线商店。据报道，超过三分之二的消费者参与某种形式的跨渠道行为（IBM, 2017），许多零售商担心对销售的后续影响（Machavolu et al., 2014；Venkatesan et al., 2007）。然而，尽管对这一现象的研究不断增加（Schneider et al., 2020），但从消费者角度调查它的人仍然有限（chneider et al., 2020）。鉴于全面了解消费者对品牌 APP 的跨渠道购物的重要性，本书从消费者的角度来看待消费者对品牌 APP 的跨渠道使用意愿，从而加强了我们的理解。

第三节 品牌 APP 跨渠道使用行为的影响因素

已有研究考察了不同因素在线上和线下驱动客户跨渠道使用意愿的作用，包括价格感知（Bansal et al., 2005；Singh et al., 2020），满意度（Ganesh et al., 2000），服务质量（Keaveney et al., 2001）。特别是渠道整合质量为消费者跨渠道行为的驱动因素提供了一个全面的框架。

渠道整合质量指的是能够跨越不同渠道为客户提供无缝统一的服务体验的能力。通过对多种渠道的整合可以使零售商在市场上相对于竞争对手具有优势（Collier et al. 2018），减少消费者感知到的风险，并有助于提高消费者感知到的服务质量。渠道整合允许消费者轻松地从一个接触点移动到另一个接触点，可以同时享受各种好处和优势。萨吉里等（2017）认为渠道整合是全渠道零售业务成功的关键，如果没有渠道全面整合，多渠道业务不会发展成全渠道业务。据此看来，跨渠道整合是全渠道零售成功的关键因素，特别是全渠道强调所有渠道的协同管理，而不是不同渠道的简单组合（Shen et al.，2018）。因此，研究认为渠道整合的质量是品牌 APP 跨渠道使用的核心要素。

一、渠道便利性

渠道便利性是从购物体验的角度来看的，是指顾客在购物过程中对额外时间和精力的感知程度，在全渠道零售运营环境中，客户可以在多大程度上最小化在购物过程中花费的精力和时间（Gao et al.，2021）。零售环境中的搜索和信息收集可以增加购物体验的价值，但是需要花费一定的时间和精力，零售商不仅必须确保信息可用，还必须确保信息易于获取。高水平的渠道便利性可以通过降低客户的购物成本，如客户在购物过程中投入的时间和精力，使得客户产生对全渠道企业的积极态度（Xu et al.，2019）。

首先，当全渠道具有更高的便利性级别时，能够使得零售商尽快交付消费者所需要的产品和服务，并且能够满足一定的定制化需求和实现对市场机会的灵活反应，可以使跨渠道服务更加易于使用（Gao et al.，2021）。其次，能够使得客户在不同的渠道之间进行迁移和过渡，并且不用考虑渠道转换的不便，能够找到相同的任务内容。最后，可以实现客户在跨渠道间的灵活性切换，实现线上和线下渠道的结合使用，能够根据自己的需求，选择合适的渠道进行操作，从而刺激客户对渠道的积极认知，使客户更容易进入特定渠道搜索并最终购买产品。据此，我们提出假设 1，假设 2 和假设 3。

H1：渠道便利性正向影响感知敏捷性。

H2：渠道便利性正向影响感知流畅性。

H3：渠道便利性正向影响感知灵活性。

二、渠道无缝性

渠道无缝性指的是在全渠道运营环境中，客户从一个渠道转移到另一个渠道的流动性（Huré et al.，2017）。它表明了全渠道企业在多大程度上消除了不同渠道之间的障碍，允许客户在跨渠道的线下和在线渠道切换而不产生摩擦（Verhoef et al.，2015）。

首先，当在具有高度无缝性的全渠道系统中购物时，客户可以毫不费力地跨渠道购物，使得客户能够及时获得想要的产品和服务，灵活地进行渠道的切换，降低成本的投入。其次，高度无缝性的全渠道系统，可以实现客户顺利的线下和线上的渠道迁移，且能保证产品和服务的内容一致性，而不用过多考虑渠道间的属性差异，实现平稳的渠道过渡。最后，高度无缝性的全渠道系统，兼具了线上和在线渠道结合的一系列优点，使得客户在追求购物目标的过程中，有更大的权力选择自己喜欢的渠道。因此，在购物的过程中，无缝的跨渠道环境减少了渠道过渡障碍，使客户能够以较少的努力实现其初始目标（Gao et al.，2021）。据此，我们提出假设 4、假设 5 和假设 6。

H4：渠道无缝性正向影响感知敏捷性。

H5：渠道无缝性正向影响感知流畅性。

H6：渠道无缝性正向影响感知灵活性。

三、渠道透明性

渠道透明性指的是在全渠道运营环境中，客户对公司所有服务渠道的认知清晰程度（Chang et al.，2016）。无论在传统的实体环境还是在线环境中，顾客对购物过程的透明度都有很高的要求。当渠道透明度较高时，客户熟悉整个跨渠道的环境，并且能够轻松地跨不同渠道找到并使用公司的服务（Shen et al.，2018）。因此，减少了渠道转换所需的认知努力，从而提高了客户购物流程的效率（Mosteller et al.，2014）。

首先，当在透明度高度清晰的全渠道系统中购物时，客户能够在购物的过程中顺利无意识地开展一系列的购物活动，且消费者能够无认知阻碍地进行线下和在线渠道之间的切换，轻松顺利地找到相同的产品服务和形象。其次，当在透明度高度清晰的全渠道系统中购物时，客户可以自主结合个人需求，实现线下和线上渠道的灵活跨渠道切换，并且能够跨渠道地享受到后续的产品服务，在这种情况下，客户在购物过程中必须付出的努力也会减少，可以满足客户的自主需求。据此，提出假设 7、假设 8 和假设 9。

H7：渠道透明性正向影响感知敏捷性。

H8：渠道透明性正向影响感知流畅性。

H9：渠道透明性正向影响感知灵活性。

四、感知敏捷性

感知敏捷性指的是零售企业在以服务为导向的渠道运营环境中，在识别和响应客户的需求时，客户感知企业响应快速与否的程度（Son et al.，2021）。数字技术使越来越多的公司能够运营全渠道。①数字助手，如使用人工智能的聊天机器人服务，随时随地为消费者提供快速交互和个性化信息。②数字技术（如魔镜和虚拟试衣间）为消费者提供了更加灵活和个性化的试衣间。此外，它们在促进和增强消费者的敏捷性感知方面发挥着重要的作用（Zhang et al.，2018）。从不同接触点收集的整合大数据提高了组织过程的敏捷性感知，使公司能够快速识别消费者的行为模式，并根据他们的偏好定制产品和价格（Taufique Hossain et al.，2017）。因此，通过不同的客户接触点和数字化手段，借助于高度的敏捷性感知，有助于消费者跨渠道切换和实现任务迁移的连续性，满足消费者的实时购物期望，为消费者创造更多的价值。据此，我们提出假设 10。

H10：感知敏捷性正向影响感知流畅性。

通过消费者在全渠道背景下的跨渠道购物，零售商可以从各个消费者接触点获得大量的消费者数据，不仅可以更好地进行渠道运营和资源分配，而且还加强了公司与消费者的互动（Frishammar et al.，2018）。通过大数据分析，零售行业可以根据短产品生命周期、季节变化和需求的不确定性快速识别和反映消费者需求的变化（Ovezmyradov et al.，2019）。

零售行业的全渠道服务模式能够提供可更换库存产品的信息，并方便地访问其他商店的库存可用性，帮助消费者切换品牌或商店，从而有助于打造一种引人入胜且令人难忘的服务体验。此外，零售服务提供商和客户之间的互动创造了一种意想不到的方式来满足特定消费者的欲望、品位和需求（Collier et al.，2018）。跨渠道的敏捷性感知能够更快地提供个性化的客户体验，使品牌能够快速识别和响应消费者的需求，建立起独特的互动模式（Son et al.，2021）。因此，消费者对于渠道敏捷性的感知可以帮助积极评价跨渠道的服务范式，从而可以对品牌 APP 的跨渠道使用意愿产生积极的影响。据此，我们提出假设 11。

H11：感知敏捷性正向影响品牌 APP 的跨渠道使用意愿。

五、感知灵活性

感知灵活性指的是消费者对零售商提供的多种可用的渠道进行灵活选择，能够顺利解决和适应意外的、新的或不断变化的需求的能力感知（Hüseyinoğlu et al.，2020）。毫无疑问，坚持单一渠道总是会给客户带来一定程度的渠道不适应或不便。然而，全渠道的跨渠道整合服务可以通过引入灵活性来减少这种不便，这种灵活性来自多种渠道的可选择性（Trenz et al.，2020）。这种独特的灵活性是全渠道整合服务的一个重要区别，这在过去的渠道选择研究中被忽视了，因为先前过度强调消费者在线上和线下渠道之间的选择（Trenz et al.，2020）。但是，全渠道整合服务赋予消费者跨多个渠道完成交易活动的能力，从而开辟了更大范围的选择（Banerjee，2014）。

消费者可以通过线上渠道购买产品，也可以通过线下渠道接收产品；此外，在线购买的产品可以通过线下渠道进行退货和维修（Gao et al.，2021）。所有这些情况都需要灵活性作为一种能力，以支持全渠道零售中无缝购物体验的提供。消费者感知到各种可用渠道的灵活性能够更好满足自身的需求，会让消费者感到满意，从而可以增加消费者的流畅性感知。据此，我们提出假设 12。

H12：感知灵活性正向影响感知流畅性。

灵活性在全渠道零售中至关重要，因为在订单履行过程中提供了更多的选项（Wollenburg et al.，2019）。消费者在整个全渠道购物环境的过程中会寻求灵活性，即寻求产品可用性的任何变化的知识，要求在交付之前对其订购的产品和服务进行更改，并要求购买后的服务支持。例如，消费者希望能够在期望的时间和地点收到所订购的产品，并且在交付或退货方面没有任何问题。品牌 APP 现如今正在面临着更多的请求，这些请求可能会随着时间的推移而变化，消费者也可能会随时改变主意和认识到不同的需求。当品牌 APP 能够解决不可预见的问题并满足客户的需求变化时，消费者将会从灵活性中受益（Jin et al.，2013）。因此，零售商需要灵活地创造客户满意度（Jafari et al.，2016）。

此外，当客户在不同渠道之间进行切换时，他们可能会担心支付的安全性、产品的可用性和交付的性能（Kazancoglu et al.，2018）。然而，全渠道购物的灵活性确保了渠道过渡的连续性，促进了购物的便利性，在购物过程的每个阶段能够自由切换渠道的灵活性，增强了感知控制并降低了风险（Juaneda-Ayensa et al.，2016）。因此，研究认为当顾客能够感知到灵活性所带来的独特渠道体验时，会对品牌 APP 的跨渠道服务的使用意愿产生积极的影响。据此，我们提出假设 13。

H13：感知灵活性正向影响品牌 APP 的跨渠道使用意愿。

六、感知流畅性

感知流畅性指的是客户在全渠道购物旅程中感受到的跨不同渠道时自然、不受阻碍和连续的程度（Shen et al.，2018）。在全渠道环境下，客户越来越期待跨不同渠道的无缝统一服务体验，而不仅是多个渠道同时使用。先前的研究也表明，流畅的网上购物体验会唤起积极的情感反应，促进积极的网上行为（Mosteller et al.，2014）。一些研究已经将流畅性的概念扩展到跨平台服务语境，认为感知流畅性与跨平台过渡和任务迁移的连续性有关，是衡量用户跨渠道体验的一个重要因素（Shin 2016）。从这个意义上说，如果全渠道的品牌能够为客户提供无缝流畅的跨渠道体验，客户将很有可能使用跨渠道服务。先前的研究学者也已经指出跨渠道整合及由此产生的流畅性体验是全渠道商业成功的关键。因此，研究认为当顾客感知到流畅的跨渠道体验时，会对品牌 APP 的跨渠道使用意愿产生积极的影响。据此，我们提出假设 14。

H14：感知流畅性正向影响品牌 APP 的跨渠道使用意愿。

基于上述的假设分析，本研究所构建的概念模型框架见图 5-1。基于现有研究文献的梳理，本研究将渠道便利性、渠道无缝性和渠道透明性作为自变量，消费者的感知敏捷性、感知流畅性和感知灵活性作为中间变量，消费者的品牌 APP 的跨渠道服务使用意愿作为结果变量。

研究模型如图 5-1。

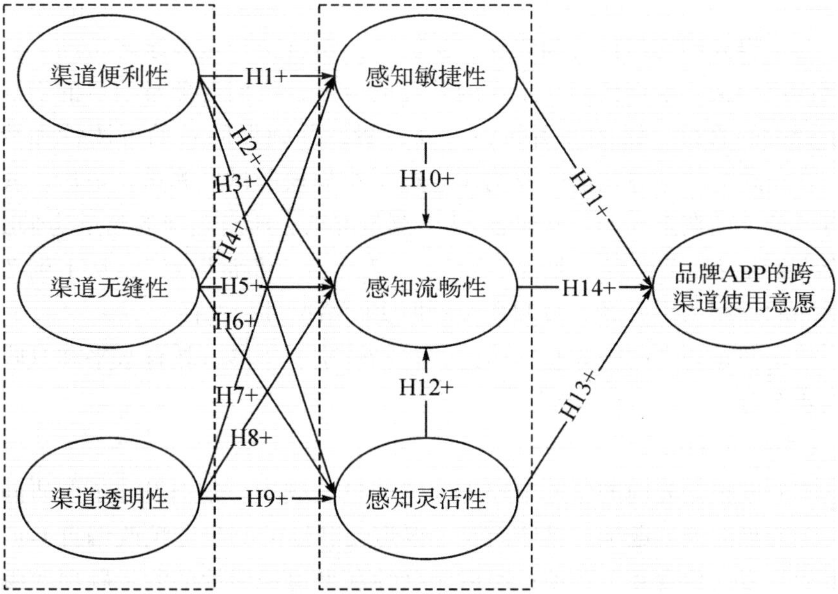

图 5-1　研究模型

第四节　数据收集与检验

一、数据搜集

（一）问卷设计

本研究调查变量均是根据先前成熟量表并结合实际研究的情景进行了本土化的改良，调查问卷主要分为以下三个部分。

一是对调研主体进行简要介绍，保证不会泄露填写人的隐私，并对研究涉及的一些核心概念进行辅助解释，从而增加受试者对研究背景的理解。

二是量表的主体部分，主要是关键变量的测量，调研问卷共包含 7 个变量：渠道便利性、渠道无缝性、渠道透明性、感知敏捷性、感知流畅性、感知灵活性和品牌 APP 的跨渠道使用意愿。为了确保变量测量的可靠性和有效性，各变量所采用的测量题项均借鉴先前成熟的研究，根据先前的研究改编了一个成熟的量表来测量所有变量并根据全渠道零售的研究情境进行了适当的语句修改和调整。由于问卷的参与者是中国大陆的消费者，为了提高问卷的信度和效度，我们在三位营销领域专家的帮助下将问卷翻译成中文。根据他们在正式测试前的意见，我们对测量项目的措辞进行了轻微的修改，以适应当前的研究背景，并确保问卷的可读性和清晰度。在正式分发问卷之前，我们还进行了小规模的试点测试。最后，我们获得了最终的调查问卷，共包含 24 个测量题项，所有题项的测量均采用 7 点李克特量表，1 代表“非常不同意”，7 代表“非常同意”，从 1 到 7 表示认同的程度依次升高，被调查者根据实际情况进行选择。

三是被调查者的个人基本信息，包括性别、年龄、教育水平和月收入等共 4 个题项。

（二）变量测量

本研究根据先前的研究中较为成熟的量表成果，分别设计了调研问卷中 7 个变量的测量题项。具体而言，渠道便利性的测量题项改编自 Gao 等学者的量表，包含 4 个题项；渠道无缝性和渠道透明性的测量题项改编自 Gao 等学者的量表，包含 3 个题项；感知敏捷性的测量题项改编自 Son 等学者的量表，包含 3 个题项；感知流畅性的测量题项改编自 Shen 等学者的量表，包含 4 个题项；感知灵活性的测量题项改编自 Shi 等学者的量表，包含 4 个题项；品牌 APP 的跨渠道使用意愿的测量题项改编自 Sun 等学者的量表，包含 3 个题项。最终的测量题项列于表 5-1。

表 5-1　测量量表及参考来源

变量名称	编号	测量题项	参考来源
渠道便利性	CC1	使用这家零售商的全渠道，我可以随时进行购物	Gao et al. (2021)
	CC2	使用这家零售商的全渠道，我可以随地进行购物	
	CC3	使用这家零售商的全渠道，我可以很容易搜索到产品	
	CC4	使用这家零售商的全渠道，我可以很容易了解产品	
渠道无缝性	CS1	从这家零售商的一个渠道转移到另一个渠道很容易	Gao et al. (2021)
	CS2	从这家零售商的一个渠道转移到另一个渠道是流动的	
	CS3	当你从零售商的一个渠道转移到另一个渠道时，你没有意识到任何边界或障碍	

表5-1(续)

变量名称	编号	测量题项	参考来源
渠道透明性	CT1	我知道这家零售商所有可用的服务渠道的存在	Gao et al.(2021)
	CT2	我知道这家零售商不同的渠道之间服务属性的差异	
	CT3	我知道如何利用这家零售商的不同渠道来满足我的消费需求	
感知敏捷性	PA1	我认为零售商已经更快地交付了我想要的产品和服务	Son et al.(2021)
	PA2	我认为零售商的渠道运作灵活，可以满足定制需求，比竞争对手的渠道更具成本效益	
	PA3	我认为零售商对市场变化的反应非常可靠，对市场机会的适应也很快	
感知流畅性	PF1	我可以顺利地从一个零售商渠道转移到另一个渠道	Shen et al.(2018)
	PF2	从零售商的一个渠道切换到另一个渠道后，我可以轻松找到相同的内容	
	PF3	当我与零售商互动时，我无须明确考虑渠道	
	PF4	我可以在不同的渠道之间顺利地迁移任务	
感知灵活性	PL1	我可以在实体店试穿产品，然后在网上订购	Shi et al.(2020)
	PL2	我可以为给定的服务选择替代渠道	
	PL3	我可以在线下单，线下付款提货	
	PL4	售后服务可以跨渠道提供	
品牌 APP 的跨渠道使用意愿	OC1	在不久的将来，我会使用这个跨渠道的品牌 APP	Sun et al.(2020)
	OC2	我打算使用这个跨渠道的品牌 APP	
	OC3	我愿意花很多时间使用这个跨渠道的品牌 APP	

（三）问卷收集

为了验证提出的假设，我们进行了一项在线调查，以收集中国跨渠道客户的数据。在问卷的一开始，我们就向消费者介绍了跨渠道零售服务模式，研究的目标人群都是体验过跨渠道服务的用户。本研究使用的量表均为成熟的外文量表，为保证问卷质量，使用了翻译—反向翻译、合理设置翻译题项、撰写填写说明等方法，并且在问卷发放前期进行了小规模的预调研，以对问卷的测量题项进行适当修正。本研究借助于国内的在线专业调查平台问卷星（www.wjx.cn）进行了数据样本的收集，线上调研可以在多个社交平台上进行。因此，将编辑好的问卷发放在微信朋友圈、qq空间、微博、知乎、豆瓣和抖音等不同类型的社交媒体平台，并且在高粉丝数用户下发送问卷链接，以丰富问卷的平台来源，让问卷尽可能接触到不同年龄段、不同收入、不同文化程度、不同跨渠道使用的人群。被试者参与研究问卷的调查，需要在阅读给定情景后，根据自身的真实感受完成问卷调查，从而保证被试者诚实回答且符合研究对样本的要求。由于这些被试者来自全国的各个地区，所以得到的样本数据具备随机性及代表性。

从调查结果可知，本次问卷来源地包括四川、江苏、辽宁、安徽、福建和浙江等多个省份，数据来源范围较广。在数据样本初步收集完成以后，对被试者回答问卷的质量进行人工筛选，剔除答案完全一致、与理论逻辑明显不符、线上答卷时间太短和未认真作答等无效问卷后，最终得到有效问卷的数量为473份，受访者的人口统计数据特征见表5-2。通过对这些样本数据的分析，能够得出符合研究主题的结论，具有很强的解释力。

表5-2　样本的人口统计数据（$n=473$）

项目	类别	频数	百分比（%）
性别	男	220	46.51%
	女	253	53.49%
年龄	18岁以下	36	7.61%
	18~25	149	31.5%
	26~30	157	33.19%
	31~40	109	23.04%
	40岁以上	22	4.65%
教育水平	高中及以下	80	16.91%
	专科	129	27.27%
	本科	207	43.76%
	硕士及以上	57	12.05%

表5-2(续)

项目	类别	频数	百分比（%）
月收入	≤3 000	47	9.94%
	3 001~6 000	181	38.27%
	6 001~9 000	152	32.14%
	9 001~12 000	75	15.86%
	≥12 001	18	3.81%

二、数据分析

（一）描述性统计分析

在受访的研究对象中，从被试者的性别分布来看，男性 220 人，所占百分比为 46.51%，女性 253 人，所占百分比为 53.49%。总体来看，女性的占比比男性大，符合现阶段我国购物消费状态的性别结构特征。

从被试者的年龄分布来看，年龄在 18 岁以下有 36 人，所占百分比为 7.61%，18 岁至 25 岁之间有 149 人，所占百分比为 31.5%，26 岁至 30 岁之间有 157 人，所占百分比为 33.19%，31 岁至 40 岁之间有 109 人，所占百分比为 23.04%，40 岁以上的有 22 人，所占百分比为 4.65%。总体来看，被试者的年龄集中在 18~40 岁之间，26~30 岁的占比最高，符合现阶段我国消费者的年龄结构特征。

从被试者的受教育程度分布来看，高中及以下的有 80 人，所占百分比为 16.91%，专科学历的有 129 人，所占百分比为 27.27%，大学本科学历的有 207 人，所占百分比为 43.76%，硕士及以上学历的有 57 人，所占百分比为 12.05%。总体来看，被试者的受教育程度集中在专科和本科学历。

从被试者的月收入分布情况来看，月收入小于或者等于 3 000 元有 47 人，所占百分比为 9.94%，3 001~6 000 元之间的有 181 人，所占百分比为 38.27%，6 001 ~ 9 000 元之间的有 152 人，所占百分比为 32.14%，9 001~12 000 元之间的有 75 人，所占百分比为 15.86%，大于 12 000 元的有 18 人，所占百分比为 3.81%。总体来看，消费者的月收入水平主要集中在 3 001~6 000 元，其所占比重最大。总体看来，本次研究选取的受访者具有一定的合理性。

（二）信度检验

数据采用 SPSS 23.0 和 Amos 21.0 软件进行分析。信度检验是用来检测被试者对问卷中问题回答的一致性，若回答的一致性程度越高，则表明分析结果越可信。本研究采用 Cronbach's alpha 的系数来检验问卷题目的信度。一般认为，Cronbach's alpha 系数在 0.7 以上，表明问卷的信度良好可接受，Cronbach's alpha 系数在 0.9 以上，则表明信度非常好，量表设置非常合理。本研究采用 SPSS 23.0 软件计算 Cronbach's alpha 的值，进行量表的信度分析，具体分析结果如表 5-3 所示。

表 5-3　结构信度和效度

变量	测量题项	因子载荷	CR	AVE	Cronbach's alpha	VIF
渠道便利性	CC1	0.803	0.835	0.560	0.834	1.471
	CC2	0.693				
	CC3	0.759				
	CC4	0.733				
渠道无缝性	CS1	0.860	0.855	0.664	0.855	1.266
	CS2	0.798				
	CS3	0.784				
渠道透明性	CT1	0.811	0.831	0.621	0.830	1.232
	CT2	0.748				
	CT3	0.804				
感知敏捷性	PA1	0.875	0.863	0.678	0.862	1.214
	PA2	0.783				
	PA3	0.809				
感知流畅性	PF1	0.863	0.874	0.635	0.872	1.506
	PF2	0.784				
	PF3	0.797				
	PF4	0.738				

表5-3(续)

变量	测量题项	因子载荷	CR	AVE	Cronbach's alpha	VIF
感知灵活性	PL1	0.812	0.875	0.636	0.875	1.483
	PL2	0.774				
	PL3	0.788				
	PL4	0.815				
品牌 APP 的跨渠道使用意愿	OC1	0.845	0.854	0.661	0.853	—
	OC2	0.788				
	OC3	0.804				

从表 5-3 中可以看出，渠道便利性的 Cronbach's alpha 系数为 0.834，渠道无缝性的 Cronbach's alpha 系数为 0.855，渠道透明性的 Cronbach's alpha 系数为 0.830，感知敏捷性的 Cronbach's alpha 系数为 0.862，感知流畅性的 Cronbach's alpha 系数为 0.872，感知灵活性的 Cronbach's alpha 系数为 0.875，品牌 APP 的跨渠道使用意愿的 Cronbach's alpha 系数为 0.853。问卷整体的 Cronbach's alpha 系数为 0.905，大于 0.8。

综上所述，经过 SPSS 23.0 软件计算验证可得，各个变量的 Cronbach's alpha 系数均大于 0.8，表明各个变量之间具有良好的内部一致性，调研问卷的信度较高，数据的可靠性较好，收集到的问卷数据适合进行后续的统计分析，具有一定的研究价值。

(三) 效度检验

效度用来检验调研数据的有效性，是指调研问卷的测量结果与调研目的的契合程度。内容效度又被称为逻辑效度，一般采用逻辑分析的方法进行评价，分析调研问卷所测量的内容是否符合。本书的问卷引用了以往研究中的经典量表，所以本研究的问卷具备较好的内容效度，能够完成本研究的研究目的。

为了进行效度检验，研究采用了 AMOS 21.0 软件进行验证性因素分析(CFA)。结果表明：卡方值 (χ^2) 为 289.736，自由度 (df) 为 231，χ^2/df 比值为 1.254，低于推荐值 3。此外，比较拟合指数 (CFI = 0.990)、拟合优度指数 (GFI = 0.952)、Tucker-Lewis 指数 (TLI = 0.988)、增值拟合指数 (IFI = 0.990) 和近似误差均方根 (RMSEA = 0.023) 都符合推荐标准，表明模型的拟合程度良好。

收敛效度用来检验结果与构想的一致程度。具体分析结果如表 5-3 所示，所有测量题项的标准化因子载荷均超过 0.7，所有变量的组合信度（CR）值均大于 0.7，平均方差提取量（AVE）均超过 0.5，这些指标均达到建议的指标，符合推荐标准，因此，可以表明研究量表具有良好的收敛效度。

区分效度用来检验量表各题项之间的区分度。为了检验模型的区分效度，将各个变量 AVE 值的平方根与其他变量结构的相关系数进行比较，进行模型区分效度的检验。若各变量 AVE 值的平方根大于该变量与其他变量之间的相关系数，则说明问卷的区分效度良好。研究结果表明，每个变量结构的 AVE 值平方根均大于变量之间的相关系数，表明这些结构具有良好的区分效度。表 5-4 显示了区分效度的结果。

表 5-4　区分效度

变量	AVE	渠道便利性	渠道无缝性	渠道透明性	感知敏捷性	感知流畅性	感知灵活性	品牌 APP 的跨渠道使用意愿
渠道便利性	0.56	0.748	—	—	—	—	—	—
渠道无缝性	0.664	0.338	0.815	—	—	—	—	—
渠道透明性	0.621	0.334	0.421	0.788	—	—	—	—
感知敏捷性	0.678	0.313	0.334	0.312	0.823	—	—	—
感知流畅性	0.635	0.541	0.353	0.324	0.385	0.797	—	—
感知灵活性	0.636	0.556	0.346	0.295	0.337	0.52	0.797	—
品牌 APP 的跨渠道使用意愿	0.661	0.404	0.387	0.266	0.359	0.384	0.333	0.813

（四）多重共线性检验

如表 5-5 所示，在对结构模型进行分析之前，需要对方差膨胀因子（VIF）进行多重共线性检验。由于收集的数据主要是基于消费者自我报告的主观感受，常见的方法偏差可能会影响数据分析结果的可靠性。因此，我们进行了多重共线性检验，通过 VIF 分析来检验变量间的各维度与其他变量间的多重共线性问题。根据现有文献研究的主流统计标准，变量的 VIF 值（方差膨胀因子）大于 10 甚至大于 5，会被认为是样本中各个变量之间存在多重共线性问题。经过数据检验发现，研究中各个变量的 VIF 值在 1.214 ~1.506 的区间内，低于临界值，可以说明模型中不存在多重共线性问题。同时，容差在 0.664 ~ 0.824 的范围大于 0.1，特征值在 0.02 ~ 0.05 的范围大于 0，条件指标在 11.694 ~ 18.249 的范围内小于 30，以上数据指标均符合主流统计检测标准，表明模型中并不存在严重的多重共线性问题。

表 5-5　多重共线性检验

	方差膨胀因子	容差	特征根	条件指数
建议值	<5	>0.1	>0	<30
研究数值	1.214 ~1.506	0.664 ~ 0.824	0.02 ~ 0.05	11.694 ~ 18.249

（五）模型拟合检验

在确认多重共线性不能对模型产生影响后，研究对模型的拟合程度进行了检验，并根据成熟的统计标准对模型的各项数据指标进行判断。研究使用 AMOS 21.0 软件进行数据分析，统计结果如表 5-6 所示：模型的卡方值 $\chi^2=322.244$，自由度 df=235，卡方自由度比值 $\chi^2/df=1.371$，该比值在 1~3 的区间标准内；比较拟合指数（CFI = 0.985）、拟合优度指数（GFI = 0.946）、Tucker-Lewis 指数（TLI = 0.982）、增值拟合指数（IFI = 0.985），四项指标均大于 0.9 的标准；RMSEA 的取值为 0.028，符合低于 0.08 的标准。因此，研究模型的卡方自由度比值等一系列相关统计指标均符合主流的判断标准，表明结构模型具有良好的拟合优度。模型拟合检验结果如表 5-6 所示。

表 5-6　模型拟合指标检验

	χ^2	df	χ^2/df	CFI	GFI	TLI	IFI	RMSEA
建议值	—	—	1 ~ 3	>0.9	>0.9	>0.9	>0.9	<0.08
本研究数值	322.244	235	1.371	0.985	0.946	0.982	0.985	0.028

（六）模型假设检验

本研究采用 AMOS 21.0 软件构建研究的结构方程模型，得到了各潜变量间的标准路径系数及整体的影响作用，从而对研究假设进行了检验。

研究的数据分析结果表明，渠道便利性对感知敏捷性（$\beta=0.206$，$P<0.001$）有正向且显著的影响，支持 H1；渠道便利性对感知流畅性（$\beta=$

0. 306，P<0. 001）有正向且显著的影响，支持 H2；渠道便利性对感知灵活性（β=0. 486，P<0. 001）有正向且显著的影响，支持 H3。

渠道无缝性对感知敏捷性（β=0. 207，P<0. 001）有正向且显著的影响，支持 H4；渠道无缝性对感知流畅性（β=0. 090，P>0. 05）有正向的影响，但是影响并不显著，不支持 H5；渠道无缝性对感知灵活性（β=0. 160，P<0. 01）有正向且显著的影响，支持 H6。

渠道透明性对感知敏捷性（β=0. 161，P<0. 01）有正向且显著的影响，支持 H7；渠道透明性对感知流畅性（β=0. 065，P>0. 05）有正向的影响，但是影响并不显著，不支持 H8；渠道透明性对感知灵活性（β=0. 071，P>0. 05）有正向的影响，但是影响并不显著，不支持 H9。

感知敏捷性对感知流畅性（β=0. 154，P<0. 01）有正向且显著的影响，支持 H10；感知灵活性对感知流畅性（β=0. 247，P<0. 001）有正向且显著的影响，支持 H12；感知敏捷性对全渠道服务使用意愿（β=0. 234，P<0. 001）有正向且显著的影响，支持 H11。

感知流畅性对品牌 APP 的跨渠道使用意愿（β=0. 226，P<0. 001）有正向且显著的影响，支持 H14；感知灵活性对品牌 APP 的跨渠道使用意愿（β=0. 156，P<0. 05）有正向且显著的影响，支持 H13。模型假设检验结果如表 5-7 所示。

表 5-7 模型假设检验

假设	路径			Estimate	P	显著性	成立与否
H1	感知敏捷性	<--	渠道便利性	0. 206	***	显著	成立
H2	感知流畅性	<--	渠道便利性	0. 306	***	显著	成立
H3	感知灵活性	<--	渠道便利性	0. 486	***	显著	成立
H4	感知敏捷性	<--	渠道无缝性	0. 207	***	显著	成立
H5	感知流畅性	<--	渠道无缝性	0. 090	0. 09	不显著	不成立
H6	感知灵活性	<--	渠道无缝性	0. 160	**	显著	成立
H7	感知敏捷性	<--	渠道透明性	0. 161	**	显著	成立
H8	感知流畅性	<--	渠道透明性	0. 065	0. 215	不显著	不成立
H9	感知灵活性	<--	渠道透明性	0. 071	0. 193	不显著	不成立
H10	感知流畅性	<--	感知敏捷性	0. 154	**	显著	成立

表5-7(续)

假设	路径			Estimate	P	显著性	成立与否
H11	感知流畅性	<--	感知灵活性	0.247	***	显著	成立
H12	品牌 APP 的跨渠道使用意愿	<--	感知敏捷性	0.234	***	显著	成立
H13	品牌 APP 的跨渠道使用意愿	<--	感知流畅性	0.226	***	显著	成立
H14	品牌 APP 的跨渠道使用意愿	<--	感知灵活性	0.156	*	显著	成立

注：* 表示 $P<0.05$，** 表示 $P<0.01$，*** 表示 $P<0.001$。

第五节　结果与讨论

本书在现有研究的基础之上，通过对全渠道零售模式下品牌 APP 的跨渠道使用的细化研究，揭示了品牌 APP 的跨渠道使用意愿选择决策的影响机制。全渠道中品牌 APP 的跨渠道使用的选择决策同时受到外部因素和内部因素的影响，外部因素是触发性因素，即渠道便利性、无缝性和透明性，通过消费者对渠道敏捷性、流畅性和灵活性的感知等内在因素，间接影响消费者品牌 APP 的跨渠道使用意愿的选择决策。通过问卷调查的方式设计问卷，收集数据，借助统计分析软件对数据进行整理和分析，依次验证假设，得出的研究结论如下。

第一，渠道便利性对消费者敏捷性、流畅性和灵活性的感知存在正向且显著的影响；渠道无缝性对消费者敏捷性和灵活性的感知存在正向且显著的影响，但是对感知流畅性的正向影响并不显著；渠道透明性对消费者敏捷性的感知存在正向且显著的影响，但是对感知流畅性和灵活性的正向影响并不显著。我们的研究重点考察了三个先决条件——渠道便利性、无缝性和透明性的影响，它们都从不同的角度揭示了全渠道零售环境的重要特征，表明了渠道整合质量的重要作用。事实上与购物环境相关的渠道整合的质量效果可能会影响消费者的购物体验和结果之间的关系。此外，全渠道服务的消费者可能会在整个购物过程中同时使用线上和线下渠道，购物渠道的便利性、无缝性和透明性这些外部性因素是重要的触发性因素，实证检验表明其会影响消费者对于渠道敏捷性、流畅性和灵活性体验的感知。

第二，感知敏捷性对感知流畅性存在正向且显著的影响；感知灵活性对感知流畅性存在正向且显著的影响。先前的研究认为跨渠道整合和由此产生的流畅性体验是全渠道商业成功的重要因素。因此，渠道整合的质量和客户对跨渠道服务的流畅性感知应被视为区分全渠道与多渠道服务的核心性要素。基于这一观点，实证探索了感知流畅性的关键促进因素，研究结果表明消费者敏捷性和灵活性的感知均会从不同方面和不同程度上影响到消费者对于购物流畅性体验的感知。

第三，感知敏捷性、流畅性和灵活性对全渠道中品牌 APP 的跨渠道使用意愿存在正向且显著的影响。先前的研究主要关注感知流畅性对消费者全渠道中品牌 APP 的跨渠道使用意愿的影响，而本书引入了两个新的结构，即感知敏捷性和灵活性。更重要的是，这两个新结构满足了跨渠道业务的独特性和主要关注点，对全渠道环境的敏锐认识使得对这个问题有了更深入的调查，仔细考虑了新的环境情况下一些重要的影响因素，进一步延伸了对这一主题的研究，建立了新的框架和特定前因，进一步实证探索了客户跨渠道行为的潜在驱动因素。

本书扩充了在全渠道背景下对跨渠道行为的研究。由于全渠道背景意味着一种相当独特的范式，同时，研究指出渠道整合是品牌 APP 的跨渠道使用行为的核心要素，因此，本书通过研究渠道的便利性、无缝性及透明性，揭示渠道整合质量对全渠道建设的重要作用，阐明了顾客全渠道中品牌 APP 的跨渠道使用意愿选择决策的影响机制，丰富了全渠道背景下对跨渠道行为的研究，发展了消费者感知对品牌 APP 的跨渠道使用意愿的研究。

第六章　品牌 APP 的持续使用行为研究

鉴于品牌 APP 的潜在好处与巨大前景，其持续使用意愿受到学术界和企业的高度重视。品牌 APP 的持续使用意愿是指用户打算在未来持续使用该 APP 浏览或购买类似产品的程度，反映了用户行为随时间的变化状态。持续使用的重要性体现在三个方面：第一，鉴于人们对智能手机的依赖性越来越强，各类品牌 APP 的涌现极大提升了市场竞争力，如何通过移动 APP 来长期留客成为企业需要关注的问题。第二，APP 的长期使用是企业提高资源利用效率的体现；第三，持续使用可以实现价值共创，互动时间越长，品牌 APP 可以提供的价值就越多，这是一次性使用无法实现的。消费者—品牌契合能增强消费者忠诚、重复购买意愿和对品牌 APP 的持续使用意愿。

通过此种长期使用行为，企业可以全面观察消费者行为，实现精准营销，可以利用某些 APP 内的附加服务，如门店定位、即时配送等，提高用户在全渠道环境中的品牌忠诚度。因此，持续使用意愿是品牌 APP 成功的关键。以往的研究使用期望确认理论、有用性和任务—服务匹配等机制来解释消费者对品牌 APP 的持续使用意愿。基于服务主导逻辑，积极互动的过程即用户主动参与价值共创的过程，这是品牌 APP 实现持续使用的意义所在，因此探讨不同类型品牌 APP 的持续使用意愿形成机制亦成为必要。

总体来说，根据品牌 APP 是围绕附加体验提供价值还是围绕商品交易提供价值，这些品牌 APP 可以被分为两类：体验型和交易型。前者将重点放在了如何实现用户深度参与体验，消费者可以运用 APP 中的定制化服务以更好了解、利用产品，或利用 APP 中的 AR 等技术实现独一无二的直观性体验（如 Nike Run Club、“优衣库”数字搭配师、IKEA Place），其附加体验性特征明显，顾客可以获得除了商品以外的价值，如穿搭、训练、体验技术等；而后者是面向具有直接购物需求的客户群体，为其提供丰富的、多品类的商品详情、推荐和图片，可以实现线上平台的消费者社群社会化互动，大大拉近社交距离（如宜家家居、掌上优衣库、Nike）。交易型品牌 APP 一般提供直接的购买途径，可跳转至支付平台，且所有服务均围绕出售商品，因此顾客获得的价值主要来源于商品，如售前售后服务、评价等。体验型 APP、交易型 APP 对企业和消费者都缺一不可。然而，品牌 APP 很难在长期内留住用户，许多用户下载之后由于储存空间、吸引力、互动性不足等原因在短暂使用、获得促销优惠之后卸载。因此，如何实现品牌 APP 的持续使用意愿，从而实现消费者品牌价值共创是十分关键的问题。

相关研究指出，消费者体验到的临场感越强，其感知的虚拟产品和实际产品之间的差异就越小，从而人们越能视其为一种真实的、未经中介的体验，这对多元化差异环境下长期留住顾客十分重要。对于本书提出的两种不同类型的品牌 APP 应分别提升两种临场感。

其一，线下场景严重缺失导致服务缺位、产品信息模糊和不可触摸，顾客只能通过图片、视频等评估产品，产品适配度风险和产品质量风险增大，必然会延迟购物决策、降低用户体验满意度，企业应借助 AR 等技术与移动 APP 相结合来提升空间临场感，以增添产品和服务有形性，补充顾客对实物商品和服务的体验。

其二，由于交易型品牌 APP 围绕商品交易提供服务，而人际交流（如买卖双方交流、买方与买方的交流）在线下曾被证实是促成交易的关键因素，线上渠道则需要通过更为完善的社会化分享平台、人机交互的灵敏度、亲切感和温暖感来提升社会临场感，从而弥补社交缺失，提升消费者使用动机，形成与品牌的契合。

综上所述，本书基于大数据时代背景下社交距离逐渐增大、产品服务有形性缺失，以及企业发行多种品牌 APP 的现实背景，区分了交易型与体验型品牌 APP，探讨了二者应如何分别通过提升空间临场感和社会临场感来实现持续使用意愿的问题。

第一节　体验型品牌 APP 的持续使用行为研究

一、体验型品牌 APP 持续使用意愿

目前，随着全渠道零售与移动应用的多元化整合，人们越来越需要一种真实的、未经中介的、定制化的体验，于是 APP 市场在消费者需求转变下，也发生了新的改变。许多知名企业（例如：宜家，Nike，巴黎欧莱雅等）除了发行交易型品牌 APP 以外，开始尝试发行能带给消费者类似"身临其境"体验感的 AR APP，将消费者的私人空间/私人形象与品牌虚拟产品相结合，允许用户自我表达与自主控制，增强了服务/产品有形性，从根本上改变了传统的线上购物模式，以提升线上购物的顾客体验满意度（杜海英，2022）。此类体验型品牌 APP 则更注重另一种类型的临场感——空间临场感。大数据时代背景下，不仅人与人之间的距离加大，人与物之间的距离也不断拉开，而空间临场感带来的真实感、沉浸感能使人们获得积极的心理效益，减少心理不适的同时，也能更好地提升顾客参与度。

AR 不仅是一项技术，更是体验的提供者，顾客不仅是购买者，更是定制化产品/服务的创造者。在 AR 品牌 APP 中，交易任务逐渐被弱化，顾客体验的重要性更为凸显，更具趣味性、生动性和高度互动性，此时顾客参与了联合生产和"使用"过程，即深度参与了价值共创过程。这表明价值共创在 AR 购物研究背景中具有重要意义。研究表明，技术赋能的价值共创会在角色、资源和过程三个维度上具有新的特点。AR 技术赋能价值共创时，也会带来新的积极效应，共同创造的视图弥补了线上购物中动态信息的缺失，从而消费者感知从认知和情感层面延伸至行为层面，形成持续使用意愿。

在对体验型品牌 APP（AR 品牌 APP）的研究中，本书主要采用尝试理论研究空间临场感对持续使用意愿的影响。尝试理论（Theory of trying）旨在解释个体努力执行"困难"行为或实现相关目标。一方面，尝试理论指出人们对采用技术创新的态度包括三个维度：①对成功采用的态度；②对失败采用的态度；③对学习使用技术的态度。另一方面，尝试理论是基于过程的目标导向概念。由巴戈齐等（1990）的观点，顾客行为受到内部障碍（熟练程度低、使用效率低）和外部或环境障碍（网络连接问题、过

度亲密）的影响，两者会使顾客认为其行为不足以达成预期目的。

二、体验型品牌 APP 持续使用行为影响因素

（一）AR 赋能品牌 APP 使用行为的影响因素

AR 赋能的品牌 APP 对全渠道零售模式及消费者使用行为的影响因素大致可以概括为以下三类。①AR 特征：虚拟产品交互、加工质量、虚拟产品信息、虚拟产品呈现质量、个人信息处理。②消费者反应：情感反应、认知反应及行为反应。③个人特征。其中，AR 特征又包括如下五个方面。

（1）与虚拟产品的交互（包括控制、模拟物理控制和交互性）。交互性是消费者直接与虚拟产品互动的程度，是沉浸式体验的核心特征。在 AR 环境中，交互性反映了消费者在实际物理环境中定位虚拟产品的程度，并使用 360 度旋转来彻底检查它们。然而，在 web 环境中，交互性包括在旋转、缩放和放大等交互功能的帮助下对产品演示进行视觉检查。虽然这种交互发生在用户的屏幕上，而不是在他们的物理环境中，但研究也认为交互性是基于 web 的产品演示的核心因素之一。

（2）类别处理质量（包括响应性、响应时间、服务和系统质量）。由于系统质量捕获了系统以适当的处理速度提供所请求的服务的执行能力。它包含了 AR 文献中已经考虑过的质量相关方面。由于两种产品演示都需要很高的系统质量，因此，它是构成用户体验的关键因素。

（3）关于虚拟产品的信息，我们总结了两个相似的因素——信息质量和信息性。产品信息性被定义为移动在线接触点为购买决策提供有用产品信息的程度。在网上购物时，消费者通常必须根据较少的信息来选择产品，而在实体店购物时，他们可以在感官上体验所提供的产品。AR 有可能通过模拟购物体验，让消费者直接体验虚拟产品，来弥补这种信息缺失。因此，虽然 AR 通过整合现实和虚拟提供了额外的信息，但在这两种情况下，建立高度信息化的产品演示是至关重要的。

（4）AR 研究表明，虚拟产品展示质量的以下因素与引发积极的情感和认知消费者反应相关：空间存在、环境嵌入、美学、美学质量、增强质量和感知增强。

（5）个人信息的处理，包括信息隐私控制、个人信息访问控制和侵入性。研究表明，使用智能眼镜可能会引起隐私问题，因为它会自动不断地

对环境进行监视。然而，AR APP，特别是宜家 APP，只需要有时间限制的摄像头访问，是针对环境的，并且不保存录制的内容。

消费者反应的因素要追溯到 1982 年，霍尔布鲁克和赫希曼提出经验等级模型（Experiential Hierarchy Model，EHM），认为环境或消费者的输入是由一个干预反应系统处理的。两位学者表明消费者从消费体验中获得价值，而不是从商品或服务本身。从这种以体验为导向的角度来看，他们认为消费者在顾客旅程中的反应是一种信息处理或体验。EHM 的核心是一个综合的消费者反应系统，包括情感反应、认知反应和行为反应。每一个维度都包括理性的信息处理和更多潜意识因素的经验视角考虑。

（1）在情感状态下，信息加工视角以态度和偏好为中心，而忽视经验享乐反应。然而，情绪反应是应用经验视角的关键要求。对于品牌 APP 的态度是一种情感结构，其他研究人员已经认识到评估对 AR 的体验情感反应的重要性，并考虑了享受、沉浸、心流和趣味性。

（2）从信息加工的角度来看，认知状态是由记忆、知识结构和思想决定的。此外，在经验观点中考虑更多的潜意识认知元素（如图像和幻想）。由于难以捕捉这些方面，现有的 AR 文献研究了以下信息加工视角中固有的对 AR 的认知反应：心理所有权和决策舒适、媒体有用性和感知易用性。

（3）体验视角认为，消费者行为是由对体验的渴望驱动的，并将注意力吸引到与消费行为相关的心理事件上。AR 文献通过解释 AR 如何影响消费者的购买意愿、推荐意愿、使用意愿和重用意愿，主要关注信息处理视角。

个人特征因素涉及技术焦虑、创新性、认知创新性、卷入程度、互联网使用熟悉度、产品知识/专业知识、过去的媒体经验、对工具/产品的感知好奇心、多元化好奇心等。

（二）AR 移动营销

AR 是一种将“数字信息覆盖在物理世界上的媒介，与物理世界有时间和空间上的联系，并能及时进行互动”。通过将虚拟元素实时混合到物理环境中，AR 丰富了用户对现实的视觉和听觉感知。AR 可以直接借助用户已有的手持设备（如手机或平板）直接体验，还被广泛运用在社交媒体平台（如 Facebook）、游戏（如 Pokémon GO）和购物（如 IKEA Place）领域，允许用户玩游戏、创造自己的世界、与其他用户互动、“试用”虚拟产品。

AR的创新变革体现在改变了消费者与品牌的互动方式，增强了消费者购物体验，提供了在消费者—品牌关系中形成与发展的新的范式。AR的趣味性、生动性和高度参与性，不需要特殊的设备和使用指引，让消费者在购物过程中以新颖的方式与品牌进行互动，更具有交互性、沉浸感、新奇感、享受感和有用性。

例如：①AR通过添加外部虚拟媒体（图像、视频等）来修改和增强用户对物理世界的视图，以帮助消费者评估产品/服务适用性；②根据客户偏好提供个性化内容；③实现现实—虚拟环境中的交互，提升娱乐性；④指导并支撑客户决策；⑤提升消费者购后消费体验，使客户产生积极的情感；⑥给消费者带来灵感，会激发消费者产生流体验，提供丰富的消费者感知。AR上述独特性被证明在提升品牌参与度和改善品牌使用态度方面具有间接影响，其塑造的品牌信任和态度会促进消费者的品牌参与。

以往AR营销领域的研究广泛且丰富。①关注了一系列AR技术特征，例如，由AR引起的真实感和生动性、临场感、感知增强、增强质量、交互性、虚拟性和流畅性等。②从企业绩效出发，研究了如何通过以上AR的各方面价值促进采纳意愿、购买意愿、积极品牌态度，以及（贵价小众）商品的高销量。③关注了个人特征在使用虚拟技术中的作用，用户的个人特征会影响沉浸感，他们不是简单地受技术特征的影响，而是积极地采纳、体验，对虚拟技术客户体验概念做出了有益探索。④部分研究关注了AR的使用体验对消费者使用行为的影响。从享乐性和实用性体验价值出发，研究发现AR享乐性体验价值高于实用性体验价值，通过提升两种价值，可以增强消费者持续使用意愿、支付价格溢价意愿。

然而，AR购物中可能存在的风险仍缺乏充分探讨，较多的研究探讨了AR技术与购物不确定性之间的关系，AR技术的特征是否以及如何影响消费者不确定性仍不清楚。

AR购物中，消费者通过企业提供的技术支撑为自己设计独一无二的定制化产品，此时顾客参与了联合生产和“使用”过程，即深度参与了价值共创过程，在联合生产中，客户参与了与企业的知识分享、资产交换和互动，从而形成价值共创，而共创价值的来源则是客户的长期使用过程。这表明价值共创在AR持续使用意愿研究中具有重要意义。研究表明，技术赋能的价值共创会在角色、资源和过程三个维度上具有新的特点。AR技术赋能价值共创会促进消费者与企业共同参与活动，并进行资源交换，填补了在线和线下购物体验的空白，共同创造的视图弥补了以往线上购物中动态信息的缺失，从而促进消费者持续使用。

（三）空间临场感

空间临场感是一种主观感知概念，是指用户感知到处于虚拟环境中或被虚拟环境包围的感觉，也体现了显示对象似乎是真实存在于现实物理世界中的一种感知。在AR技术作用下，虚拟物品成为顾客物理世界的一部分，AR允许用户在现实环境中控制虚拟商品并互动，就好像在实体商店中一样，从而产生空间临场感。

根据希尔肯等（2017）的研究，为了成功地获取顾客，顾客在虚拟线上渠道（如AR购物APP）的体验应该类似于线下真实的购物体验。以往有关AR的研究中还探讨过一些类似的概念，如增强质量、感知增强和本地临场感，也有研究强调交互性和生动性是导致临场感的一般要素（杜海英，2022）。鲁伊特等（2020）在AR广告营销背景下定性探讨了视觉吸引力和信息—任务匹配作为内容匹配的两要素对空间临场感的积极作用。海勒等（2020）将空间临场感作为一种服务有形性要素，视觉吸引力和信息—任务匹配作为AR交互特征能积极影响顾客服务有形性感知；以往研究表明AR品牌APP比非AR品牌APP具备显著更强的空间临场感，并能形成对该APP、对该品牌（品牌态度、购买意图）的积极反应。

在数字营销背景下，人与人、人与物之间的距离拉大，具有真实感、沉浸感的APP能使人们获得积极的心理效益，如亲缘关系、享受、自我扩展，并增加顾客使用率。所以空间临场感是品牌APP获取顾客的重要因素。当顾客感知到空间临场感，线上环境中AR技术带来的虚拟感会减弱，其购物体验的真实感可比拟线下商店，从而减少顾客的心理不适。

目前的研究关注了空间临场感对AR增强质量、服务有形性和品牌APP回应等积极结果的显著影响，但对其消极效应的研究十分缺乏。尽管有研究关注到了顾客感知AR技术带来的各种风险，如技术焦虑、隐私担忧和感知侵扰性等，但未能证实AR何种特征（如空间临场感）会带来这些风险感知，也缺少对AR消极作用除风险因素以外的探讨。

本书认为，尽管AR空间临场感能带来许多积极效应，尽管AR常常被视为高级、有趣的新技术，但高水平的空间临场感也会使消费者产生可控与不可控两方面完全相反的感知，用户在使用该技术时会将其作为参与价值共创的尝试过程来看待，通过自身努力形成与品牌的共创体验。消费者在线上购物环境中往往具有更高的敏感性，关注新技术的应用会如何影响消费者正面、负面感知，对 AR APP 如何利用空间临场感打造更完善的线上服务具有重要意义。

（四）交互特征

AR 技术的应用旨在模拟和补充已被远程数字化服务（如品牌 APP）所取代的有形服务元素，这种算法突出了与 AR 服务相关的两个交互特征，即视觉吸引力和信息—任务匹配。

视觉吸引力是指 AR APP 中的产品必须以一种具有吸引力的方式“融入”消费者的环境中，依赖于基于现实环境的图像识别技术，比如 IKEA Place 中的沙发要能以一种具有审美性的方式匹配顾客的客厅环境。视觉吸引力描述了 AR 技术提供的审美性、丰富性、生动性和视觉刺激性，能为客户提供数字化产品的最大欣赏性。视觉吸引力来源于两个层面，其一是虚拟物品融入真实环境的程度，例如，用户可以感知一个虚拟的花瓶真实存在于房间的书架上，强调的是真实性；其二，代表了顾客能自主操控的能力，例如，用户可以根据房间装修的搭配改变花瓶的颜色，强调了整体感知（杜海英，2022）。

视觉吸引力是 AR APP 的一个重要交互特征，并促使消费者积极地参与交互。当 AR APP 中的虚拟产品以一种美观的方式展示在顾客的环境中并可以根据审美喜好变化时，顾客更会感知其真实性、直观性。据此，我们提出假设 1。

H1：视觉吸引力对空间临场感有正向影响。

由于 AR 可以使数字化内容适应物理环境，所以 AR APP 提供环境任务相关信息的程度是另一个重要的交互质量。信息—任务匹配具有两个层面的含义：信息质量和满足顾客动态信息的能力。在 AR APP 环境中，信息—任务匹配反映了虚拟物品是否契合现实环境，提供的信息是否匹配用户变化的任务需求。AR 允许不同形式的互动，并以不同的方式融入消费者的现实环境。例如，在具有高信息—任务匹配度的 AR APP 中，用户可以将虚拟沙发放进他们的卧室，也可以试试其在客厅的效果，并根据不同的环境定制沙发的风格、颜色或材质，从而让顾客置身于类似线下真实的体验场景中，查看不同的搭配效果，好像可触摸、移动。据此，我们提出假设 2。

H2：信息—任务匹配对空间临场感有正向影响。

根据以上描述，AR 允许了动态信息与动态需求的匹配，还使得商品与周遭环境相搭配，产生视觉审美性，两者共同增强了用户的空间临场感；而在交易型品牌 APP 中，顾客通过二维图片、视频来评估产品，“身临其境”的感知十分受限，且通常处于被动接收信息的状态，如大数据推送、丰富的广告弹窗等，所以在信息、视觉及空间临场感上低于 AR 体验型品牌 APP。据此，我们提出假设 3。

H3：视觉吸引力（a）、信息—任务匹配（b）、空间临场感（c）三种感知在体验型品牌 APP 中显著高于交易型品牌 APP。

（五）尝试过程

尝试理论旨在解释个体努力执行“困难”行为或实现相关目标。一方面，尝试理论指出人们对采用技术创新的态度包括三个维度：①对成功采用的态度；②对失败采用的态度；③对学习使用技术的态度。另一方面，尝试理论是基于过程的目标导向概念，由巴戈齐和沃肖（1990）的观点，顾客行为受到内部障碍（熟练程度低、使用效率低）和外部或环境障碍（网络连接问题、过度亲密）的影响，两者会使顾客认为其行为不足以达成预期目的。

尝试理论可以解释 AR 价值共创的复杂机制。AR 价值共创和尝试理论都是基于过程且为目标导向的消费者行为概念，由于上文已提出的各种 AR 技术特性和潜在风险，其结果可能并不会完全受到顾客自身的控制，而会受制于其内外部障碍。尝试过程的意志和非意志部分捕捉到消费者对 AR 购物 APP 中价值共创两个相反方面的反应。

以 IKEA Place 为例，由于高度空间临场感，顾客可以自由选择摆放在特定位置的虚拟“家具”，随心所欲装饰自己的房间，从而实现低风险的线上购物，这种体验是由顾客自己控制的。然而，顾客也可能因为 AR 而受到阻碍并失去自主权，因为虚拟和现实之间的转换对消费者来说相对较为陌生，过程中很容易因为缺乏经验和效率或某些潜在风险（技术焦虑、过度亲近感）而延迟购物并导致选择困难。尝试过程中的价值共创者可以通过 AR 的潜在好处主动控制其购物体验，但同时也会因为效率、熟练程度低或风险因素而失去自主权。因此，本研究认为自主控制和失去自主权两者能解释消费者在 AR APP 中的共创尝试过程。

空间临场感是 AR APP 的关键特征，而尝试过程可以视为空间临场感的结果机制，尝试过程中的意志控制与非意志控制部分是顾客长期参与 AR 的两方面反应。一方面，由于 AR 技术的加持，顾客可以顺利地将“沙发”放置于合适的空间，随心所欲地装饰自己的房子，并实现购买目标，此时他们的购物体验是被自己积极控制的；另一方面，顾客也会被 AR 技术所阻碍，并感知失去了自主权，因为空间临场感会使得虚拟物品直接、主观地嵌入顾客的私人空间，他们会在潜意识里产生生疏感，缺乏经验感，从而降低对此种体验的控制。因此，一个参与 AR APP 价值共创的顾客会通过 AR 带来的直观、动态信息属性积极控制自己的体验，同时也会对此过程产生非意志控制的失控感。据此，我们提出假设 4 和 5。

H4：空间临场感对积极控制有正向影响。

H5：空间临场感对失去自主权有正向影响。

AR 品牌 APP 启动了一种重要的交互性价值共创——设计，即 AR APP 可以更好地进入顾客的“私人空间”（获取顾客的面部图像、身体图像或周围环境图像）并产生互动。当顾客感知到对自己的体验具有积极控制感时，他们可以自由选择自己想看的增强效果并决定自己的体验流程，从而更好地参与到交互体验中，并进一步通过持续使用 APP 来和品牌建立长期的联系。通过积极控制，可以实现享乐价值并产生愉悦感，获得新的知识和技能。据此，我们提出假设 6。

H6：积极控制对持续使用意愿有正向影响。

失去自主权在 AR APP 中表现为非意志控制地沉浸在 AR 中，花费过长的时间去完成购买任务，尝试各种各样的新产品，甚至最后还是不能做出购买决定。顾客可能会因为无意识地缺乏控制感（无法做出选择），而在长时间的挑选中终止购物过程，进而退出使用过程。据此，我们提出假设 7。

H7：失去自主权对持续使用意愿具有负向影响。

因此，本书构建了如图 6-1 所示的模型。

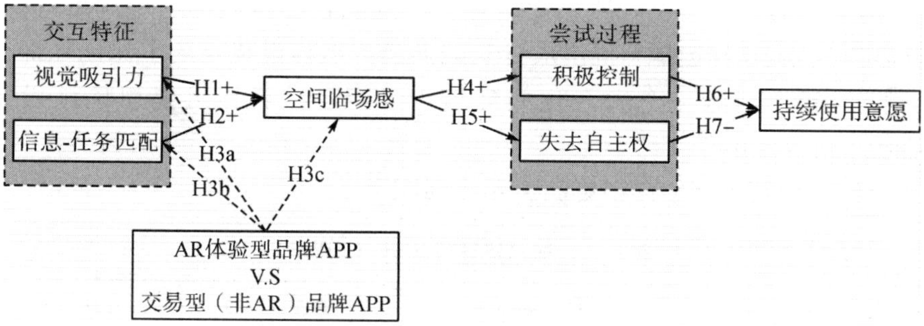

图 6-1　研究模型

三、数据收集与假设检验

（一）实验设计

本研究选用的刺激材料均来自“宜家”品牌，原因如下：第一，IKEA Place 是国内 APP 商城中唯一一款 AR APP；第二，年轻学生群体很少购买家居用品，因此便于排除外部干扰因素；第三，出于比较 AR 与非 AR APP 的目的，宜家是国内市场上唯一一家同时开发了传统购物 APP 和 AR 购物 APP 的企业。

实验组使用宜家发行的 IKEA Place，这款 APP 可以通过手机摄像头来搜集实时环境的视图，然后把虚拟的家具放置在屏幕显示的环境当中，以方便用户查看效果，用户可以在虚拟家具旁走动和近距离多角度查看。控制组使用宜家发行的另一款“IKEA 宜家家具”APP，这款 APP 可以浏览 2D 商品图片和视频。

（二）实验流程

到达实验教室后，受试者必须阅读有关该实验的信息以保证知情性。研究人员告知受试者“本实验旨在了解大家对一款 APP 的评价”（实验组“IKEA Place”和控制组“IKEA 宜家家居”）。

受试者被分配至两个分开的会议室，在两个实验室中，研究人员播放对宜家品牌的介绍视频以保证相同的品牌熟悉度；在 AR 组中，研究人员播放 AR 技术在服饰、美妆、游戏领域的应用，以控制技术新颖性的影响。

接着，研究人员分别为各组播放 PPT 以告知其实验任务。受试者需要想象自己是本所大学的后勤部员工，现需要为自己所在的会议室购买一个书架和数套桌椅，并且要和会议室的装修风格匹配。两个会议室的装修完全一致且都为中性色调，所以受试者可以根据自己喜欢的风格挑选产品。他们可以尝试几种选择并挑出最喜欢的商品。这种设置是为了保证外部有效性，并旨在创造一个大众化的环境，以便受试者尽可能想象该设定场景。

AR 组的描述性统计结果如表 6-1 所示。

表 6-1　样本描述性统计（AR 组）

人口统计变量	样本特征	频数（人）	百分比（%）
性别	男	33	45.8
	女	39	54.2
年龄	18~25	70	97.2
	26~30	2	2.8
教育水平	高中/职高及以下	1	1.4
	大学本科	55	76.4
	硕士	16	22.2
收入水平	≤2 000	50	69.4
	2 001~5 000	14	19.4
	5 001~8 000	6	8.3
	8 001~12 000	1	1.4
	12 001~15 000	0	0
	>15 000	1	1.4
职业	学生	64	88.9
	企业	3	4.2
	事业	5	6.9

在了解实验任务后，受试者首先需要在自己的手机上下载相应的 APP，确保每个受试者都是第一次下载相应的 APP。

接着两组受试者可以开始在各自会议室中选择心仪的产品。挑选过程持续大概 8 分钟（AR 组的样本视图见图 6-2）。

图 6-2　实验组的结果视图

最后，受试者填写问卷，以测量研究中的各个变量；为受试者发放实验奖励。

所有的变量都将采用 7 级李克特量表，“1 分=非常不同意”至“7 分=非常同意”。测量题项均来自以往研究中的成熟量表，并根据本研究背景做了适当调整。为了保证逻辑性、清晰性、有序性和背景相关性，问卷在有经验的老师和几位研究生的帮助下从英文翻译成中文。再根据前测反馈，轻微修改措辞以减少歧义，并更加契合品牌 APP 的使用经验（见表 6-3）。

表 6-2　样本描述性统计（非 AR 组）

人口统计变量	样本特征	频数（人）	百分比（%）
性别	男	49	52.7
	女	44	47.3
年龄	18~25	76	81.7
	26~30	11	11.8
	31~40	6	6.5

表6-2(续)

人口统计变量	样本特征	频数（人）	百分比（%）
教育水平	高中/职高及以下	1	1.1
	大学本科	86	92.5
	硕士	6	6.5
收入水平	≤2 000	60	64.5
	2 001~5 000	12	12.9
	5 001~8 000	10	10.8
	8 001~12 000	8	8.6
	12 001~15 000	3	3.2
	>15 000	0	0
职业	学生	73	78.5
	企业	6	6.5
	事业	12	12.9
	自由职业	2	2.2

表 6-3　量表测量题项及来源

变量名称及来源	题项	题项描述
信息—任务匹配（Kim et al.，2004）	INF1	商品 AR 展示（AR 展示视图、对物品移动、变换等功能）是我所需要的
	INF2	商品 AR 展示（AR 展示视图、对物品移动、变换等功能）满足了我的信息需求
	INF3	商品 AR 展示（AR 展示视图、对物品移动、变换等功能）很有用
视觉吸引力（Kim et al.，2004；Heller et al.，2020）	VIS1	视觉上令人愉悦
	VIS2	视觉上具有吸引力
	VIS3	清晰、生动
	VIS4	展示商品的方式较吸引人
	VIS5	是有趣的
	VIS6	外观令我很喜欢

表6-3(续)

变量名称及来源	题项	题项描述
空间临场感 (Hilken et al., 2017; Verhagen et al., 2014)	SPA1	就像在现实中试用家具
	SPA2	好像这些产品成为实体
	SPA3	似乎置身于真实的体验中
	SPA4	这个家具似乎真的在我旁边
	SPA5	这个家具从虚拟图像转换到了现实环境中
	SPA6	这个家具似乎成为真实环境的一部分
	SPA7	可以在现实环境中想象这个家具的位置、形象
	SPA8	似乎可以在现实中移动、触摸这个家具
积极控制 (Ou et al., 2014)	ACT1	我可以通过我的操作改变商品的位置、大小
	ACT2	我可以自由选择我要的商品
	ACT3	我可以改变商品的位置、大小
失去自主权 (Walter et al., 2008)	LOS1	我会不自觉地想去查看一些商品
	LOS2	我可能会被 AR 功能所吸引而去查看任务之外的商品
持续使用意愿 (Bhattacherjee, 2001; Lee, 2020)	CUI1	我愿意再次使用这个 APP
	CUI2	我近期会再次使用这个 APP
	CUI3	我会继续使用这个 APP
	CUI4	我愿意向亲朋好友分享和推荐这个 APP

（三）数据分析

本阶段使用 SPSS 来进行组间的单因素方差分析，并使用 Smart PLS3.0 来检验测量模型和结构模型，因为偏最小二乘法（PLS）对测量规模、样本量和残差分布的限制最小。最后进行附加分析以解释其中的关键路径。

1. 单因素方差分析

单因素方差分析用来检验实验组和对照组在空间临场感、信息任务匹配、视觉吸引力三个构念上的区别。表 6-4 显示 AR 组的空间临场感显著高于非 AR 组，但视觉吸引力和信息—任务匹配在两组间无显著差异，支持 H3c，拒绝 H3a 和 H3b，说明 AR 体验型品牌 APP 相较于交易型 APP 能产生更为显著的空间临场感，这也证明了实验操纵的有效性。接下来将以空间临场感为关键点，分析其对体验型品牌 APP 持续使用意愿的影响机制。

表 6-4　单因素方差分析

统计量	AR 组（体验型）	非 AR 组（交易型）
SPA	5.22（.13）**	4.78
VIF	5.75（.13）n. s	5.83
INF	5.56（.18）n. s	5.33

注：** 表示 $P<0.05$.，*** 表示 $P<0.001$。

2. 测量模型分析

将通过检验模型的信度、收敛效度和区分效度来进行测量模型分析。信度由 Cronbach' alpha 和组合信度（CR）值检验，表 6-5 显示所有变量的 Cronbach's alpha 系数值为 0.73 至 0.94，CR 统计值均高于 0.7，模型具有良好的信度。

表 6-5　信度和效度分析

变量	测量项	因子载荷	CR	AVE	Cronbach's alpha	VIF
信息—任务匹配（INF）	INF1	0.88	0.93	0.82	0.89	2.70
	INF2	0.90				
	INF3	0.93				
视觉吸引力（VIS）	VIS1	0.85	0.91	0.64	0.89	2.78
	VIS2	0.91				
	VIS3	0.84				
	VIS4	0.81				
	VIS5	0.65				
	VIS6	0.72				
空间临场感（SPA）	SPA1	0.82	0.95	0.71	0.94	4.20
	SPA2	0.91				
	SPA3	0.88				
	SPA4	0.90				
	SPA5	0.90				
	SPA6	0.82				
	SPA7	0.78				
	SPA8	0.69				

表6-5(续)

变量	测量项	因子载荷	CR	AVE	Cronbach's alpha	VIF
积极控制（ACT）	ACT1	0.77	0.86	0.67	0.76	1.56
	ACT2	0.86				
	ACT3	0.83				
失去自主权（LOS）	LOS1	0.92	0.88	0.79	0.73	1.50
	LOS2	0.86				
持续使用意愿（CUI）	CUI1	0.92	0.94	0.79	0.91	1.60
	CUI2	0.88				
	CUI 3	0.90				
	CUI4	0.86				

收敛效度由两项指标检验：①所有的因子载荷超过 0.6；②AVE 均高于 0.5。结果显示，所有构念的因子载荷均超过 0.6，且 AVE 均高于 0.5，说明具有足够的收敛效度。此外，AVE 的平方根大于所有变量之间的相关系数（见表 6-6），说明变量之间具有较好的区分效度。

表 6-6　潜变量 AVE 平方根与相关系数比较

变量	AVE	ACT	EXP	INF	LOS	SPA	VIS
ACT	0.67	0.82	—	—	—	—	—
CUI	0.79	0.57	0.89	—	—	—	—
INF	0.82	0.46	0.68	0.90	—	—	—
LOS	0.79	0.36	0.62	0.50	0.89	—	—
SPA	0.71	0.59	0.68	0.66	0.49	0.84	—
VIS	0.64	0.44	0.60	0.78	0.55	0.64	0.80

最后，为了检验共同方法偏差，检查了多重共线性以确定 VIF 是否小于5，如表 6-5 中所示，所有 VIF 值均低于 5 阈值，说明共同方法偏差对研究的影响较小。

3. 结构模型检验

研究采用 GoF（Goodness-of-fit）和 f^2（R^2的效应大小）来检验 PLS 模型。GoF 被定义为平方提取方差值（AVE）和平均 R^2的几何平均值，计

算公示为 $GoF=\sqrt{\overline{AVE}+\overline{R^2}}$，且 $GoF_{small}=0.10$，$GoF_{medium}=0.25$，$GoF_{large}=0.36$。$f^2=R^2/(1-R^2)$，且 $f^2_{small}=0.02$，$f^2_{medium}=0.13$，$f^2_{large}=0.26$。如表6-7所示，f^2 达到了0.25，超过了中等值0.13且接近大值0.26，GoF超过了较大值0.36，二者达到了较好的结果，表明该研究模型表现良好。

表 6-7 模型检验

指标	推荐值	实际值	结果	来源
f^2	小 0.02	0.25	较好	Cohen et al.，2003
	中 0.13			
	大 0.26			
GoF	小 0.10	0.51	较好	Tenenhsus et al.，2005
	中 0.25			
	大 0.36			

接下来进行假设检验，图6-3展示了结构路径结果和 R^2。R^2 值为0.24至0.52，表明回归关系被自变量解释的比例达到了较高水平。此外路径检验结果显示，信息—任务匹配（$\beta=0.41$，$P<0.01$）和视觉吸引力（$\beta=0.33$，$P<0.01$）积极影响空间临场感，空间临场感对积极控制（$\beta=0.59$，$P<0.001$）和失去自主权（$\beta=0.49$，$P<0.001$）都有正向影响，且积极控制积极影响持续使用意愿（$\beta=0.40$，$P<0.001$），支持H1—H2和H4—H6。但H7的结果与原假设相反，结果显示失去自主权对持续使用意愿具有正向作用（$\beta=0.48$，$P<0.001$）。因此，研究进行了附加分析，探讨趣味性在失去自主权和持续使用意愿之间的中介作用。

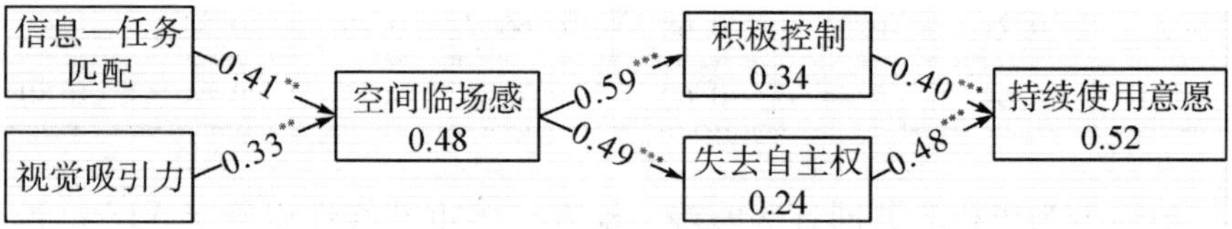

图 6-3 研究模型

4. 附加分析——趣味性的中介效应

在上述分析中发现，失去自主权对共创体验具有正向影响，这与本书的原始假设相反，但很值得深入讨论。由于IKEA Place引起了用户的“选择困难”，从而降低了用户的控制感，但用户仍然产生了持续使用意愿，其中起作用的机制可能与“趣味性”有关。

趣味性被定义为个人注意力集中的程度、个人对互动的好奇感，以及该互动令人愉快和有趣的感知。从体验性视角出发，有些人消费是为了享受或体验乐趣，而不仅仅是为了功利性利益。在本书的实验过程中，尽管许多人并没有按照实验要求记住自己选购了哪些商品，也就是未能完成实验任务，但受试者在任务执行过程中仍然表现出了高度沉浸。

当 AR 品牌 APP 使用者失去自主权，比如在任务中花费过多时间、无法做出选择、尝试许多任务之外的商品，此时用户可能过度沉浸于虚拟环境，尝试去探索这个充满想象力、新奇的虚实结合的购物环境，所以会想再次探索这个 APP。据此，本研究最后提出假设 8。

H8：趣味性在失去自主权和持续使用意愿之间起中介作用。

根据普里彻等（2004）的方法，通过 5 000 次重复抽样，计算中介变量的 95%的偏差矫正置信区间，若置信区间不包括 0，则中介效应成立。如表 6-8 和图 6-4 所示，趣味性在失去自主权和持续使用意愿之间起完全中介作用。

表 6-8　趣味性的中介效应

路径	效应值	SE	bias-corrected	
			Lower	Upper
直接效应				
LOS→CUI	0. 096	0. 084	-0. 072	0. 263
间接效应				
LOS→PLA→CUI	0. 321	0. 059	0. 211	0. 441

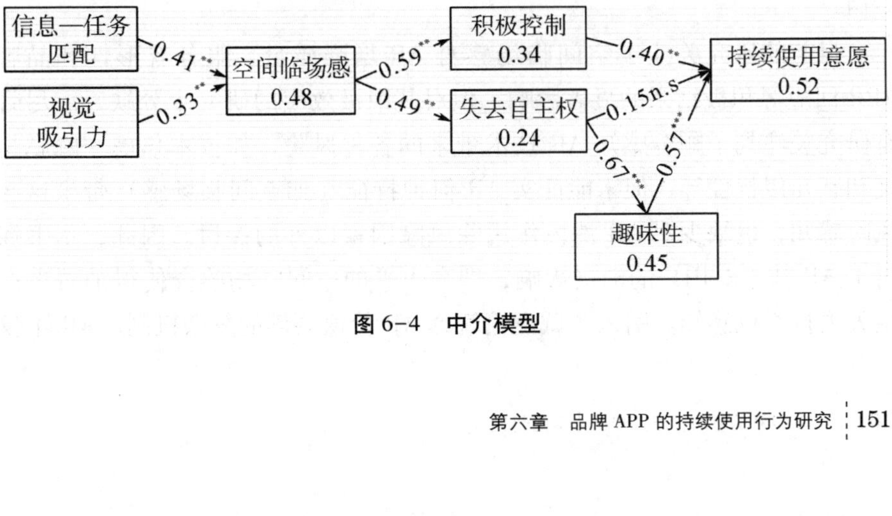

图 6-4　中介模型

四、研究结果及讨论

研究证实了空间临场感对AR体验型品牌APP的独特性，并实证分析了空间临场感形成持续使用意愿的正反影响机制，验证了两个AR交互特征作为空间临场感的前因。主要的发现有以下三点。

第一，研究发现空间临场感是AR品牌APP实现更高水平持续使用意愿的一个优越特征。信息—任务匹配和视觉吸引力作为AR的两个交互特征，是空间临场感的两个直接前提。

第二，证实了AR空间临场感通过顾客尝试过程来形成共创体验，这区别于以往将空间临场感视为完全积极的研究。一方面，当用户感到物体是真实的并且感觉到产品与真实环境相结合时，他们可以通过移动物体和改变颜色以适应他们的环境来进行自主控制。另一方面，由于技术特性，用户可能感知过度亲密，或花费更长的时间沉浸其中，尝试各种各样的产品，但最终不知道该选择什么，从而降低了他们对体验的控制，造成选择延迟或终止。

第三，研究发现了空间临场感形成持续使用意愿的复杂机制，虽然其造成了消极的感知，但仍形成了持续使用意愿。趣味性完全在自主性丧失和共同创造体验之间起中介作用，这说明了AR品牌APP对于提升顾客存留度的优越性。

本书发展了持续使用意愿的研究。在数字营销背景下，人与人、人与物之间的距离拉大，具有真实感、沉浸感的APP能使人们获得积极的心理效益，如亲缘关系、享受、自我扩展，并增加顾客使用率。空间临场感是品牌APP获取顾客的重要因素。本书增加空间临场感和社会临场感两个概念，将其融入用户持续使用研究中，填补了研究AR技术特征消极作用的空白。

目前的研究关注了空间临场感对AR增强质量、服务有形性和品牌APP回应等积极结果的显著影响，但对其消极效应的研究十分缺乏。尽管有研究关注到了顾客感知AR技术带来的各种风险，如技术焦虑、隐私担忧和感知侵扰性等，但未能证实AR何种特征（如空间临场感）带来这些风险感知，也缺少对AR消极作用除风险因素以外的探讨。因此，本书探讨了AR技术对用户的消极影响，即高水平的空间临场感会使得消费者产生失去自主权感知。引入尝试理论解释AR价值共创的复杂机制。AR不仅是一项技术，更是体验的提供者，顾客不仅是购买者，更是定制化产品/服务的创造者。在 AR 品牌 APP 中，交易任务逐渐被弱化，顾客体验的重要性更为凸显，更具趣味性、生动性和高度互动性，此时顾客参与了联合生产和“使用”过程，即深度参与了价值共创过程。

一方面，尝试理论指出人们对采用技术创新的态度包括三个维度：①对成功采用的态度；②对失败采用的态度；③对学习使用技术的态度；另一方面，尝试理论是基于过程的目标导向概念，这与 AR 价值共创具有一致性。因此，本书解释了 AR 价值共创的复杂机制，为研究 AR 价值共创机制打开新视角。

第二节　交易型品牌 APP 的持续使用行为研究

一、交易型品牌 APP 持续使用行为

品牌 APP 的出现大大改变了人们的购物模式，近年来，人们更加依赖移动设备进行社交、购物和娱乐等活动。而品牌 APP 也被认为是当前特殊环境下品牌进行线上营销的有力工具，可以为客户提供附加价值，并实现可持续的消费者—品牌关系。许多知名企业，如星巴克、小米，包括银行、航空公司等都推出了自己的品牌 APP。

然而，消费者极力寻求线上购物中的社会化体验和更具直观性的产品服务，个性化的需求逐渐突出，渠道转化更加频繁，因此传统的交易型品牌 APP 越来越难以获取长期的用户。虽然品牌开始发行不同类型的（体验型）APP 以满足更具个性化的用户需求，但增加交易量仍然是企业必不可少的诉求，传统的交易型 APP 还需要进一步的改进。

以往的研究并未明确区分交易型和体验型品牌 APP，也少有研究关注社会接触和人际关系缺失的环境下，社会临场感在促进持续使用和交易方面的重要性。

由于移动设备的广泛使用，品牌 APP 早已成为一种流行的营销形式，并且已被证实在销售和消费者行为方面具有积极效益，如提升顾客忠诚度、增强购买意愿等。

价值共创是一个长期互动和参与的过程，在品牌 APP 中，用户通过长

期的使用提供建议反馈、行为数据、购买等为企业创造价值，企业则通过不断改进客户服务、产品更新、系统更新等为用户创造新的价值，所以持续使用是价值共创在移动营销中新的拓展。鉴于消费者持续使用对价值共创的贡献，如何实现持续使用意愿已经得到了学术界和企业界的高度重视。品牌 APP 的持续使用意愿是用户行为随时间的变化状态。通过此种长期使用行为，企业可以全面观察消费者行为，实现精准营销，可以利用某些 APP 内的附加服务，如门店定位、即时配送等，提高用户在全渠道环境中的品牌忠诚度。因此，持续使用意愿是品牌 APP 成功的关键。

以往的研究使用期望确认理论、有用性和任务—服务匹配等机制来解释消费者对品牌 APP 的持续使用意愿。基于服务主导逻辑，积极互动的过程即用户主动参与价值共创的过程，这是品牌 APP 实现持续使用的意义所在，因此，本书将用消费者品牌契合来解释持续使用意愿的机制。

二、交易型品牌 APP 持续使用行为的影响因素

（一）社会临场感

在对交易型品牌 APP 的研究中，即社会临场感对用户持续使用意愿的影响研究中，主要采用动机理论和消费者—品牌契合理论进行研究。下面对本书所用到的理论进行阐述。

1. 动机理论

功利主义、享乐主义和社会性动机会显著地影响消费者积极行为。功利主义动机反映了用户对 APP 满足他们的需求的认知；享乐主义动机则源于乐趣、享受，满足内在的需求；社会性动机来自情景驱动的增值活动，从而形成他们在品牌 APP 环境中的社交活动。这三个部分的动机分别满足了消费者以下三个方面的需求：①信息、知识和理解；②审美、愉悦、情感体验；③与家庭、朋友和社会的联系。本研究采用了此种分类，并概念化为感知信息有用性（功利主义动机）、感知娱乐性（享乐主义动机）和感知社会性（社会性动机）。

2. 消费者—品牌契合

消费者—品牌契合（Consumer-brand engagement）是消费者在特定消费者/品牌互动过程中或与品牌互动时与品牌在认知、情感和行为方面相关的积极活动。我们的研究采用这一概念是因为它高度强调了消费者与品

牌之间的互动，基于服务主导逻辑，积极互动的过程即用户主动参与价值共创的过程，也即实现品牌 APP 的持续使用。

消费者—品牌契合是一个多维概念，布罗迪等（2011）在研究中定义了消费者契合，并将其分为三个维度：认知、情感和行为。霍莱贝克等（2014）提出了消费者品牌契合的概念，并得出了三个维度，包括认知过程、情感和激活。我们之所以采用这种分类，是因为它非常适合我们的品牌 APP 背景，并且代表了在不断互动中最完整、准确的消费者感知过程。“认知处理”是指消费者在特定的消费者/品牌互动中与品牌相关的认知思维和阐述的程度；“情感”表示在特定消费者/品牌互动中对消费者产生积极的品牌相关情感的程度；“激活”是指消费者在特定的消费者/品牌互动中花费在品牌上的时间和精力的程度。

这三个维度对于实现品牌 APP 的持续使用具有重要意义，然而以往的研究通常将三个维度作为一个整体或二阶结构，缺少对于三个维度的区分。由于三种维度的契合并不是消费者的整体感知，而是一个完整的感知过程，本书将通过三个维度组成的感知过程来探究如何最终形成用户持续使用意愿。

社会临场感是指“对象在互动中的显著性程度及人际关系的显著性”。品牌 APP 的社会临场感代表了媒介可以提供的温暖感和社交性。社会临场感代表了 APP 中提供的亲密的面部表情、声音变化、类人的敏感性和响应能力，体现了媒介能与用户进行“面对面”交互的程度，完美地连接了媒体和用户之间的感知距离，并产生一定程度的亲密关系。人类是社交动物，且始终需要人际交流，而社会临场感则在促进人际关系中扮演着重要角色。

由于线上环境往往缺少某些社交因素（如面部表情、声音变化等），人们往往通过社交通讯建立关系而不是计算机通信，而如果这些社交因素能通过技术和网站特征体现出来，人们则更愿意付出时间和精力建立这种“线上人际关系”，与一个相对机械、冷漠的网站相比，人们与具有社交性因素的网站交流更具互动积极性。在数字网络中，社交距离不断增大，人们的线上社交需求相较以往更为突出，线上购物 APP 如果能具有更高的社会临场感，将会获得与用户更紧密的互动。

社会临场感可应用于阐述互联网媒体与用户之间的关系，并揭示该媒体如何在不同环境下（在线购物、虚拟团队和在线教学）影响人际交往和社交。例如，库马尔等（2002）证实了空间临场感能促进网站与其用户的关系维护；也有研究表明空间临场感与某些重要技术感知有关，如信任、参与度等；此外，社会临场感还能促进品牌APP的采纳意愿并形成积极的品牌态度，如消费者—品牌契合感；同时，社会临场感也被证实能增强媒体的信息丰富性和娱乐性。

金等（2013）的研究证实，功利主义、享乐主义和社会性作为参与动机的三个部分显著地影响消费者积极行为。功利主义动机反映了用户对APP满足他们的需求的认知；享乐主义动机则源于乐趣、享受，满足内在的需求；社会性动机来自情景驱动的增值活动，从而形成他们在品牌APP环境中的社交活动。这三个部分的动机分别满足了消费者以下三个方面的需求：①信息、知识和理解；②审美、愉悦、情感体验；③与家庭、朋友和社会的联系。本研究采用了此种分类，并概念化为感知信息有用性（功利主义动机）、感知娱乐性（享乐主义动机）和感知社会性（社会性动机）。

本书将用社会临场感来代替社会性动机，社会临场感不仅仅代表了人与人交互的社会性特征（如发表评论、评级、推荐，分享买家秀，在购买前中后全过程通过问答形式与买家和卖家直接互动等），还代表了人机交互的社会性特征（如感知系统的类人敏感性、温暖感、亲切感等）；不仅需要加深人与人的社交，更需要线上营销通过亲人的动画、声音变化、反应能力来提升人机互动时的亲切感、温暖感和敏感度。同时，当品牌APP提供了亲密感、友好灵敏的反应力、流畅性和响应力等临场感表现时，用户可以更好地利用其中的各种信息，更能享受购物乐趣。

尽管以往大量研究关注了消费者功利、享乐和社会性动机，也有大量研究将社会临场感作为品牌APP营销效果（如满意度、参与度）的重要前因，但仍缺少聚焦于品牌APP的社会临场感研究，并将其作为数字经济背景中线上营销的关键社交性因素，探讨其对用户持续采纳，即参与价值共创的影响机制。

本书认为社会临场感作为交易导向品牌APP的重要特征，能在当今社交、心理距离加大的环境下发挥重要作用，通过驱动消费者功利、享乐动机，形成消费者—品牌契合，从而增强品牌APP持续使用意愿。

（二）消费者—品牌契合

持续使用的重要性体现在三个方面：第一，鉴于人们对智能手机的依赖性越来越强，各类品牌 APP 的涌现极大提升了市场竞争力，如何通过 APP 来长期留客成为企业需要关注的问题；第二，APP 的长期使用是企业提高资源利用效率的体现；第三，持续使用可以实现价值共创，互动时间越长，品牌 APP 可以提供的价值就越多，这是一次性使用无法实现的。消费者—品牌契合能增强消费者忠诚、重复购买意愿和对品牌 APP 的持续使用意愿。

在认知层面，由于品牌 APP 的设计初衷在于建立良好的消费者—品牌关系，当用户通过该 APP 对相应品牌有了一定认知后，用户则会被驱动增加其使用行为；对于情感层面，当消费者对该品牌具有一定的积极情绪价值（如对品牌感到期待、愉快甚至自豪），他们会进一步通过持续使用 APP 来和品牌建立长期的联系；在最后的激活中，随着顾客在品牌 APP 中花费了一定的时间、精力和金钱，随着逐渐上升的满意度，顾客的持续使用意愿也会进一步激活。据此，我们提出如下假设。

H1：认知处理对持续使用意愿有正向影响。

H2：情感对持续使用意愿有正向影响。

H3：激活对持续使用意愿有正向影响。

为了更好地理解消费者—品牌契合对持续使用意愿的影响，其三个维度的内部联系也需要被确切地界定。在品牌 APP 的环境中，认知处理、情感和激活实际上在一定逻辑上发挥作用。

首先，我们应该明确品牌方致力于与顾客建立亲密的客户关系并形成积极的情感联结，因此在用户对品牌最初的启发式认知体验之后，用户可能会发现一些品牌 APP 能实现的特殊功能，比如情景式服务、灵敏的互动、丰富的信息和娱乐等，从而这些成熟的品牌 APP 优势会催生用户对品牌的积极情感，所以认知处理过程会积极影响情感。其次，认知处理也可以积极影响激活，用户对品牌相关的积极认知越多，越会花更多的时间、精力和金钱在 APP 中。最后，情感也在一定程度上与激活有积极联系，当顾客对品牌具有积极的情感状态时，他们会和品牌产生感情联结，从而在 APP 中花费更多的时间、精力和金钱。据此，我们提出如下假设。

H4：认知处理对情感有正向影响。

H5：情感对激活有正向影响。

H6：认知处理对激活有正向影响。

（三）消费者动机

本书中社会临场感包括人机交互与人际交互两方面，这两方面在线上营销场景中十分重要。研究表明，社会临场感可以增强信息的丰富性，增强用户对网站上信息的感知有效性。当品牌 APP 中的交互更敏感，机械感更低，且更容易让用户与卖家交流、互动，则更能发挥 APP 中信息的有效性，用户能获得更丰富的资讯，从而更好地理解自己的购买目的，并做出适合的购买决策，即更高程度的社会临场感会促进品牌 APP 的感知信息有用性。同时，文献表明具有社会临场感的媒介可以通过提升情感价值带来愉快的体验，增强感知娱乐性，令用户产生愉悦感。据此，我们提出如下假设。

H7a：社会临场感对感知信息有用性有正向影响。

H7b：社会临场感对感知娱乐性有正向影响。

品牌 APP 在提升消费者动机以满足自身需求方面具有重要作用。以往研究已经证实了感知信息有用性能增强媒体使用意愿。在认知处理层面，品牌 APP 及时提供优惠信息、支付功能，提供品牌或产品信息等，此时用户会有动力去更多了解该品牌，形成品牌认知；在情感层面，附加的信息会让消费者感知到品牌 APP 的有效性，从而提升其对品牌的积极态度。据此，我们提出如下假设。

H8a：感知信息有用性对认知处理有正向影响。

H8b：感知信息有用性对情感有正向影响。

娱乐是激励用户的另一个因素，在认知层面，当品牌 APP 包含娱乐时，如游戏、有趣的品牌文化、节日推特、场景、智能服务等，这些元素会吸引用户的注意力，从而激发品牌相关的认知；在情感层面上，有趣、愉悦的感知会给消费者带来一种良好的使用感，从而优化他们的购物体验。因此，娱乐会导致消费者对这个品牌的积极情绪。据此，我们提出如下假设。

H9a：感知娱乐性对认知处理有正向影响。

H9b：感知娱乐性对情感有正向影响。

如果一个品牌 APP 具有足够的社会临场感，消费者就更有可能在认知、情感和行为上做出积极反应，因此社会临场感被认为是消费者契合的主要前因之一。在认知层面，操作系统的类人敏感性、智能推荐，以及细致的观察，都有助于用户增进对品牌的了解；在情感层面，这些特征也有助于用户产生积极的态度，从而形成与品牌的心理联系。据此，我们提出如下假设。

H10a：社会临场感对认知处理有正向影响。

H10b：社会临场感对情感有正向影响。

因此，研究 2 构建了如图 6-5 所示的模型。

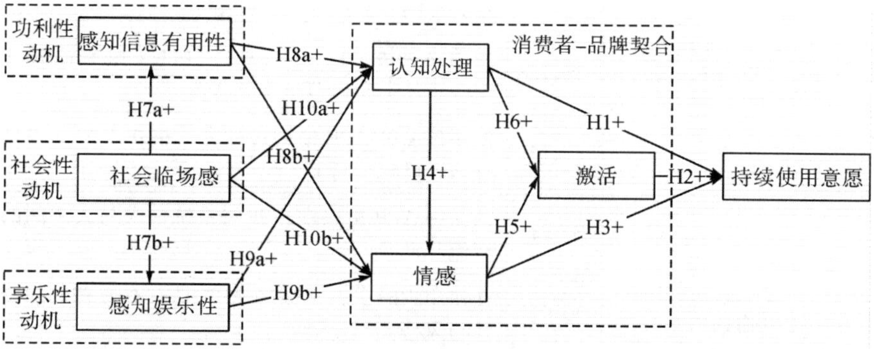

图 6-5 研究模型

三、数据收集与假设检验

（一）问卷设计

本书通过问卷调查收集数据对假设模型进行检验。测量题项均来自以往成熟量表，并根据本研究背景做了适当调整（见表 6-9）。为了保证逻辑性、清晰性、有序性和背景相关性，问卷在有经验的老师和几位研究生的帮助下从英文翻译成中文。再根据前测反馈，轻微修改了不当措辞以减少歧义，并更加契合品牌 APP 的使用经验。为进一步确保问卷的有效性，且满足其应具有的品牌 APP 使用者的真实身份，受访者须提供其经常使用的品牌 APP 的名称，并剔除不符合品牌 APP 定义的问卷数据。所有变量的测量均采用 7 点李克特量表，范围从“1 = 非常不同意”至“7 = 非常同意”。

表 6-9 量表测量题项及其来源

变量名称及来源	题项	题项描述
感知信息有用性（Davis，1989）	PIU1	使用该品牌 APP 可以提高了解信息（价格、产品、品牌形象、文化等）的效率
	PIU2	使用该品牌 APP 可以更容易地了解信息（价格、产品、品牌形象、品牌文化等）
	PIU3	使用该品牌 APP 可以有利于了解信息（价格、产品、品牌形象、品牌文化等）
感知娱乐性（Davis，1989）	ENT1	使用该品牌 APP 具有娱乐性（打发时间、浏览感兴趣的商品、优惠活动等）
	ENT2	使用该品牌 APP 是有趣的（能了解到品牌文化、产品上新、节日推送等）
	ENT3	使用该品牌 APP 使用过程令人愉快（界面设计舒适、风格独特）
社会临场感（Ou et al.，2014）	SPE1	该品牌 APP 可以实现我与系统像人与人之间的交流互动
	SPE2	在使用它时，感觉品牌 APP 具有类似真人的特性与风格
	SPE3	该品牌 APP 会散发出类似真人的亲切感与温暖感
	SPE4	该品牌 APP 具有类似真人的交流敏感度
认知处理（Hollebeek et al.，2014）	COP1	使用该品牌 APP 会激发我去了解这个品牌
	COP2	使用该品牌 APP 会促使我经常关注这个品牌
	COP3	使用该品牌 APP 会激发我去了解这个品牌更多的产品或信息
情感（Hollebeek et al.，2014）	AFF1	我对该品牌很认可
	AFF2	我对该品牌很满意
	AFF3	我愿意购买该品牌的产品
	AFF4	我期望购买该品牌的产品
激活（Hollebeek et al.，2014）	ACT1	相较于其他 APP，我会花费更多的时间在该品牌 APP 上
	ACT2	我在空闲时间会常使用该品牌 APP
	ACT3	我经常使用该品牌 APP

表6-9(续)

变量名称及来源	题项	题项描述
持续使用意愿 (Bhattacherjee, 2001)	CUI1	我会经常使用这个 APP
	CUI2	我会再次使用这个 APP
	CUI3	每次使用这个 APP 我都感到满意

(二) 数据收集

问卷的设计和发放均通过国内权威的问卷平台"问卷星"进行。研究的调查对象是使用过品牌 APP(如盒马鲜生、优衣库掌上 APP 等)的顾客。通过国内社交媒体或平台(如微信、腾讯 QQ 和百度贴吧)邀请品牌 APP 的现有用户作为研究的受访者。研究共收集 543 份问卷,经过剔除非品牌 APP 使用者的、未通过测谎题的、回答选项完全一致的和回答时间不足的无效答卷,一共得到 509 份有效样本。

表 6-10 展示了研究 2 样本的描述性统计分析结果,从表中信息可知,调研样本中的男女分布均匀,分别占 41.5%和 58.5%。受访者年龄大部分在 18~30 岁区间,占 90.9%。受访者中 94.9%的受教育水平是大学本科及以上。509 位受访者均为现有的品牌 APP 用户。46.4%的受访者为在校学生,与收入水平比例相符。样本整体分布合理。

表 6-10 样本描述性统计 ($n=509$)

人口统计变量	样本特征	频数(人)	百分比
性别	男	211	41.5%
	女	298	58.5%
年龄	<18	7	1.4%
	18~25	363	71.3%
	26~30	100	19.6%
	31~40	29	5.7%
	>40	10	2.0%
教育水平	高中/职高及以下	26	5.1%
	大学本科	406	79.8%
	硕士	72	14.1%
	博士	5	1%

表6-10(续)

人口统计变量	样本特征	频数（人）	百分比
收入水平	<2 000	186	36.5%
	2 001~5 000	157	30.8%
	5 001~8 000	120	23.6%
	8 001~12 000	31	6.1%
	>12 000	15	3.0%
职业	学生	236	46.4%
	企业	108	21.2%
	事业	97	19.1%
	自由职业	49	9.6%
	其他	19	3.8%

（三）数据分析

1. 信效度分析

研究将检验模型的信度、收敛效度和区分效度。信度由 Cronbach's alpha 和组合信度（CR）值检验，如表 6-11 中所示，所有变量的 Cronbach's alpha 系数值为 0.77 至 0.92，CR 统计值均高于 0.7，模型具有良好的信度。所有构念的因子载荷均超过 0.6，且 AVE 均高于 0.5，说明具有足够的收敛效度。

表 6-11 信度和效度分析

变量	测量项	因子载荷	CR	AVE	Cronbach's alpha 系数	VIF
感知信息有用性（PIU）	PIU1	0.83	0.84	0.64	0.84	1.86
	PIU2	0.78				
	PIU3	0.78				
感知娱乐性（ENT）	ENT1	0.67	0.77	0.53	0.77	2.00
	ENT2	0.86				
	ENT3	0.64				
社会临场感（SPE）	SPE1	0.79	0.91	0.73	0.92	1.84
	SPE2	0.87				
	SPE3	0.87				
	SPE4	0.89				

表6-11(续)

变量	测量项	因子载荷	CR	AVE	Cronbach's alpha 系数	VIF
认知处理（COP）	COP1	0.75	0.83	0.62	0.83	1.86
	COP2	0.77				
	COP3	0.85				
情感（AFF）	AFF1	0.80	0.88	0.67	0.88	1.92
	AFF2	0.82				
	AFF3	0.83				
	AFF4	0.79				
激活（ACT）	ACT1	0.75	0.85	0.65	0.85	1.78
	ACT2	0.79				
	ACT3	0.88				
持续使用意愿（CUI）	CUI1	0.80	0.81	0.59	0.81	—
	CUI2	0.75				
	CUI3	0.75				

此外，AVE 的平方根大于所有变量之间的相关系数（见表 6-12），说明变量之间具有较好的区分效度。最后，为了检验共同方法偏差，检查了多重共线性以确定 VIF 是否小于 5，如表中所示，所有 VIF 值均低于 5 阈值，说明共同方法偏差对研究的影响较小。

表 6-12　潜变量 AVE 平方根值与相关系数比较

变量	AVE	SPE	CUI	ACT	AFF	COP	ENT	PIU
SPE	0.73	0.85	—	—	—	—	—	—
CUI	0.59	0.39	0.77	—	—	—	—	—
ACT	0.65	0.50	0.59	0.81	—	—	—	—
AFF	0.67	0.35	0.69	0.47	0.82	—	—	—
COP	0.62	0.50	0.48	0.57	0.53	0.79	—	—
ENT	0.53	0.61	0.47	0.52	0.45	0.47	0.73	—
PIU	0.64	0.29	0.57	0.44	0.63	0.47	0.48	0.80

2. 模型检验

本书采用验证性因子分析（CFA）来检验测量模型。测量模型拟合指数为 $\chi^2=595.597$，$\chi^2/df=2.85$，RMSEA = 0.061，CFI = 0.947，GFI = 0.905，AGFI = 0.874，NFI = 0.921，虽然 AGFI 值略低于推荐值 0.9，但达到了可接受值 0.8，这说明数据与模型的拟合效果较好（见表 6-13）。

表 6-13 模型拟合指标

指标	推荐值	实际值	结果	来源
χ2/df	<3	2.85	较好	Bagozzi et al.（1991）
GFI	>0.8	0.905	较好	Bagozzi et al.（1991）
AGFI	>0.8	0.874	较好	Hair et al.（2010）
RMSEA	0.05~0.08	0.061	较好	Hair et al.（2010）
NFI	>0.9	0.921	较好	Hair et al.（2010）
CFI	>0.9	0.947	较好	Hair et al.（2010）

本书利用 AMOS 22.0 进行了路径和值检验。图 6-6 展示了结构路径检验结果。结果表明社会临场感对感知信息有用性（$\beta=0.35$，$P<0.01$）和感知娱乐性（$\beta=0.71$，$P<0.01$）具有正向作用，支持假设 H7a 和 H7b。感知信息有用性积极影响认知处理（$\beta=0.37$，$P<0.01$）和情感（$\beta=0.55$，$P<0.01$），支持假设 H8a 和 H8b。感知娱乐性对认知处理（$\beta=0.19$，$P<0.01$）具有正向作用，但对情感没有显著效应（$\beta=0.14$），支持 H9a，拒绝 H9b。社会临场感也积极影响认知处理（$\beta=0.34$，$P<0.01$），对情感（$\beta=0.02$）无显著作用，支持 H10a，拒绝 H10b。此外，检验结果也显示认知处理积极影响情感（$\beta=0.25$，$P<0.01$）和激活（$\beta=0.58$，$P<0.01$），情感积极影响激活（$\beta=0.19$，$P<0.01$），支持 H4，H5，H6。激活（$\beta=0.41$，$P<0.01$）和情感（$\beta=0.63$，$P<0.01$）也积极影响持续使用意愿，但认知处理对持续使用意愿无显著影响（$\beta=0.06$），支持 H2，H3，拒绝 H1。

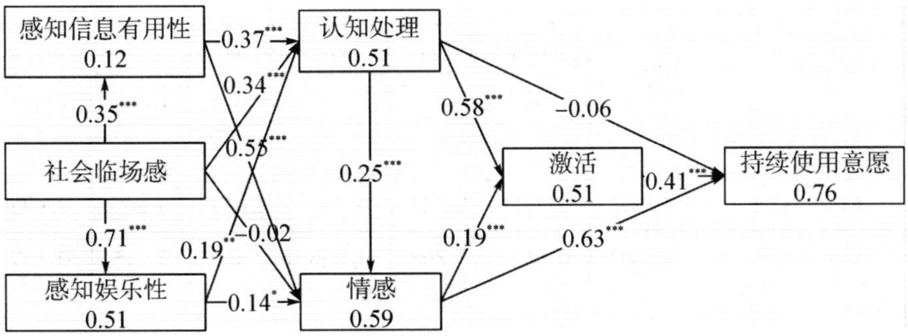

图 6-6 研究模型检验

3. 中介效应检验

根据 Preacher 和 Hayes（2004）的方法，本研究还检测情感和激活在认知处理与持续使用意愿之间的中介效应，通过 5 000 次重复抽样，计算中介变量的 95%的偏差矫正置信区间，若置信区间不包括 0，则中介效应成立，并且检验了特定间接效应来区分多重中介的影响大小，表 6-14 展示了中介效应结果。

结果显示了对持续使用意愿的完全中介效应，证实了认知处理影响持续使用意愿会同时受到情感和激活的中介影响。同时，结果显示感知娱乐性和感知信息有用性也中介了社会临场感和情感之间的关系。

表 6-14 中介效应检验

路径	效应值	product of coef.		bias-corrected		percentile	
		SE	Z	Lower	Upper	Lower	Upper
COP→AFF→CUI	0. 226	0. 075	3. 013	0. 114	0. 415	0. 113	0. 413
COP→ACT→CUI	0. 148	0. 063	2. 349	0. 019	0. 27	0. 038	0. 291
SPE→ENT→AFF	0. 084	0. 024	3. 500	0. 041	0. 137	0. 041	0. 137
SPE→PIU→AFF	0. 126	0. 027	4. 667	0. 126	0. 08	0. 126	0. 078
SPE→COP→AFF	0. 057	0. 028	2. 036	0. 010	0. 118	0. 012	0. 122
直接效应							
COP→CUI	-0. 061	0. 098	-0. 622	-0. 248	0. 143	-0. 269	0. 117
SPE→AFF	-0. 014	0. 045	-0. 311	-0. 09	0. 058	-0. 09	0. 058

表6-14(续)

路径	效应值	product of coef.		bias-corrected		percentile	
		SE	Z	Lower	Upper	Lower	Upper
间接效应							
COP→CUI	0. 392	0. 118	3. 322	0. 191	0. 652	0. 205	0. 675
SPE→AFF	0. 302	0. 052	5. 808	0. 226	0. 402	0. 215	0. 387
总效应							
COP→CUI	0. 331	0. 106	3. 123	0. 12	0. 536	0. 131	0. 546
SPE→AFF	0. 287	0. 043	6. 674	0. 238	0. 403	0. 219	0. 352

四、研究结果及讨论

本阶段试图探讨社会临场感对品牌 APP 持续使用意愿的影响。通过消费者动机的界定和对消费者—品牌契合三个主要维度的探究，构建了社会临场感作为重要社会性动机对持续使用意愿的影响机制。本书模型解释了社会临场感在现实社交缺失条件下如何促进信息丰富性、娱乐性，促进用户认知、情感和激活，并形成持续使用意愿。主要的发现有以下三点。

第一，以往通常将功利性、享乐性和社会性动机作为同一层次的因素，但本书发现，社会临场感作为社会性动机，可以对功利性、享乐性动机起促进作用。本书支持了社会临场感对信息有用性和感知娱乐性的积极影响。此外，通过中介效应分析发现社会临场感通过信息有用性和娱乐性与情感维度间接相关，而不是直接相关，这说明当交易型品牌 APP 具有特定的功利性和享乐性属性时，才能进一步获得消费者的喜爱。

第二，以往研究通常将消费者—品牌契合作为二维结构，且未能区分三个维度之间的相互关系，本阶段研究确定了消费者—品牌契合三个维度的内部关系。结果表明，认知处理和情感积极影响激活，且认知处理积极影响情感，从而确立了用户形成持续使用意愿的完整机制。

第三，本书还确认了认知处理、情感和激活三个维度对持续使用意愿的影响。研究发现认知处理与持续使用意愿无直接联系，而是通过情感和激活的中介效应间接影响持续使用意愿，这是因为持续使用意愿作为一种“行为忠诚”，通常是由“态度忠诚”（积极情绪或行为意图）产生的，而认知加工不能代表“态度忠诚”，因而其对“行为忠诚”是不具有直接影响的，这一发现确立了用户认知与持续使用意愿之间的中介路径。

发展了对品牌 APP 的研究。以往的研究并未明确区分交易型和体验型品牌 APP，以往的研究使用期望确认理论、有用性和任务—服务匹配等机制来解释消费者对品牌 APP 的持续使用意愿。本研究基于服务主导逻辑，认为积极互动的过程即用户主动参与价值共创的过程，这是品牌 APP 实现持续使用的意义所在，探讨不同类型品牌 APP 的持续使用意愿形成机制亦成为必要。因此，本书通过对两种不同类型的品牌 APP，即交易型 APP 和体验型 APP 展开研究，丰富了对品牌 APP 的研究。

第三节 结论与讨论

一、品牌 APP 持续使用行为研究结论

本研究基于线上营销的新趋势，同时根据企业开始发行不同定位品牌 APP 的市场背景，探讨了体验型 APP 和交易型品牌 APP 应如何通过临场感形成用户持续使用意愿。研究一通过组间对比确定了空间临场感对于 AR 体验型品牌 APP 的独特性，于是基于尝试理论确立了体验型品牌 APP 中空间临场感对持续使用意愿的影响机制，并探讨了其中的中介机制。由于研究一证实了空间临场感在交易型品牌 APP 中并不显著，在研究二中基于社交缺失的现实背景关注了社会临场感的重要性。研究二表明，交易型 APP 中社会临场感作为社会性动机通过消费者功利性和享乐性动机与消费者—品牌契合影响持续使用意愿。本研究的主要结论有以下六点。

第一，对两种品牌 APP 进行了划分，并针对不同类型的品牌 APP 突出了不同的临场感：交易型 APP 围绕商品提供服务，顾客获得的价值源于商品交易，而人际交流是促成交易的关键因素，所以提升社会临场感是关键；在体验型 APP 中，顾客获得除了商品以外的体验价值，所以提升空间临场感，实现定制化、有形性（直观性）选购体验十分重要。

第二，空间临场感对于 AR 体验环境下的独特性，同时强调了 AR 带来的空间临场感对于提升产品/服务有形性，从而形成品牌 APP 持续使用意愿的关键作用，AR 空间临场感让顾客产生“身临其境”“可触摸”“逼真”的感知，使用户足不出户也能体验类似线下的购物过程；而交易型品

牌 APP 仅能提供产品的二维图片或视频，尽管某些应用可提供三维视图，但无法做到与消费者私人环境融合。因此，空间临场感是 AR 体验环境下独有的感知。此外，信息—任务匹配和视觉吸引力作为 AR 的两个交互特征是空间临场感的两个直接前提。当 APP 所提供的信息能够动态满足客户需求时，例如，允许用户将沙发真实地投射到客厅中，并可以随意移动到任何一个房间，定制其风格、颜色或面料，用户可以感受到眼前环境是真实的，从而产生空间临场感。此外，当顾客感知到房间的书架上“确实”有一个“花瓶”，并且能够根据房间的风格装饰来改变花瓶的大小和颜色，整体上具有视觉审美性时，他们可以感觉到虚拟的产品存在于真实环境中，从而产生空间临场感。

第三，AR 技术的空间临场感通过客户的尝试过程来促进持续使用意愿，即证实了空间临场感的正向和负向作用，这区别于以往将空间临场感视为完全积极的研究结果。一方面，当用户感到物体是真实的并且感觉到产品与真实环境相结合时，他们可以通过移动物体和改变颜色来进行自主控制。另一方面，当使用这种基于技术的功能时，用户可能会花费更长的时间沉浸其中，尝试各种各样的产品，但最终不知道该选择什么，从而降低他们对体验的控制，造成选择延迟或终止。

第四，发现了空间临场感形成持续使用意愿的复杂机制，虽然其造成了消极的感知，但趣味性形成的中介路径完全调节了自主性丧失和持续使用意愿之间的关系。当人们无意识失去对任务的控制时，他们可能会过度参与，产生探索欲望和对虚拟环境的想象力，从而产生持续使用意愿。这一发现突出了 AR 技术在营销中的独特性。

第五，交易型 APP 尽管无法提供“身临其境”的体验，但其交易性质带来的直接收益同样受企业重视，交易型环境下的社交性变得尤为重要。本书发现社会临场感作为社会性动机能积极影响信息有用性和娱乐性，这与以往研究结论一致，如果一个品牌 APP 提供了亲密的面部表情、友好敏感的反应、流畅的交流响应，用户可以更好地利用丰富的信息来享受娱乐内容。然而，与以往研究的不同之处在于，社会临场感本身并不会直接积极影响情感维度，只有品牌 APP 具有特定的功能属性，比如丰富的信息和娱乐性体验，才能进一步获得消费者的喜爱。这一结论充分体现了社会临场感在品牌 APP 中引导消费者动机并形成情感契合的机制，即社会临场感支持信息和娱乐性，从而促进认知处理和情感。

第六，研究发现了消费者—品牌契合三个维度的内部关系及其对持续使用意愿的影响机制。首先，在交互性较强的环境中，必须区分不同层次的用户参与度。结果显示，认知处理和情感积极影响激活，即用户产生更多与品牌相关的想法和积极的情感会激发用户花费更多时间、金钱和精力。其次，本书还发现认知处理与情感呈正相关，在用户对品牌日益了解之后，满意的用户体验会让消费者更多地参与到这个渠道中，从而促进对品牌的喜爱与情感联结。最后，基于以上 CBE 内部结构，本书还确立了三个维度与持续使用意愿的影响机制。具体来说，研究发现认知处理会通过情感和激活的中介效应间接影响持续使用意愿，因为持续使用意愿作为一种“行为忠诚”，通常是由“态度忠诚”（积极情绪或行为意图）产生的，而认知加工不能代表“态度忠诚”，因而其对“行为忠诚”是不具有直接影响的，这一发现确立了用户认知与持续使用意愿之间的中介路径。

二、品牌 APP 持续使用行为研究的理论贡献

第一，本书根据品牌 APP 围绕附加体验还是围绕商品交易提供服务区分了两种类型品牌 APP，并分别强调了空间临场感、社会临场感对两种品牌 APP 的重要性。体验型品牌 APP，尤其是本书聚焦的 AR 品牌 APP，将重点放在了如何实现用户的深度参与，消费者可以运用 APP 中的技术、附加服务实现定制化、个性化的体验。体验型品牌 APP 关注良好的用户体验（体验导向型营销环境），AR 与 APP 的结合很好地将消费者的私人空间/私人形象与品牌虚拟产品相结合，在极强的空间临场感体验下允许用户自我表达与自主控制，从根本上改变了传统的线上购物模式，在体验型中，顾客获得除了商品以外的体验价值，所以提升空间临场感，实现定制化、有形性（直观性）选购体验十分重要。交易型品牌 APP 是趋于成熟的，为具有直接购物需求的客户群体提供丰富的、多品类的商品详情、推荐和图片，可以实现线上平台的消费者社会化互动，大大拉近社交距离。交易型品牌 APP 作为发展成熟的传统线上购物平台，处于典型的交易导向型营销环境中，企业更注重如何增强社会临场感，通过人机交互和社会化分享平台的搭建来缩短消费者社交距离、增强线上营销的社会化接触，从而实现用户持续使用和购买行为。现有关于品牌 APP 营销的研究并未明确区分交易和体验维度，但在实践中，许多品牌都已发行了不止一款 APP，这是随着消费者角色转变而带来的营销多样性转变，企业开始不仅关注交易

量，还不断为用户提供体验性附加服务。本书的二维视角为今后品牌 APP 更多维度的研究提供了理论启示。

第二，在 AR 赋能的体验型品牌 APP 背景下，拓展了空间临场感的相关研究。其一，通过实证研究证实了信息—任务匹配和视觉吸引力对空间临场感的积极作用，以往研究仅在定性层面上确定了二者作为空间临场感的前因。然而，这两个因素在 AR 与非 AR 组中不存在显著差异，这表明视觉吸引力和信息—任务匹配在体验型和交易型品牌 APP 中都是重要的因素，这也意味着现今发展较为成熟的交易型 APP 在视觉和动态信息层面也能很好地满足消费者需求；其二，以往研究将空间临场感作为一般品牌 APP 的特征，但本书认为空间临场感在 AR 技术加持下的作用更加显著，证实了 AR APP 比非 AR APP 具备更显著的空间临场感，增强了线上购物的产品、服务有形性；其三，以往研究通常将空间临场感作为具有完全积极效果的消费者感知，而本书基于尝试理论，确定了空间临场感的二重效应，认为消费者参与 AR 技术赋能的价值共创时，会将其视为一个具有不确定性的尝试过程，包括积极控制与失去自主权两个维度的尝试。由于消费者在线上购物环境中往往具有更高的敏感性，关注新技术的应用会如何影响消费者正面、负面感知，对 AR APP 如何利用空间临场感打造更完善的线上服务具有重要意义。

第三，强调了社会临场感对线上交易环境的重要性。以往研究已证实社会临场感能促进与用户的关系维度，以及增进顾客信任、参与度等，但一般将社会临场感作为与有用性、交互性等品牌 APP 的一般技术特征看待，而本书聚焦于社会临场感在交易导向环境下对品牌 APP 其他更多特质的支撑作用，发现社会临场感能在一定程度上增强 APP 信息的丰富性和使用娱乐性，社会临场感作为线上营销的关键社交因素，能在社交距离、心理距离增加的环境下发挥重要作用，通过驱动消费者功利、享乐性动机，形成消费者—品牌契合，从而促进持续使用意愿。这为社会临场感的相关研究提供了一个全新的视角，从消费者心理需求出发，探讨临场感在线上营销中的独特作用。

第四，本书还表明持续使用意愿对用户来说并不是单一的评价指标，失去自主权并不会直接消减持续使用意愿，而是在趣味性的中介下对持续使用意愿起积极作用，当用户因为沉溺于虚拟环境而不断探索这个充满想象力、新奇的环境时，并不会因为失控而对该体验进行消极评价，反而会因为趣味感而进行正面评价。该结论为未来研究探讨空间临场感与用户持续使用意愿之间的关系提供了新的视角，尽管空间临场感会导致一定的失控、风险等消极感知，但其形成特定消费者行为的机制是复杂的，本书界定了其中一种重要机制，即趣味性的中介效应。

第七章　品牌 APP 发展建议与展望

第一节　本书的贡献

目前有文献在用户使用行为方面的研究视角不能融合全渠道的情景和品牌 APP 的特点，理论构建上不够深入。本书探索全渠道背景下，品牌 APP 质量特征及度量体系、分析感知价值的影响机制，构建全渠道背景下用户的渠道选择行为和持续使用行为模型，丰富了全渠道和品牌 APP 使用行为相关理论。

本书填补对 APP 可用性评价指标体系的空白。以往研究 APP 的可用性并没有结合 APP 的情景，同时，现有的研究在评估 APP 可用性方面都是基于实验的方法，分析性能指标（如速度）对 APP 感知可用性的影响。最后，关于可用性的衡量的指标没有统一的标准。本书主要采用访谈的方法，针对用户使用航空 APP 的体验进行半结构化访谈，结合二手数据收集，将原始数据及二手数据相结合，对品牌 APP 可用性维度进行归纳分析，根据 MacKenzie 等（2011）提出的量表开发流程，构建对 APP 可用性的评价指标体系。

本书发展了持续使用意愿的研究。在数字营销背景下，人与人、人与物之间的距离拉大，具有真实感、沉浸感的 APP 能使人们获得积极的心理效益，如亲缘关系、享受、自我扩展，并增加顾客使用率。所以空间临场感是品牌 APP 获取顾客的重要因素。本书增加空间临场感和社会临场感两个概念，将其融入用户持续使用研究中，并填补了研究 AR 技术特征消极作用的空白，证实了 AR 技术对用户的消极影响，即高水平的空间临场感会使得消费者失去自主权感知。同时，引入尝试理论解释 AR 价值共创的复杂机制，为研究 AR 价值共创机制打开新视角。

本书发展了对品牌 APP 的研究。明确区分交易型和体验型品牌 APP，对其展开研究，丰富了对品牌 APP 的研究。同时，拓展了用户持续使用意愿的研究，以往的研究使用期望确认理论、有用性和任务—服务匹配等机制来解释消费者对品牌 APP 的持续使用意愿。因此本研究将用消费者品牌契合来解释持续使用意愿的机制，拓展了对用户持续使用意愿的研究视角。

第二节　品牌 APP 发展建议

本书揭示全渠道背景下品牌 APP 用户的行为机制，在实证研究的基础上评价品牌 APP 对品牌资产的影响效果，为企业开展品牌 APP 的建设和渠道运营提供指导。

一、构建品牌 APP 可用性

现有品牌 APP 的可用性缺乏系统梳理，关于可用性的衡量的指标没有统一的标准。此外，在评估可用性方面都是基于实验的方法，分析性能指标（如速度）对 APP 感知可用性的影响。本研究主要采用访谈的方法，针对用户使用航空 APP 的体验进行半结构化访谈，结合二手数据收集，将原始数据及二手数据相结合，对品牌 APP 可用性维度进行归纳分析，根据麦肯锡等（2011）提出的量表开发的流程，本书构建了对 APP 可用性的评价指标体系，分析了 APP 有用性的感知的内涵和衡量方法，再从差异化、个性化服务、信息分享和社交化、消息推送内容等角度出发，分析影响用户 APP 使用体验的影响因素，从以上角度提高用户的体验。

研究结论为 APP 在交互结构设计、产品和服务开发中提供参考，指导开发者对 APP 进行持续改进，完善 APP 设计，提高用户黏性。品牌 APP 的可用性从五个维度进行评估，包括了：①有用性，提升品牌 APP 的有用性，需要从信息分享和社交、优惠促销、内容全面性、内容个性、会员服务、信息推送等方面进行完善。②用户交互输入，主要包括了简化信息输入、按钮易操作、功能标识直观、现实图片。③用户交互输出，精练的语言、友好的交流术语、交互信息提醒、标准化用户界面。④交互结构，操作流程有逻辑性、内容展示结构。⑤APP 设计，品牌展示、数据保存、瞬间启动及美观程度。

其中可用性感知对消费者的满意度影响最大，从信息分享和社交、优惠促销、内容全面性、内容个性化、会员服务及信息推送六个方面，提高消费者对品牌 APP 的可用性感知。其次是用户交互输出，从精练的语言、友好的交流术语、交互信息提醒及用户界面标准化四个方面，提高用户在使用 APP 过程中企业对客户反馈和展示的有效性。在交互结构设计方面，企业需从操作流程逻辑清晰程度和内容展示原则两个方面，提高用户与 APP 进行交互过程中的高效性。在企业对于用户交互输入层面，从简化信息输入、按钮操作难易程度、功能标识直观及按钮图片设计四个方面，从用户角度出发，降低用户在输入信息和进行操作时需要的努力程度。同时，企业也要注重 APP 设计，从品牌印象、数据保存、瞬间互动、美观及减少用户设置五个方面，提高用户对企业的形象感知。综上所述，本书为企业设计 APP 提供了参考，企业从这五个维度出发，提高用户的满意度，从而增强用户的黏性。本书关注的是本地化 APP 的可用性，研究结论同样可以应用到微信、支付宝公众号等 APP 的设计中。本书结论也为其他领域的品牌 APP 设计提供参考。

二、弥补品牌 APP 短板，加强渠道建设

除了研究品牌 APP 的持续使用，了解用户抵制使用品牌 APP 的原因对于学术界和企业界同样至关重要。本书通过对造成用户产生抵制行为的前因展开探索，从消费者视角出发，从根本上了解消费者产生抵制行为的原因。从另一个视角帮助企业洞察消费者心理及其行为，从而提高用户黏性并增强用户和企业沟通。

以前的阻力研究的创新对象包括新产品和组织的信息系统。然而，品牌 APP 的属性不同于产品和信息系统，品牌 APP 有许多竞争对手，客户可以免费获得品牌 APP。品牌 APP 是由组织开发的，是一种创新的服务渠道。此外，品牌 APP 的阻力在实践中广泛存在。主动创新抵制是由创新特定因素引起的，这些因素导致用户对创新持消极态度。创新特定因素包括消费者在面对创新时可能遇到的功能障碍和心理障碍。从服务业品牌 APP 的抵制行为研究来看，三种抵制行为之间存在差异，分别受不同因素的影响。拒绝是由使用障碍和形象障碍引起的。价值障碍导致推迟，质量保证

导致反对。在他们中间，推迟者是最有可能接受的群体。拒绝者是决定不接受的极端群体。对手对品牌 APP 持否定态度，最终可能会拒绝或推迟采用。因此，管理人员应该了解现有的三种阻碍因素。

首先，降低拒绝的关键因素是降低使用障碍和图像障碍。为了减少使用障碍，在开发品牌 APP 时，关键是提高可用性，这可以从设计、实用程序、用户界面图形、用户界面输入、用户界面输出和用户界面结构等方面进行改进。为了减少形象障碍，组织在推广品牌 APP 时应该利用其品牌声誉。其次，由于价值障碍导致延迟，延迟者是最容易采用的群体。我们推断，如果管理者降低价值壁垒，品牌 APP 的采用率会有效提高。为了消除价值壁垒，管理者应重视完善品牌 APP 的功能设计，确保在品牌 APP 上获得的服务不同于其他服务渠道提供的服务。

多渠道背景下，线下服务满意度具有重要影响。品牌 APP 作为服务机构的新服务渠道，其采用受线下服务质量的影响。满意弱化了形象障碍与拒绝之间的关系。由于线下满意度，即使有形象障碍消费者拒绝品牌 APP 的意愿可能会降低，对线下服务的满意程度也会减弱替代品感知对反对行为的负面影响。品牌 APP 作为组织内部的平行服务渠道，与线下服务渠道具有较强的渠道协同作用。服务机构寻求减少品牌 APP 的阻力应该保持高水平的离线服务质量。

此外，组织可以采用参与式技术来处理阻力。例如，让用户参与到品牌 APP 的开发或更新过程中，这被证明是一种有效的方法。本书填补了缺乏对三种抵制行为实证研究的空白，通过考察外部环境因素发展创新抵制理论。根据我们的研究结果，我们提出了减少管理者阻力的具体方法，即提高品牌 APP 的可用性，利用品牌美誉度，改进品牌 APP 的功能设计，保持高水平的线下服务质量。

在竞争激烈的 APP 市场中，即使用户感知到替代 APP 的有用性，满意的线下服务也削弱了替代 APP 的竞争力，消费者对品牌 APP 的反对程度也有所降低。考虑到品牌 APP 的高竞争属性和服务渠道属性，考察外部竞争效应是必要的，替代品的感知会导致对立，即与竞争对手的比较会导致对立。因此，充分了解竞争对手的比较优势，学习竞争对手的长处，是减少竞争对手的关键。

三、深化渠道整合，促进全渠道发展

与多渠道相比，全渠道覆盖全范围的接触点，运营跨渠道管理（Du et

al., 2018)。此外，与多渠道中的非循环状态不同，全渠道中的数据是跨渠道共享的（Shen et al., 2018）。因此，研究跨渠道使用意愿是了解全渠道的必然过程。据报道，超过三分之二的消费者参与某种形式的跨渠道行为，这一行为对企业销售的实现影响重大，因此本书展开有关消费者对品牌 APP 的跨渠道购物行为的研究，有助于企业从消费者视角看待消费者跨渠道使用意愿，提高用户转换率，实现企业绩效。

第一，随着全渠道零售商引入更多的互动渠道来吸引更多的消费者，这就要求企业必须分配公司资源来同时发展线上和线下渠道，以便为全渠道购物者提供一致的客户体验。全渠道零售商必须了解客户，特别是他们对全渠道零售环境不同方面的看法，以及全渠道零售环境下顾客感知的重要影响因素。基于本书的实证探索，全渠道零售商应该努力提高渠道的便利性，使得全渠道系统可以提供一个更简单的购物过程，让顾客更容易在他们方便的时候搜索和购买产品，确保他们可以快速、轻松地得到他们想要的东西；全渠道零售商应该努力消除不同渠道之间的障碍，降低从一个渠道转移到另一个渠道的难度，增加流动性，使得全渠道体验更加无缝，促进客户对全渠道服务的接受；全渠道零售商应该提高渠道透明度，确保客户知道所有可用的渠道及这些渠道的不同服务属性，以弥补客户对渠道分散的不满。因此，全渠道零售商应努力提高渠道的便利性、无缝性和透明性，并指导顾客有效地利用不同的渠道来满足他们的需求，最大化他们的购物效用。

第二，全渠道零售服务商应努力优化渠道管理，为客户创造流畅的跨渠道服务体验。研究表明感知流畅性是全渠道服务使用的关键因素，这一点应引起从业者的足够重视。全渠道服务商应努力提供流畅的跨渠道服务体验，为客户提供更多获取特定服务的可用渠道，并帮助客户了解如何使用和整合不同的渠道来满足其消费需求。例如，服务提供商可以设计一些游戏任务，让客户熟悉不同渠道之间的切换；服务提供者应建立及时的错误反馈机制，避免信息和服务过程的不一致，从而提高消费者跨渠道体验自然、通畅和持续的程度，提升消费者的全渠道平台购物体验。

第三，全渠道服务从业者应提供更好的零售服务，创造优质的消费者购物体验，促进消费者的参与度，使得消费者在与一系列渠道和接触点进行互动时，能够就促销和营销活动获得同步反馈和沟通，以确保在消费者旅程中容易匹配相关信息。随着全渠道平台越来越了解消费者，零售服务商需要能够更好地匹配消费者的实时购物需求，使得消费者可以通过大大增强的消费者情境参与享受多种全渠道零售利益，例如，通过提高效率、金钱利益、新颖性和乐趣，产生舒适的购物体验。此外，零售服务商应该创造和提供新颖的购物场景，例如，实时营销活动，使得消费者能够与其他朋友及时互动和共享信息，让消费者轻松实现他们的目标，从而打造优质的购物体验。与此同时，在信息化和数字化的过程中，消费者总是面临着安全和隐私问题，特别是在全渠道零售中，确保隐私、安全和服务恢复可以帮助创造一个值得信赖的环境，在这种环境中，客户愿意让零售商访问客户的个人信息并跟踪他们的活动。因此，零售服务商应努力打造完整零信任安全解决方案来保护消费者的权益，从而降低购物过程中存在的潜在风险，增加消费者的信任感和持续的忠诚度。

四、区分品牌 APP 类型，有针对性运营客户黏性

开发一款可用性 APP 是企业迈向消费者的第一步，而 APP 的持续使用才是企业成功的关键。鉴于品牌 APP 的潜在好处与巨大前景，其持续使用意愿受到学术界和企业界的高度重视。因此，本书通过探索影响用户 APP 持续使用因素，提高用户持续使用意愿，从而实现用户企业双赢局面。

第一，企业可以尝试开发多个品牌 APP 来满足不同类型的客户需求，比如一种 APP 方便购物交易，另一种提供技术增值体验。需要注意的是，体验型品牌 APP 需要不断提升其利用技术的成熟度，在交互特征上进行改进。例如，要避免虚拟现实的卡通效果、虚实重叠效果、时尚设计缺陷等，从而形成更好的视觉吸引力；同时也要注意技术操作便利性，便于用户改变设备上的个性化参数，如移动、改变位置等，从而形成更强的空间临场感。

第二，品牌 APP 应该注重用户社会临场感的加深，这包括两个维度，一是加强人际交互的平台建设，如提供发表评论、买家秀、推荐、问答、买卖双方互动的平台，二是增强人机交互的社会性特征，如提升系统的类人敏感性、温暖感和亲切感等。在当前时代背景下，不仅仅需要加深人与人的社交，更需要线上营销通过亲人的动画、声音变化、反应能力来增强人机互动社交性。当品牌 APP 提供了亲密感、友好灵敏的反应力、流畅性和响应力等临场感表现，用户可以更好地利用其中的各种信息，更能享受

购物乐趣，从而形成消费者—品牌契合，促进持续使用意愿。同时，为增强消费者内外部参与动机，品牌 APP 也应该提供丰富的产品（价格、商品分类、展示）、品牌（品牌文化、资讯）和娱乐元素（游戏、节日推送、原创的界面设计、智能场景）等。

第三，企业应该意识到，在 AR APP 或任何基于技术的营销工具中的价值共创是一个尝试过程，顾客可能会由于内外部的障碍表现出对该技术的失控感。然而，本书表明技术的趣味性会中介这样的负面影响。因此，AR APP 可以充分利用技术的沉浸性、探索性特征，增加趣味性、新颖性感知，同时提供适当数量的广告的智能推荐，并及时更新程序，提升用户对技术的可控性，避免造成选择延迟、选择终止等问题。此外，用户在使用 AR APP 时，AR APP 通过技术，获取用户信息并与之产生互动，当顾客感知到对自己的体验具有积极控制感时，用户在使用 AR APP 时就具有积极控制，通过积极控制，可以实现享乐价值并产生愉悦感，获得新的知识和技能，从而增强用户持续使用意愿。同时，由于用户在使用 AR APP 时常常因为需花费过长时间去完成购买任务，尝试各种各样的新产品，甚至最后还是不能做出购买决定。顾客可能会无意识地缺乏控制感（无法做出选择），在使用 AR APP 时感知失去自主权，从而削弱用户持续使用意愿。因此，企业在借助 AR 技术时，通过提高用户自主性和降低用户失去自主权的感知，来增强用户使用意愿。

第四，在营销中应注重用户体验的重要性，通过区分消费者的认知、情感和激活等不同维度的品牌感知后发现，对于交易型 APP，单纯的品牌认知并不会促进持续使用意愿，而是通过情感和激活来实现持续使用；在体验环境中，消费者感知机制会更加复杂，消极的尝试过程也会形成积极的评价。这些发现启示了顾客体验的重要性，当顾客感知自身的体验处于第一位时，用户会因为良好的购物经历而忽视技术带来的缺陷。此外，有些人消费是为了享受或体验乐趣，而不仅仅是为了功利性利益。企业对 AR APP 进行设计时，引入更多的趣味性功能，提高用户对 AR APP 趣味性的感知，有利于消除用户丧失自主权的感知。

第五，对于体验型品牌 APP，该 APP 类型应提高实现用户深度参与体验。研究发现空间临场感是 AR 品牌 APP 实现更高水平持续使用意愿的一个优越特征，企业提高信息—任务匹配度，通过提供更符合现实环境的虚拟物品及提供匹配用户变化的任务需求信息这两方面，提高用户对体验型

APP 的信息—任务匹配能力的感知，增强用户使用 APP 时的空间临场感。视觉吸引力是指 AR APP 中的产品必须以一种具有吸引力的方式“融入”消费者的环境中，视觉吸引力能够增强用户使用 APP 时的空间真实感，同时能够形成用户的自主操控能力。因此，企业可以通过增强视觉吸引力的方式增强用户使用 APP 时的空间临场感。

第六，对于交易型品牌 APP，该 APP 类型应提高顾客获得的价值。研究从动机理论出发，将社会临场感作为社会学动机展开研究，研究发现，社会临场感对信息有用性和感知娱乐性有积极影响，此外，通过中介效应分析发现社会临场感通过信息有用性和娱乐性与情感维度间接相关，而不是直接相关。因此，企业对其品牌 APP 进行设计和宣传时，应积极主动向消费者传递该 APP 的功利性及享乐性，以提高消费者对 APP 的喜爱，进而培养更高的顾客价值。从消费者—品牌契合维度出发，企业在设计品牌 APP 初衷时，应从企业目标用户特点出发设计 APP，使消费者对其形成一致的认知，使用户在情感层面与品牌形成共鸣，进而通过情感维度增强持续使用意愿；在情感层面，企业应在用户使用品牌 APP 时，为用户提供积极情绪价值（如对品牌感到期待、愉快甚至自豪），以此促进用户持续使用品牌 APP，与品牌建立长期的联系。激活是用户持续使用的关键所在，随着用户在品牌 APP 中花费了一定的时间、精力和金钱，企业在该阶段需要提高用户各方面的满意度，以激活用户持续使用意愿。

第三节　研究的局限性与未来研究方向

第一，我们在探索服务组织品牌 APP 的可用性及抵抗力时，仅考察了航空业的数据。由于各服务行业之间可能存在差异，研究人员在将我们的结果应用于其他行业时应谨慎。此外，本书关注品牌 APP 的积极抵抗行为。未来的研究可以探索品牌 APP 的 PIR，以检验采纳者和情境特定因素对抵抗的影响。此外，反对是一种不确定的抵抗状态，最终可能导致拒绝或推迟。因此，探索反对转化为其他行为的内在机制将会很有趣。

第二，本书将品牌 APP 划分为交易型品牌 APP 和体验型品牌 APP，其中体验型品牌 APP 聚焦于 AR 技术提供的顾客体验，未来的研究可以探索更多品牌 APP 的分类，尤其是对体验环境的细分，现有 APP 市场中存在许多的品牌发行数款不同功能的品牌 APP，比如：耐克除了发行一款专门选购独家鞋款和服装的“Nike”，还发行了“Nike SNIKRS”展现造型穿搭秘诀，“Nike Run Club”提供个性化的跑步指导；宜家发行了“宜家家居”用以选购家居家具，“IKEA Place”运用 AR 技术展示虚拟家具视图，“IKEA Home smart”通过蓝牙连接设定自己想要的房间氛围；优衣库除了一款掌上购物 APP，还发行了“优衣库数字搭配师”。

第三，由于国内 AR APP 十分缺乏，使得研究一局限于宜家的两款 APP，同时这也表明本书代表了 AR 技术的新生市场。此外，该 APP 的社交局限性造成研究未能对社交维度进行深入分析，这也是本书未能考虑社会临场感在 AR APP 中的效应的另一原因。同时，这一局限性也导致两个交互特征在两组中差异不显著，说明目前 AR 技术在 APP 中的运用仍然不足以代替已经成熟的交易型品牌 APP。未来可以考虑更为完备的研究方法，如分析面板数据，并考虑社会临场感等社交性因素在技术导向的线上营销环境中如何发挥作用，探究 AR 更为独特的交互特征。

第四，本书探讨了三种渠道维度因素起到的触发作用，为了获得更多的见解，未来的研究可以基于现有的文献进行归纳和总结，考察影响客户感知的其他偶然性变量，丰富渠道维度的划分，将其他维度纳入研究模型框架中进行实证探索。此外，在未来的研究中，也应该考虑其他因素对消费者收益和风险感知的影响，借助于实证研究的方式进行模型检验，从而丰富全渠道零售服务模式的研究。

第五，未来的研究需要进一步调查消费者全渠道零售体验的影响因素，例如零售商类型或以往的满意度体验。因此，未来的研究可以考虑借助于实时跟踪技术，通过动态跟踪和验证客户体验变化数据，从而更加深入地探索消费者全渠道零售体验。此外，未来的研究人员可以考虑在其他文化和不同的行业应用和测试模型，不断拓展模型框架的研究边界，从而提供新的研究见解。

第六，由于大学生的品牌 APP 使用率较高，且对技术接受程度更高，本书的样本主要集中于国内的大学生群体，这可能会影响研究结论的普适性，未来的研究可以考虑不同社会群体、文化群体是否会产生不同的消费者态度。

参考文献

杜海英，2022. 品牌移动应用的持续使用意愿研究 [D]. 雅安：四川农业大学.

高伟，刘益，李雪，2019. 全渠道购物体验与品牌忠诚、品牌资产关系研究：全渠道一致性与无缝性的调节作用 [J]. 工业工程与管理，24 (4)：174-180，196.

黄曼慧，彭洁，2018. 信息系统用户行为：理论研究进展与分析框架 [J]. 情报杂志，37 (3)：4.

蒋音播，2009. 消费者网络口碑传播的动机研究 [D]. 华中科技大学.

姜玉泉，2021. ICT 产业数字化转型思考 [J]. 通信世界 (10)：2.

焦峰，2020. 企业数字化转型策略和切入点 [J]. 科技经济导刊，28 (35)：62-63.

李斌，徐富明，王伟，等，2010. 锚定效应的种类、影响因素及干预措施 [J]. 心理科学进展 (1)：12.

李飞，2013. 全渠道零售的含义、成因及对策：再论迎接中国多渠道零售革命风暴 [J]. 北京工商大学学报 (社会科学版)，28 (2)：1-11.

李飞，李达军，孙亚程，2018. 全渠道零售理论研究的发展进程 [J]. 北京工商大学学报 (社会科学版)，33 (5)：33-40.

李静雯，2022. 全渠道购物环境下的无缝体验及其对顾客行为的影响研究 [D]. 武汉：华中科技大学.

李阳，2019. 全渠道零售情景下顾客行为研究：跨渠道整合的作用 [D]. 合肥：中国科学技术大学.

廖颖川，吕庆华，2019. 消费者全渠道零售选择行为研究综述与展望 [J]. 中国流通经济 (8)：118-128.

刘露，2020. 全渠道 O2O 整合质量、渠道服务与使用经验对流畅性的影响研究 [J]. 商业经济研究 (6)：63-66.
刘向东，2014. 移动零售下的全渠道商业模式选择 [J]. 北京工商大学学报（社会科学版），29 (3)：3-17.
闵庆飞，季绍波，孟德才，2008. 移动商务采纳的信任因素研究 [J]. 管理世界 (12)：2.
潘彦，2015. 影响消费者采纳航空移动商务的要素研究：以东方航空公司为例 [D]. 上海：华东理工大学.
齐永智，张梦霞，2014. 全渠道零售：演化、过程与实施 [J]. 中国流通经济，28 (12)：7.
沈鹏熠，万德敏，2019. 全渠道零售体验价值共创行为对顾客忠诚的影响：基于服务主导逻辑视角 [J]. 北京工商大学学报（社会科学版），34 (3)：15-27.
孙元，2010. 基于任务：技术匹配理论视角的整合性技术接受模型发展研究 [D]. 杭州：浙江大学.
王晨，2024. 手机游戏使用意向的影响因素研究 [D]. 北京：北京邮电大学.
王晰巍，李嘉兴，王铎，等，2019. 移动社交媒体老年用户抵制行为影响因素研究：基于人—系统交互理论视角的分析 [J]. 情报资料工作，40 (1)：8.
王晓庄，白学军，2009. 判断与决策中的锚定效应 [J]. 心理科学进展 (1)：7.
汪洋，陈洁，范雯健，2021. 消费者数据隐私敏感性对渠道迁徙意愿的影响研究 [J]. 管理学报，18 (8)：1212-1219.
吴茹双，2013. 微信用户使用态度影响因素研究 [D]. 上海：上海交通大学.
吴威，李建元，2016. B2C 移动电商服务质量评价指标体系研究 [J]. 湖南城市学院学报（自然科学版）(1)：161-163.
吴先明，苏志文，2014. 将跨国并购作为技术追赶的杠杆：动态能力视角 [J]. 管理世界 (4)：146-164.
杨迪，2021. 虚拟电商社区信任对信息分享意愿的影响研究：基于社会认知理论 [D]. 成都：西南财经大学.

俞坤，2024. 基于UTAUT模型的移动互联网广告的用户接受模型的研究［D］. 北京：北京邮电大学.
张立，2017. 基于用户的移动应用产品界面视觉设计研究［J］. 文史天地（4）：1-14.
钟帅，章启宇，2015. 基于关系互动的品牌资产概念、维度与量表开发［J］. 管理科学（2）：69-79.
朱懋强，2016. 消费者价格决策中锚定效应存在性及其影响因素［D］. 济南：山东大学.
庄贵军，邓琪，卢亭宇，2019. 跨渠道整合的研究述评：内涵、维度与理论框架［J］. 商业经济与管理（12）：30-41.
左文明，等，2010. B2C商务网站服务质量评价体系与模型［J］. 情报杂志，29（11）：82-85，99.
Aaker D. & Keller K . 1990. Consumer evaluations of brand extensions. Journal of Marketing，54（1），27-41.
Adipat，B D，Zhang，L Zhou，2011. The effects of tree - view based presentation adaptation on mobile web browsingl［J］. MIS Quarterly，35（1）.
Agarwal R.，V Venkatesh. Assessing a Firm's Web Presence：A Heuristic Evaluation Procedure for the Measurement of Usability. Information Systems Research，2002. 13（2）：168-186.
Agarwal R，Prasad J，1998. A Conceptual and Operational Definition of Personal Innovativeness in the Domain of Information Technology. Inf. Syst. Res. 9，204-215. https://doi.org/10. 1287/isre. 9. 2. 204
Algharabat R，Rana N P，Abdallah A，Baabdullah A，2019. Investigating the antecedents of customer brand engagement and consumer- based brand equity in social media. J. Retail. Consum. Serv. 0-1. https://doi.org/10. 1016/j. jretconser. 2019. 01. 016
Alnawas I.，Aburub F.，2016. The effect of benefits generated from interacting with branded mobile APPs on consumer satisfaction and purchase intentions. J. Retail. Consum. Serv. 31，313-322. https://doi. org/10. 1016/j. jretconser. 2016. 04. 004
Antioco M.，Kleijnen，M. 2010. Consumer adoption of technological innovations：

Effects of psychological and functional barriers in a lack of content versus a presence

Baal S V, Dach C. 2005. Free riding and customer retention across retailers' channels. Journal of Interactive Marketing, 19 (2), 75-85.

Bagozzi R P, Yi Y. 1998. On the evaluation of structural equation models. Journal of Maccallum, R. C., & Browne, M. W. 1993. The use of causal indicators in covariance

Bansal H S, Taylor S F, James, St. Y. 2005, " 'Migrating' to new service providers: toward a unifying framework of consumers' switching behaviours", Journal of the Academy of Marketing Science, Vol. 33 No. 1, pp. 96-115.

Baxendale S, E K Macdonald, H N Wilson, 2015. The Impact of Different Touchpoints on Brand Consideration. Journal of Retailing. 91 (2): p. 235-253.

Beck N, Rygl D, 2015. Categorization of multiple channel retailing in multi-, cross-, and omni-channel retailing for retailers and retailing. J. Retailing Consum. Serv. 27, 170-178.

Bell D R, Gallino S, Moreno, A. 2014. How to win in an omnichannel world. MIT Sloan Manag. Rev. 56 (1): 45.

Bellman S, et al., 2011. The Effectiveness of Branded Mobile Phone APPs. Journal of Interactive Marketing. 25 (4): p. 191-200.

Bellman S, Potter R F, Treleaven-Hassard S, Robinson J A, Varan D, 2011. The Effectiveness of Branded Mobile Phone APPs. J. Interact. Mark. 25, 191-200. https://doi.org/10.1016/j.intmar.2011.06.001

Bezes C, 2016. "Comparing online and in-store risks in multichannel shopping", International Journal of Retail and Distribution Management, Vol. 44 No. 3, pp. 284-300.

Bhattacherjee A. 2001. Understanding information systems continuance: An expectation confirmation model. MIS Quarterly, 25 (3), 351-370.

Boyd D. E, Kannan P K, Slotegraaf R J, 2019. Branded APPs and Their Impact on Firm Value: A Design Perspective. J. Mark. Res. 56, 76-88. https://doi.org/10.1177/0022243718820588

Bryn jolfsson E, Hu, Y Rahman, 2009. Battle of the retail channels: how product selection and geography drive cross – channel competition. Manag. Sci. 55 (11), 1755–1765.

Brynjolfsson, E, Y J Hu, M S Rahman. 2013. Competing in the age of omnichannel retailing: MIT Cambridge.

Cao L. Business model transnational in moving to a cross–channel retail strategy: A case study [J]. International Journal of Electronic Commerce, 2014. 18 (4): 69–96.

Cao L, Li L. 2015. The impact of cross – channel integration on retailers' sales growth. Journal of Retailing, 91 (2), 198–216.

Chen Y, et al. 2018. Omnichannel business research: opportunities and challenges. Decis. Support Syst. 109, 1–4.

Chiou, et al. 2012, "You do the service but they take the order", Journal of Business Research, Vol. 65 No. 7, pp. 883–889.

Chiu, et al., 2011. The challenge for multichannel services: cross–channel free–riding behavior. Electron. Commer. Res. APPl. 10 (2), 268–277.

Davidavičienė V, J Tolvaišas, 2011. Measuring quality of e – commerce web sites: Case of Lithuania. ECONOMICS AND MANAGEMENT (16).

Davis F D . 1989. Perceived Usefulness, Perceived Ease of Use, and User Acceptance of Information Technology. MIS Q. 13, 319–340. https://doi.org/https://doi.org/10. 2307/249008

De Kervenoael R., et al. 2015. Trading–up on unmet expectations? Evaluating consumers' expectations in online premium grocery shopping logistics. Int. J. Logistics Res. APPli. 19 (2), 83–104.

De Wulf K, et al. The role of pleasure in web site success. Information & Management, 2006. 43: p. 434–446.

Degraba P, Sullivan M. W. 1995. Spillover effects, cost savings, R&D and the use of brand extensions. International Journal of Industrial Organization, 13 (2), 229–248.

Diamantopoulos A, Siguaw J A 2006. Formative versus reflective indicators in organizational measure development: A comparison and empirical illustration. British Journal of Management, 17 (4), 263–282.

Du M Cui, J Su, 2018. Implementation processes of online and offline channel conflict management strategies in manufacturing enterprises: A resource orchestration perspective [J]. International Journal of Information Management, 39 (12): 136-145.

Dzyabura, D., Jagabathula, S., 2018. Offline assortment optimization in the presence of an online channel. Manag. Sci. 64 (6), 2767-2786.

E. Huré, K. Picot-Coupey, and C. L, 2017. Ackermann. Understanding omni-channel shopping value: A mixed-method study. Journal of Retailing and Consumer Services, 39, 314-330.

E. Juaneda-Ayensa, A. Mosquera, and Y. S. Murillo, 2016,. Omnichannel customer behavior: Key drivers of technology acceptance and use and their effects on purchase intention. Frontiers in Psychology7 (7): 1-11.

Econsultancy, 2018. Dream vs. Reality: The State of Consumer-First and Omnichannel Marketing p. 36.

Ellen P S, Bearden W O, Sharma S. 1991. Resistance to technological innovations: An examination of the role of self-efficacy and performance satisfaction. Journal of the Academy of Marketing Science, 19 (4), 297-307.

Etezadi-Amoli J, Farhoomand A F, 1996. A structural model of end user computing satisfaction and user performance. Inf. Manag. 30, 65-73. https://doi.org/10.1016/0378-7206(95)00052-6

Falk T, Schepers J, Hammerschmidt M. 2007. Identifying cross-channel dissynergies for multichannel service providers. J. Serv. Res. 10 (2), 143-160.

Fang Y. H, 2017. Beyond the Usefulness of Branded APPlications: Insights from Consumer-Brand Engagement and Self-construal Perspectives. Psychol. Mark. 34, 40-58. https://doi.org/10.1002/mar.20972

Fang Y H, 2017. Exploring task-service fit and usefulness on branded APPlications continuance. J. Serv. Mark. 31, 574-588. https://doi.org/10.1108/JSM-07-2016-0256

Fang Y H, 2019. An APP a Day Keeps a Customer Connected: Explicating Loyalty to Brands and Branded APPlications Through the Lens of Affordance and Service-Dominant Logic. Information & Management. 56 (3): p. 377-391.

Fang, Y H, 2017. Exploring Task-Service Fit and Usefulness on Branded APPlications Continuance. Journal of Services Marketing.

Fox J, 1980. Effect Analysis in Structural Equation Models Extensions and Simplified Methods of Computation. Sociol. Methods Res. 9, 3-28. https://doi.org/https://doi.org/10. 1177/004912418000900101

Frishammar, et al. 2018. Digital strategies for two-sided markets: a case study of shopping malls. Decis. Support Syst. 108, 34-44.

Gallino S, Moreno A, Stamatopoulos I, 2017. Channel integration, sales dispersion, and inventory management. Manag. Sci. 63 (9), 2813-2831.

Ganesh J, Arnold M J, Reynolds K E. 2000, "Understanding the customer base of service providers: an examination of the differences between switchers and stayers", Journal of Marketing, Vol. 64, pp. 65-87.

Ganesh J, Arnold M J, Reynolds K E, 2000. "Understanding the customer base of service providers: an examination of the differences between switchers and stayers", Journal of Marketing, Vol. 64, pp. 65-87.

Ganiere P, Chern W, Hahn, D, et al. 2004. Consumer attitudes towards genetically modified foods in emerging markets: The impact of labeling in Taiwan.

Gary S Insch, J E M A, 1997. CONTENT ANALYSIS IN LEADERSHIP RESEARCH: EXAMPLES, PROCEDURES, AND SUGGESTIONS FOR FUTURE USE. The Leadership Quarterly. 8 (1).

Gatignon, H., & Robertson, T. S. (1989). Technology diffusion: An empirical test of competitive effects. Journal of Marketing, 53 (1), 35-49.

Gill, M., S. Sridhar, and R. Grewal, Return on Engagement Initiatives: A Study of a Business-to-Business Mobile APP. Journal of Marketing, 2017. 81 (4): p. 45-66.

H. H. Chang, K. H. Wong, and S. Y. Li. APPlying push-pull-mooring to investigate channel switching behaviors: M-shopping self-efficacy and switching costs as moderators [J]. Electronic Commerce Research and APPlications, 2017, 24, 50-67.

Hair, J. F., Hult, G. T. M., Ringle, C. M., Sarstedt, M., 2014. A Primer on Partial Least Squares Structural Equation Modeling (PLS-SEM). Sage Publications. Eur. J. Tour. Res. 6, 211-213.

Harris, M. A., Brookshire, R., & Chin, A. G. (2016). Identifying factors influencing consumers' intent to install mobile APPlications. International Journal of Information Management, 36 (3), 441-450.

Heidenreich, S., & Handrich, M. (2015). What about passive innovation resistance? Investigating adoption-related behavior from a resistance perspective. The Journal of Product Innovation Management, 32 (6), 878-903.

Heidenreich, S., & Kraemer, T. (2016). Innovations—doomed to fail? investigating strategies to overcome passive innovation resistance. The Journal of Product Innovation Management, 33 (3), 277-297.

Heitz-Spahn, S. (2013), "Cross-channel free-riding consumer behavior in a multichannel environment: an investigation of shopping motives, sociodemographics and product categories", Journal of Retailing and Consumer Services, Vol. 20 No. 6, pp. 570-578.

Hilken, T., Heller, J., Chylinski, M., Keeling, D. I., Mahr, D., de Ruyter, K., 2018. Making omnichannel an augmented reality: the current and future state of the art. J. Res. Indian Med. 12 (4), 509-523.

Hilken, T., Ruyter, K. De, Chylinski, M., Mahr, D., Keeling, D. I., Mahr, D., 2017. Augmenting the eye of the beholder: exploring the strategic potential of augmented reality to enhance online service experiences. J. Acad. Mark. Sci. 884-905. https://doi.org/10.1007/s11747-[illegible]17-0541-x

Hirschheim, R., & Newman, M. (1988). In[illegible]nation systems and user resistance: Theory and practice. The Computer J[illegible]al, 31 (5), 398-408.

HO, S. Y. and S. H. KWOK, The Attraction [illegible] Personalized Service for Users in Mobile Commerce: An Empirical Study. ACM SIGecom Exchanges, 2003. 3 (4): p. 10-18.

Hoehle, H., & Venkatesh, V. (2015). Mobile APPlication usability: Conceptualization and instrument development. MIS Quarterly, 39 (435-472), 1-12.

Holler, J. T. Towards Usability Guidelines for Mobile Websites and APPlications. in Wirtschaftsinformatik Proceedings. 2015.

Hsieh, S. H., Lee, C. T., Tseng, T. H., 2021. Branded APP atmospherics: Examining the effect of pleasure-arousal-dominance in brand relationship building. J. Retail. Consum. Serv. 60, 102482. https://doi.org/10.1016/j.jretconser.2021.102482

Huang, T. L., Liao, S., 2015. A model of acceptance of augmented-reality interactive technology: the moderating role of cognitive innovativeness. Electron. Commer. Res. 15, 269-295. https://doi.org/10.1007/s10660-014-9163-2

Hübner, A., Kotzab, X. B., Christop, H., Kuhn, H., Wollenburg, J., 2016b. Last mile fulfilment and distribution in omni-channel grocery retailing. Int. J. Retail Distrib. Manag. 44 (3), 228-247.

Huré, E., K. Picot-Coupey, and C. -L. Ackermann, Understanding omni-channel shopping value: A mixed-method study. Journal of Retailing and Consumer Services, 2017. 39: p. 314-330.

IBM (2017), "E-commerce statistics and technology trendsetters for 2017", available at: https://www.ibm.com/developerworks/community/blogs/d27b1c65-986e-4a4f-a4915e8eb23980be/entry/Ecommerce_Statistics_Technology_Trendsetters_for_20171? lang5en (accessed 28 January 2020).

Ickin, S., et al., Factors Influencing Quality of Experience of Commonly Used

J. E. Collier, D. C. Barnes, A. K. Abney, and M. J. Pelletier. Idiosyncratic service experiences: When customers desire the extraordinary in a service encounter. Journal of Business Research, 2018, 84 (2): 150-161.

J. Mosteller, N. Donthu, and S. Eroglu. The fluent online shopping experience. Journal of Business Research, 2014, 67 (11): 2486-2493.

Joachim, V., Spieth, P., & Heidenreich, S. (2018). Industrial marketing management. Active innovation resistance: An empirical study on functional and psychological barriers to innovation adoption in different contexts.

Jokela, T., et al., Methods for quantitative usability requirements: a case study on the development of the user interface of a mobile phone. Personal and Ubiquitous Computing, 2006. 10 (6): p. 345-355.

Kaiser, H. F., & Rice, J. (1974). Little Jiffy, Mark IV. Educational and Psychological Measurement, 34, 111-117.

Kang, S. H. The Impact of Digital Iconic Realism on Anonymous Interactants' Mobile Phone Communication. in Computer and Human Interaction, ACM Student Research Competition. 2007. San Jose, CA.

kannan, P. K., Li, H. A., 2017. Digital marketing: a framework, review and research agenda. Int. J. Res. Market. 34 (1), 22-45.

Kay, R. H. (1993). An exploration of theoretical and practical foundations for assessing attitudes toward computers: The Computer Attitude Measure (CAM). Computers in Human Behavior, 9 (4), 371-386.

Keaveney, S. M. and Parthasarathy, M. (2001), "Customer switching behaviour in online services: an explanatory study of the role of selected attitudinal, behavioural, and demographic factors", Journal of the Academy of Marketing Science, Vol. 29, pp. 374-390.

Keaveney, S. M. and Parthasarathy, M. (2001), "Customer switching behaviour in online services: an explanatory study of the role of selected attitudinal, behavioural, and demographic factors", Journal of the Academy of Marketing Science, Vol. 29, pp. 374-390.

Khalid, H., et al., What Do Mobile APP Users Complain About? IEEE Software, 2015.

Kleijnen, M., Lee, N., & Wetzels, M. (2009). An exploration of consumer resistance to innovation and its antecedents. Journal of Economic Psychology, 30 (3), 344-357.

Kowalczuk, P., Siepmann (née Scheiben), C., Adler, J., 2021. Cognitive, affective, and behavioral consumer responses to augmented reality in e-commerce: A comparative study. J. Bus. Res. 124, 357-373. https://doi.org/10.1016/j.jbusres.2020.10.050

Kuisma, T., Laukkanen, T., & Hiltunen, M. (2007). MAPPing the reasons for resistance to Internet banking: A means-end APProach. International Journal of Information Management, 27 (2), 75-85.

Kurniawan, S., Older people and mobile phones: A multi-method investigation. International Journal of Human-Computer Studies, 2008. 66 (12): p. 889-901.

Labrecque, J. S., Wood, W., Neal, D. T., & Harrington, N. (2017). Habit slips: When consumers unintentionally resist new products. Journal of the Academy of Marketing Science, 45 (1), 119-133.

Lam, Chiang, and P., 2008. The effects of the dimensions of technology readiness on technology acceptance: An empirical analysis. J. Interact. Mark. 21, 2-20. https://doi.org/10.1002/dir.20119

Laukkanen, P., Sinkonnen, S., & Laukkanen, T. (2008). Consumer

Resistance to Internet banking: postponers, opponents and rejectors. International Journal of Bank Marketing, 24 (7), 419-427

Laukkanen, P., Sinkonnen, S., & Laukkanen, T. (2008). Consumer Resistance to Internet banking: postponers, opponents and rejectors. International Journal of Bank Marketing, 24 (7), 419-427.

Laukkanen, T., Sinkkonen, S., & Laukkanen, P. (2009). Communication strategies to overcome functional and psychological resistance to internet banking. International Journal of Information Management, 29 (2), 111-118.

Lazaris, C., et al. Mobile APPs for Omnichannel Retailing: Revealing the Emerging Showroom Phenomenon. in MCIS. 2015.

Lee, K., Yan, A., & Joshi, K. (2011). Understanding the dynamics of users' belief in software APPlication adoption. International Journal of Information Management, 31 (2), 160-170.

Lee, Y. and K. A. Kozar, Investigating the effect of website quality on e-business success: An analytic hierarchy process (AHP) APProach. Decision Support Systems, 2006. 42 (3): p. 1383-1401.

Lee, Y. and K. A. Kozar, Investigating the effect of website quality on e-business success: An analytic hierarchy process (AHP) APProach. Decision Support Systems, 2006. 42 (3): p. 1383-1401.

Lee, Y. and K. A. Kozar, Understanding of Website Usability: Specifying and Measuring Constructs and Their Relationships. Decision Support Systems, 2012. 52 (2): p. 450-463.

Lemon, K. N. and P. C. Verhoef, Understanding customer experience throughout the customer journey. Journal of marketing, 2016. 80 (6): p. 69-96.

Li, C. Y., Fang, Y. H., 2019. Predicting continuance intention toward mobile branded APPs through satisfaction and attachment. Telemat. Informatics 43, 101248. https://doi.org/10.1016/j.tele.2019.101248

Li, Y., Liu, H., Lim, E. T. K., Goh, J. M., Yang, F., Lee, M. K. O., 2018. Customer's reaction to cross-channel integration in omnichannel retailing: the mediating roles of retailer uncertainty, identity attractiveness, and switching costs. Decis. Support Syst. 109, 50-60

Lian, J. W., & Yen, D. C. (2013). To buy or not to buy experience goods online: Perspective of innovation adoption barriers. Computers in Human Behavior, 29 (3), 665-672.

Liang, H., Saraf, N., Hu, Q., & Xue, Y. (2007). Assimilation of enterprise systems: The effect of institutional pressures and the mediating role of top management. MIS Quarterly, 31 (1), 59-87.

Liang, T., H. Lai and Y. Ku, Personalized Content Recommendation and User Satisfaction: Theoretical Synthesis and Empirical Findings. Journal of Management Information Systems, 2006. 23 (3): p. 45-70.

Liu, C., et al., Undergraduates'Perception about Service Quality Assessment on Tourism E-commerce Website: study of China CTRIP Website, in The Seventh Wuhan InternationaI Conference orl E. Busines. 2011: Wuhan.

Liu, L., Lee, M. K., Liu, R., & Chen, J. (2018). Trust transfer in social media brand communities: The role of consumer engagement. International Journal of Information Management, 41, 1-13.

Lowry, P. B., G. D. Moody and A. S. Read, Explaining and Predicting the Impact of Branding Alliances and Web Site Quality on Initial Consumer Trust of E-Commerce Web Sites. Journal of Management Information Systems, 2008. 24 (4).

Lu, Y., Lu, Y., & Wang, B. (2014). Acceptance of government-sponsored agricultural information systems in China : the role of government social power. Information Systems and E-Business Management, 13 (2), 329-354.

M. Trenz, D. J. Veit, and C. W. Tan. Disentangling the impact of omnichannel integration on consumer behavior in integrated sales channels1. MIS Quarterly, 2020, 44 (3): 1207-1258.

M. Zhang, C. Ren, G. A. Wang, and Z. He. The impact of channel integration on consumer responses in omni-channel retailing: The mediating effect of consumer empowerment. Electronic Commerce Research and APPlications, 2018, 28, 181-193.

Machavolu, M. S. K. and Raju, K. V. V. (2014), "Showrooming: the next threat to Indian retail", MITS International Journal of Business Research, Vol. 1 No. 1, pp. 1-17.

MacKenzie, S. B., P. M. Podsakoff and N. P. Podsakoff, CONSTRUCT MEASUREMENT AND VALIDATION PROCEDURES IN MIS AND BEHAVIORAL RESEARCH: INTEGRATING NEW AND EXISTING TECHNIQUES. MIS Quarterly, 2011. 35 (2).

Montoya-Weiss, M. M., Voss, G. B., & Grewal, D. (2003). Determinants of online channel use and overall satisfaction with a relational, multichannel service provider. Journal of the Academy of Marketing Science, 31 (4), 448-458.

N. Beck and D. Rygl. Categorization of multiple channel retailing in Multi-, Cross-, and Omni-Channel Retailing for retailers and retailing [J]. Journal of Retailing and Consumer Services, 2015, 27 (11): 170-178.

Nel, J., & Boshoff, C. (2015). Online-mobile service cross-channel cognitive evaluations in a multichannel context. South African Journal of Business Management, 46 (3), 67-78.

Neslin, S. A., Grewal, D., Leghorn, R., Shankar, V., Teerling, M. L., Thomas, J. S. and Verhoef, P. C. (2006), "Challenges and opportunities in multichannel customer management", Journal of Service Research, Vol. 9 No. 2, pp. 95-112.

Neslin, S. A., Grewal, D., Leghorn, R., Shankar, V., Teerling, M. L., Thomas, J. S. and Verhoef, P. C. (2006), "Challenges and opportunities in multichannel customer management", Journal of Service Research, Vol. 9 No. 2, pp. 95-112.

Nunnally, J. C. (1978). Psychometric theory (2nd ed.). New York: McGraw-Hill. of content situation. European Journal of Marketing, 44 (11/12), 1700-1724.

Okumus, B., et al., Psychological Factors Influencing Customers' Acceptance of Smartphone Diet APPs When Ordering Food at Restaurants. International Journal of Hospitality Management, 2018. 72: p. 67-77.

Olmstead, K., & Atkinson, M. (2015). APPs permissions in the Google Play store. Retrieved from Pew Research Center, 10http://www.pewinternet.org/2015/11/10/APPspermissions-in-the-google-play-store/.

Oulasvirta, A., et al., Interpreting and Acting on Mobile Awareness Cues.

2007. 22.

P. C. Verhoef, P. K. Kannan, and J. J. Inman. From Multi-Channel Retailing to Omni-Channel Retailing. Introduction to the Special Issue on Multi-Channel Retailing. Journal of Retailing, 2015, 91 (2): 174-181.

P. Rodríguez-Torrico, R. San José Cabezudo, and S. San-Martín. Tell me what they are like and I will tell you where they buy. An analysis of omnichannel consumer behavior [J]. Computers in Human Behavior, 2017, 68, 465-471.

Pamuru, V., Khern-Am-Nuai, W., Kannan, K., 2021. The impact of an augmented-reality game on local businesses: A study of Pokémon Go on restaurants. Inf. Syst. Res. 32, 950 - 966. https://doi.org/10.1287/ISRE.2021.1004

Parasuraman, A. (2000). Technology readiness index (Tri). Journal of Service Research, 2 (4), 307-320.

Park, S. and D. Lee, An Empirical Study on Consumer Online Shopping Channel Choice Behavior in Omni-Channel Environment. Telematics and Informatics, 2017. 34 (8): p. 1398-1407.

Patsiotis, A. G., Hughes, T., & Webber, D. J. (2013). An examination of consumers' resistance to computer-based technologies. Journal of Services Marketing, 27 (4), 294-311.

Picot-Coupey, K., Kotzab, X. B., Christop, H., Hure, E., Piveteau, L., 2016. Channel design to enrich customers' shopping experiences. Int. J. Retail Distrib. Manag. 44 (3), 336-368.

Piercy, N. (2012). Positive and negative cross-channel shopping behaviour. Marketing Intelligence & Planning, 30 (1), 83-104.

Podsakoff, P. M., & Organ, D. W. (1986). Self-reports in organizational research: Problems and prospects. Journal of Management, 12 (4), 531-544.

Pousttchi, K. and M. Schurig, Assessment of Today's Mobile Banking APPlications from the View of Customer Requirements. 2007. 2913.

Preacher, K. J. A. F. H., 2004. SPSS and SAS procedures for estimating indirect effects in simple mediation models. Behav. Res. Methods, Instruments, Comput. 36 (4), 717-731. https://doi.org/10.1002/jcp.28952

Ram, S., & Sheth, J. N. (1989). Consumer resistance to innovations: The marketing problem and its solutions. The Journal of Consumer Marketing, 6 (2), 5-14.

Rauschnabel, P. A., Felix, R., Hinsch, C., 2019. Augmented reality marketing: How mobile AR-APPs can improve brands through inspiration. J. Retail. Consum. Serv. 49, 43 - 53. https://doi. org/10. 1016/j. jretconser. 2019. 03. 004

Reinhardt, R., Hietschold, N., & Gurtner, S. (2017). Overcoming consumer resistance to innovations - An analysis of adoption triggers. R and D Management, 2017 (1), 1-17.

Rigby, D. (2011). Marketing; the future of shopping. Harv. Bus. Rev. 89, 65-76. doi: 10. 1093/ajae/aaw085

Rogers, E. M. (2003). Diffusion of innovations. Free Press.

S. chul Son, J. Bae, and K. H. Kim. The effect of perceived agility on intention to reuse Omni-channel: Focused on mediating effect of integration quality of Omni-channel. Journal of Global Fashion Marketing, 2021, 12 (4): 375-389.

S. Saghiri, R. Wilding, C. Mena, and M. Bourlakis. Toward a three-dimensional framework for omni-channel. Journal of Business Research, 2017, 77 (6): 53-67.

SARKER, S. and J. D. WELLS, Understanding MOBILE HANDHELD DEVICE USE AND ADOPTION. 2003. 46 (12): p. 35-40.

Schneider, P. and Zielke, S. (2020), "Searching offline and buying online - an analysis of showrooming forms and segments", Journal of Retailing and Consumer Services, Vol. 52, (in press).

Schneider, P. and Zielke, S. (2020), "Searching offline and buying online - an analysis of showrooming forms and segments", Journal of Retailing and Consumer Services, Vol. 52, (in press).

Scholz, J., Duffy, K., 2018. We ARe at home: How augmented reality reshapes mobile marketing and consumer-brand relationships. J. Retail. Consum. Serv. 44, 11-23. https://doi.org/10. 1016/j.jretconser. 2018. 05. 004

Seffah, A., et al., Usability measurement and metrics: A consolidated model.

Software Quality Journal, 2006. 14 (2): p. 159–178.

Seffah, A., et al., Usability Measurement and Metrics: A Consolidated Model. Software Quality Journal, 2006. 14 (2): p. 159–178.

Shen, X. –L., Li, Y. –J., Sun, Y., Wang, N., 2018. Channel integration quality, perceived fluency and omnichannel service usage: the moderating roles of internal and external usage experience. Decis. Support Syst. 109, 61–73.

Shi, Y. Wang, X. Chen, and Q. Zhang. Conceptualization of omnichannel customer experience and its impact on shopping intention: A mixed–method AP-Proach. International Journal of Information Management, 2020, 50, 325–336.

Singh, R. and Rosengren, S. (2020), "Why do online grocery shoppers switch? An empirical investigation of drivers of switching in online grocery", Journal of Retailing and Consumer Services, Vol. 53, available at: https://www.sciencedirect.com/science/article/abs/pii/ S0969698919302012? via%3Dihub.

Singh, R. and Rosengren, S. (2020), "Why do online grocery shoppers switch? An empirical investigation of drivers of switching in online grocery", Journal of Retailing and Consumer Services, Vol. 53, available at: https://www.sciencedirect.com/science/article/abs/pii/ S0969698919302012? via%3Dihub.

Sit, J. K., Hoang, A. and Inversini, A. (2018), "Showrooming and retail opportunities: a qualitative investigation via a consumer – experience lens", Journal of Retailing and Consumer Services, Vol. 40, pp. 163–174.

Sit, J. K., Hoang, A. and Inversini, A. (2018), "Showrooming and retail opportunities: a qualitative investigation via a consumer – experience lens", Journal of Retailing and Consumer Services, Vol. 40, pp. 163–174.

Stocchi, L., Pourazad, N., Michaelidou, N., Tanusondjaja, A., Harrigan, P., 2022. Marketing research on Mobile APPs: past, present and future, Journal of the Academy of Marketing Science. Springer US. https://doi.org/10.1007/s11747–021–00815–w

structure models: Some practical issues. Psychological Bulletin, 114 (3), 533–541. the Academy of Marketing Science, 16 (1), 74–94.

Szmigin, I., & Foxall, G. (1998). Three forms of innovation resistance: The

case of retail ayment methods. Technovation, 18 (6-7), 459-468.
Szmigin, I., & Foxall, G. (1998). Three forms of innovation resistance: The case of retail payment methods. Technovation, 18 (6-7), 459-468.
Talke, K., & Heidenreich, S. (2014). How to overcome pro-change bias: Incorporating passive and active innovation resistance in innovation decision models. The Journal of Product Innovation Management, 31 (5), 894-907.
Talke, K., & Heidenreich, S. (2014). How to overcome pro-change bias: Incorporating passive and active innovation resistance in innovation decision models. The Journal of Product Innovation Management, 31 (5) 894-907.
Tan, F. B., L. Tung and Y. Xu, A STUDY OF WEB-DESIGNERS' CRITERIA FOR EFFECTIVE BUSINESS-TO-CONSUMER (B2C) WEBSITES USING THE REPERTORY GRID TECHNIQUE. Journal of Electronic Commerce Research, 2009. 10 (3): p. 155-177.
The International Food and Agribusiness Management Review, 7 (3), 1-20.
Uhm, J. P., Kim, S., Do, C., Lee, H. W., 2022. How augmented reality (AR) experience affects purchase intention in sport E-commerce: Roles of perceived diagnosticity, psychological distance, and perceived risks. J. Retail. Consum. Serv. 67, 103027. https://doi. org/10. 1016/j. jretconser. 2022. 103027
V. Kumar, D. Shah, and R. Venkatesan. Managing retailer profitability-one customer at a time! [J]. Journal of Retailing, 2006, 82 (4): 277-294.
van Noort, G., van Reijmersdal, E. A., 2019. Branded APPs: Explaining Effects of Brands' Mobile Phone APPlications on Brand Responses. J. Interact. Mark. 45, 16-26. https://doi.org/10. 1016/j.intmar. 2018. 05. 003
Vargo, S. L., Lusch, R. F., 2008. Service-dominant logic: Continuing the evolution. J. Acad. Mark. Sci. 36, 1-10. https://doi.org/10. 1007/s11747-007-0069-6
Venkatesan, R., Kumar, V. and Ravishanker, N. (2007), "Multichannel shopping: causes and consequences", Journal of Marketing, Vol. 71 No. 2, pp. 114-132.
Venkatesan, R., Kumar, V. and Ravishanker, N. (2007), "Multichannel shopping: causes and consequences", Journal of Marketing, Vol. 71 No. 2, pp.

114-132.

Venkatesh, V. and V. R. Source, Web and Wireless Site Usability: Understanding Differences and Modeling. UseMIS Quarterly, 2006. 30 (1): p. 181-206.

Verhoef, P. C., Kannan, P. K., Inman, J. J., 2015. From multi-channel retailing to omnichannel retailing. J. Retailing 91 (2), 174-181.

Verhoef, P. C., Kannan, P. K., Inman, J. J., 2015. From multi-channel retailing to omnichannel retailing. J. Retailing 91 (2), 174-181.

Verhoef, P. C., Neslin, S. A. and Vroomen, B. (2007), "Multichannel customer management: understanding the research-shopper phenomenon", International Journal of Research in Marketing, Vol. 24 No. 2, pp. 129-148.

Verhoef, P. C., Neslin, S. A. and Vroomen, B. (2007), "Multichannel customer management: understanding the research-shopper phenomenon", International Journal of Research in Marketing, Vol. 24 No. 2, pp. 129-148.

Viejo-Fern_ andez, N., Sanzo-P_ erez, M. and V_ azquez-Casielles, R. (2020), "Is showrooming really so terrible? Start understanding showroomers", Journal of Retailing and Consumer Services, Vol. 54, available at: https://www. sciencedirect. com/science/article/abs/pii/S09696989 1931197X.

W. Gao, H. Fan, W. Li, and H. Wang. Crafting the customer experience in omnichannel contexts: The role of channel integration. Journal of Business Research, 2021, 126, 12-22.

W. Gao, W. Li, H. Fan, and X. Jia. How customer experience incongruence affects omnichannel customer retention: The moderating role of channel characteristics. Journal of Retailing and Consumer Services, 2021, 60, 1-9.

Wang, R. J. -H., Malthouse, E. C. and Krishnamurthi, L. (2015), "On the go: how mobile shopping affects customer purchase behavior", Journal of Retailing, Vol. 91, pp. 217-234.

Wang, R. J. -H., Malthouse, E. C. and Krishnamurthi, L. (2015), "On the go: how mobile shopping affects customer purchase behavior", Journal of Retailing, Vol. 91, pp. 217-234.

Web site analysis: A review and assessment of previous research. Communications of the Association for Information Systemsfor, 2007. 19 (1):

p. 806–843.

Wells, J. D., V. Parboteeah and J. S. Valacich, Research Article Online Impulse Buying: Understanding the Interplay between Consumer Impulsiveness and Website Quality. Journal of the Association for Information Systems, 2011. 12 (1): p. 32–56.

Wiedmann, K. P., Hennigs, N., Pankalla, L., Kassubek, M., & Seegebarth, B. (2011). Adoption barriers and resistance to sustainable solutions in the automotive sector. Journal of Business Research, 64 (11), 1201–1206.

Woodside, A. G., & Biemans, W. G. (2005). Modeling innovation, manufacturing, diffusion and adoption/rejection processes. Journal of Business and Industrial Marketing, 20 (7), 380–393.

X. L. Shen, Y. J. Li, Y. Sun, and N. Wang. Channel integration quality, perceived fluency and omnichannel service usage: The moderating roles of internal and external usage experience [J]. Decision Support Systems, 2018, 109, 61–73.

X. S. Fei Gao. Omnichannel Retail Operations with Buy–Online–and–Pickup–in–Store. Management Science, 2017, 63 (8): 2478–2492.

X. Xu and J. E. Jackson. Examining customer channel selection intention in the omni–channel retail environment. International Journal of Production Economics, 2019, 208, 434–445.

Xie, C., Bagozzi, R. P., Troye, S. V., 2008. Trying to prosume: Toward a theory of consumers as co–creators of value. J. Acad. Mark. Sci. 36, 109–122. https://doi.org/10.1007/s11747-007-0060-2

Xu, C., Peak, D., & Prybutok, V. (2015). A customer value, satisfaction, and loyalty perspective of mobile APPlication recommendations. Decision Support Systems, 79, 171–183.

Xu, X. and J. E. Jackson, Examining Customer Channel Selection Intention in the Omni–Channel Retail Environment. International Journal of Production Economics, 2019. 208: p. 434–445.

Y. Chang and J. Wu. Multichannel integration quality, online perceived value and online purchase intention: A perspective of land–based retailers. Internet Research, 2016, 26 (5): 1228–1248.

Y. Sun, C. Yang, X. L. Shen, and N. Wang. When digitalized customers meet digitalized services: A digitalized social cognitive perspective of omnichannel service usage. International Journal of Information Management, 2020, 54 (7): 1-13.

Y. Sun, C. Yang, X. L. Shen, and N. Wang. When digitalized customers meet digitalized services: A digitalized social cognitive perspective of omnichannel service usage [J]. International Journal of Information Management, 2020, 54 (7): 1-13.

Y. Yurova, C. B. Rippé, S. Weisfeld-Spolter, F. Sussan, and A. Arndt. Not all adaptive selling to omni-consumers is influential: The moderating effect of product type [J]. Journal of Retailing and Consumer Services, 2017, 34, 1-7.

Yang, S., Lu, Y., & Chau, P. Y. K. (2013). Why do consumers adopt online channel? An empirical investigation of two channel extension mechanisms. Decision Support Systems, 54 (2), 858-869.

Yang, S., Lu, Y., Chau, P. Y. K., 2013. Why do consumers adopt online channel? An empirical investigation of two channel extension mechanisms. Decis. Support Syst. 54 (2), 858-869.

Yang, S., Lu, Y., Zhao, L., & Gupta, S. (2011). Empirical investigation of customers' channel extension behavior: Perceptions shift toward the online channel. Computers in Human Behavior, 27 (5), 1688-1696.

Yin, C. C., Chiu, H. C., Hsieh, Y. C., Kuo, C. Y., 2022. How to retain customers in omnichannel retailing: Considering the roles of brand experience and purchase behavior. J. Retail. Consum. Serv. 69, 103070. https://doi.org/10.1016/j.jretconser.2022.103070

Zhang, H., Lu, Y., Wang, B., Wu, S., 2015. The impacts of technological environments and co-creation experiences on customer participation. Inf. Manag. 52, 468-482. https://doi.org/10.1016/j.im.2015.01.008

Zhang, J., Farris, P. W., Irvin, J. W., Kushwaha, T., Steenburgh, T. J., Weitz, B. A., 2010. Crafting integrated multichannel retailing strategies. J. Interact. Market. 24 (2), 168-180.

Zhang, J., Xu, Q., He, Y., 2018a. Omnichannel retail operations with consumer returns and order cancellation. Transport. Res. E Logist. Transport. Rev. 118, 308-324. Zhang, J., Xu, Q., He, Y., 2018. Omnichannel retail operations with consumer returns and order cancellation. Transport. Res. E Logist. Transport. Rev. 118, 308-324.

Zhao, Z. and C. Balagué, Designing Branded Mobile APPs: Fundamentals and Recommendations. Business Horizons, 2015. 58 (3): p. 305-315.

Zhu, Z., Nakata, C., Sivakumar, K., Grewal, D., 2013. Fix It or leave It? Customer recovery from self-service technology failures. J. Retailing 89 (1): 15-29.

附录　调查问卷、访谈指南等研究工具

附录 A　航空公司 APP 评价

您好！我们正在进行一项关于航空公司 APP（如东方航空 APP，南方航空 APP，深圳航空 APP）的使用调查，调查对象为在半年内使用过航空公司 APP 的用户。此问卷可能需要花费您 5~8 分钟时间。您的使用体验对我们至关重要，希望能得到您的支持，谢谢！

一、基本信息

1. 您平均每年乘机多少次?

○ 2 次以下　○ 3~5 次　○ 6~10 次　○ 10 次以上

2. 您一般乘飞机出行目的是?

○ 公商务出差　○ 旅游　○ 探亲

3. 您使用过航空公司 APP 吗?（如东方航空 APP、南方航空 APP、春秋航空 APP）

○ 使用过　○ 没使用过（请跳至第 29 题）

4. 您最常使用哪家航空公司的 APP?

○ 中国国际航空公司　○ 中国南方航空公司　○ 中国东方航空公司

○ 海南航空公司　○ 深圳航空公司　○ 厦门航空公司

○ 春秋航空公司　○ 四川航空公司　○ 山东航空公司

○ 其他 ________________

5. 您的性别是?

○ 男　○ 女

6. 您的年龄是?

○ 0~18 岁　○ 19~23 岁　○ 24~30 岁　○ 31~40 岁　○ 41~50 岁

○ 51~60 岁　○ 60 岁以上

7. 您的受教育程度

○ 高中及以下　○ 大专　○ 本科　○ 硕士及以上

8. 您的职业是?

○ 学生　○ 上班族　○ 个体户/自由职业者

○ 无业/下岗/失业　○ 退休　○ 其他

二、结合一款您使用最多的航空公司 APP，请您对以下方面进行评估:

题项	非常不赞同	不赞同	有些不赞同	中立	有些赞同	赞同	非常赞同
APP 美观程度							
该 APP 使用了很漂亮的插图							
该 APP 使用了很清晰的图片							
该 APP 中使用的图片素材是高质量的							
使用漂亮美观的图片对航企 APP 是有利的							
APP 的品牌印象							
该 APP 品牌的展示是低调的							
该 APP 可以很有效地树立自己的品牌形象							
该 APP 让我联想到该航空公司的品牌							
该 APP 并没有强迫用户观看公司广告							
APP 的提示信息语言							
该 APP 所使用的词汇很简洁							
该 APP 仅使用少量的文字就表达主要的信息							
该 APP 没有使用容易引起混淆的词汇							
该 APP 没有使用让我疑惑且难以理解的简写词汇							
APP 的信息分享和社交							
该 APP 支持用户与其他人分享信息（如航班动态、行程信息）							

续表

题项	非常不赞同	不赞同	有些不赞同	中立	有些赞同	赞同	非常赞同
该 APP 支持用户跟其他人建立联系							
该 APP 可以实现用户跟其他人之间的互动（如通过游戏进行互动）							
APP 操作按钮的设计							
该 APP 的主要功能一目了然							
该 APP 的按钮标签简单易懂							
该 APP 功能入口简单易懂							
该 APP 功能入口设计很直观							
用户能直观地判断该按钮的用途							
APP 的内容全面性							
在该 APP 上可以找到如酒店、旅行社、租车等服务							
该 APP 提供了乘机出行相关的所有服务（如航班延误后的服务）							
该 APP 可以办理与机票相关的各种服务，如改期、值机							
APP 的内容个性性							
该 APP 提供的服务有多种类型可供选择（如餐食种类）							
该 APP 基于用户使用习惯，向用户做个性化推荐							
该 APP 针对不同等级的会员提供差异化服务							
该 APP 针对特殊旅客（小孩、老人等）提供个性化服务							
该 APP 根据用户的消费偏好提供专属服务							
APP 的数据保存							
在用户退出之后，该 APP 自动保存操作数据							
在用户退出时，该 APP 不用用户自己进行操作就能保存数据							

续表

题项	非常不赞同	不赞同	有些不赞同	中立	有些赞同	赞同	非常赞同
该 APP 能保存用户填写的数据，用户不会被要求重新填写相关内容。（如操作失误、退出、返回等类似原因）							
在用户重新进入时，该 APP 能够使用户直接进入上一次退出时的操作界面							
APP 要求用户进行设置							
该 APP 避免用户填写一些带有自我偏好（餐食偏好、座位偏好）的信息							
该 APP 对设置没有强制性要求							
该 APP 不会要求用户改变设置（如地理位置、颜色、字体大小等）							
该 APP 不会要求用户完善个人信息							
APP 简化信息输入							
该 APP 能辨别用户需要输入的内容（如 12306 向用户提供可能的输入选择），简化信息输入。							
该 APP 不要求用户输入过多的信息，使用户消耗过多的时间							
该 APP 提供用户一些可选项，不需要直接输入文字							
该 APP 不需要用户输入很难辨认的信息（如很难识别的验证码）							
APP 按钮操作难易							
该 APP 的按钮大小容易操作							
该 APP 的按钮尺寸较大							
该 APP 按钮标识明显							
APP 操作流程逻辑清晰							
该 APP 向用户提供一个清晰高效的操作流程，使得用户可以按部就班地完成操作							
该 APP 遵循一个高效、符合用户习惯操作流程（如不会出现重复性操作）							

续表

题项	非常不赞同	不赞同	有些不赞同	中立	有些赞同	赞同	非常赞同
该 APP 提供的操作流程可以清晰地知道下一步操作，以及当前的操作阶段							
该 APP 的操作流程可以让用户预测接下来的操作							
APP 的图标设计与现实场景的结合							
该 APP 使用的图标有助于用户理解该图标所提供的具体服务							
该 APP 使用的图标能很好地阐释其功能的意思（如用行李箱表示办理托运）							
该 APP 使用与现实结合的图标使用户容易直接掌握该图标所表达的内容							
操作中的信息提醒							
在操作过程中，该 APP 能及时反馈交互信息（如提示支付失败或成功）							
在操作过程中，该 APP 能及时提醒操作进度							
该 APP 在交易的关键环节做出信息提示							
在操作环节出错时，该 APP 提醒出错所在位置							
APP 的瞬间启动							
该 APP 能快速启动，并立即使用							
打开该 APP 不会花费较长时间							
该 APP 在打开后能立即使用							
APP 的标准化的用户界面							
该 APP 使用的按钮图标与其他航空类 APP 相似							
该 APP 使用的图标、按钮我在其他 APP 中也见过							
该 APP 使用的标准图标我已经通过其他的 APP 了解其内容							
APP 的从上至下的设计							
该 APP 将常用的功能置于顶部							
该 APP 将主要功能放在主页面							

续表

题项	非常不赞同	不赞同	有些不赞同	中立	有些赞同	赞同	非常赞同
该 APP 把重要的信息置于顶部展示							
该 APP 把使用频率最高的操作放在最上面							
该 APP 通常把使用频次较低的操作置于底端							
APP 友好的用户交流术语							
该 APP 使用的术语容易理解							
该 APP 避免使用难以理解的专业术语							
该 APP 使用的术语不会产生误解							
APP 航班信息推送							
该 APP 能及时发布、提醒航班的动态信息（如航班变动）							
该 APP 提供的信息能满足我出行的需求（如乘机帮助、天气、行李转盘等）							
该 APP 能让我及时了解订单和行程变化信息							
该 APP 会在合适的时间提醒我航班信息（如出发前一天提醒航班信息）							
APP 优惠促销							
该 APP 提供的优惠活动具有吸引力							
该 APP 提供的优惠活动可以满足我的出行需求（如结伴同游优惠、家庭出行优惠）							
同其他同类 APP 相比，该 APP 提供的优惠具有竞争力							
APP 会员服务							
会员积分可以在 APP 上实现兑换							
会员积分可以在 APP 上进行查询							
该 APP 会对会员积分变动及时提醒							
该 APP 会对会员升级情况及时提醒							
APP 总体满意度							

续表

题项	非常不赞同	不赞同	有些不赞同	中立	有些赞同	赞同	非常赞同
总的来说，我对该 APP 是满意的							
在我使用的航空 APP 中，该 APP 是最满意的							
该 APP 的使用过程非常符合我的期望							
使用该 APP 有一个很好的体验							
APP 继续使用							
我打算继续使用该 APP							
在未来有需要用到航空 APP 的时候，我会使用该 APP							
在不久的将来我会再次使用该 APP							

感谢您的支持与合作！

附录 B　空间临场感对消费者持续使用意愿的影响研究调查问卷

尊敬的先生/女士：

您好，首先非常感谢您参与本次实验，此问卷将从各个方面评价您在刚才实验中使用的 IKEA Place 这个 APP（在以下试题中将简称为 “APP”），您的真实感受对我们的研究至关重要，请根据您的实际情况和想法作答，我们保证所有问卷信息仅作研究之用，并以保密方式保存，希望您能支持。

一、基本信息

1. 您的性别是？

○ 男　○ 女

2. 您的年龄是？

○ 0~18 岁　○ 19~23 岁　○ 24~30 岁　○ 31~40 岁　○ 41~50 岁　○ 51~60 岁　○ 60 岁以上

3. 您的受教育程度

○ 高中及以下　○ 大专　○ 本科　○ 硕士及以上

4. 您的职业是?

○ 学生　○ 上班族　○ 个体户/自由职业者　○ 无业/下岗/失业

○ 退休　○ 其他

5. 您的月收入

○≤2 000 元　○ 2 001~5 000 元　○ 5 001~8 000 元

○ 8 001~12 000 元　○ 12 001~15 000 元　○ >15 000 元

二、结合你在实验过程中的感受，对 APP 做出以下评价：

题项	非常不赞同	不赞同	有些不赞同	中立	有些赞同	赞同	非常赞同
任务—信息匹配							
商品 AR 展示（AR 展示视图、对物品移动、变换等功 能）是我所需要的							
商品 AR 展示（AR 展示视图、对物品移动、变换等功能）满足了我的信息需求							
该 APP 中使用的图片素材是高质量的商品 AR 展示（AR 展示视图、对物品移动、变换等功能）很有用							
视觉吸引力							
视觉上令人愉悦							
视觉上具有吸引力							
清晰、生动							
展示商品的方式较吸引人是有趣的							
外观令我很喜欢							
空间临场感							
就像在现实中试用家具							
好像这些产品成为了实体							
似乎置身于真实的体验中							
这个家具似乎真的在我旁边							
这个家具从虚拟图像转换到了现实环境中							

续表

题项	非常不赞同	不赞同	有些不赞同	中立	有些赞同	赞同	非常赞同
这个家具似乎成为了真实环境的一部分							
可以在现实环境中想象这个家具的位置、形象							
似乎可以在现实中移动、触摸这个家具							
积极控制							
我可以通过我的操作改变商品的位置、大小							
我可以自由选择我要的商品							
我可以改变商品的位置、大小							
失去自主权							
我会不自觉地想去查看一些商品							
我可能会被 AR 功能所吸引而去查看任务之外的商品							
持续使用意愿							
我愿意再次使用这个 APP							
我近期会再次使用这个 APP							
我会继续使用这个 APP							
我愿意向亲朋好友分享和推荐这个 APP							

附录 C　社会临场感对交易型品牌 APP 持续使用的应用研究调查问卷

尊敬的先生/女士：

您好，首先非常感谢您参与本次问卷调查，我们正在进行一项关于品牌 APP 开发运营对品牌忠诚与持续使用的影响调查，您的经历和感受对我们的研究至关重要，请根据您的实际情况和想法作答，我们保证所有问卷信息仅作研究之用，并以保密方式保存，希望您能支持。

品牌 APP 是指下载到移动设备上的软件，这种软件显示了应用程序的名称和品牌标志外观，许多品牌现如今开始开发自己的品牌 APP，与原有的官网、旗舰店和线下等渠道共存，有些功能开发齐全的品牌 APP 可以实现最近的门店定位、送货上门和门店取货等功能，例如屈臣氏、肯德基、星巴克等（示例品牌 APP 图标见下图）。

请您根据您对某款品牌 APP 的真实使用感受或个人理解填写本问卷，再次感谢您的参与！（品牌 APP 包括优衣库、大润发优鲜、四川航空、盒马、星巴克、链家、网易严选、屈臣氏、肯德基、小米有品。）

一、基本信息

1. 您的性别是？

○ 男　○ 女

2. 您的年龄是？

○ 0~18 岁　○ 19~23 岁　○ 24~30 岁　○ 31~40 岁　○ 41~50 岁

○ 51~60 岁　○ 60 岁以上

3. 您的受教育程度

○ 高中及以下　○ 大专　○ 本科　○ 硕士及以上

4. 您的职业是？

○ 学生　○ 上班族　○ 个体户/自由职业者　○ 无业/下岗/失业

○ 退休　○ 其他

5. 您的月收入

○≤2 000 元　○ 2 001~5 000 元　○ 5 001~8 000 元

○ 8 001~12 000 元　○ 12 001~15 000 元　○ >15 000 元

二、结合你对某一品牌APP的了解，对该APP进行以下评价

题项	非常不赞同	不赞同	有些不赞同	中立	有些赞同	赞同	非常赞同
感知信息有用性							
使用该品牌APP可以提高了解信息（价格、产品、品牌 形象、文化等）的效率							
使用该品牌APP可以更容易地了解信息（价格、产品、品牌形象、品牌文化等）							
使用该品牌APP可以有利于了解信息（价格、产品、品 牌形象、品牌文化等）							
感知娱乐性							
使用该品牌APP具有娱乐性（打发时间、浏览感兴趣的 商品、优惠活动等）							
使用该品牌APP是有趣的（能了解到品牌文化、产品上 新、节日推送等）							
使用该品牌APP使用过程令人愉快（界面设计舒适、风 格独特）							
社会临场感							
该品牌APP可以实现我与系统像人与人之间的交流互动							
在使用它时，感觉品牌APP具有类似真人的特性与风格							
该品牌APP会散发像类似真人的亲切感与温暖感							
该品牌APP具有类似真人的交流敏感度							
认知处理							
使用该品牌APP会激发我去了解这个品牌							
使用该品牌APP会促使我经常关注这个品牌							
使用该品牌APP会激发我去了解这个品牌更多的产品或 信息							
情感							
我对该品牌很认可							
我对该品牌很满意							

续表

题项	非常不赞同	不赞同	有些不赞同	中立	有些赞同	赞同	非常赞同
我愿意购买该品牌的产品							
我期望购买该品牌的产品							
持续使用意愿							
我会经常使用这个 APP							
我会再次使用这个 APP							
每次使用这个 APP 我都感到满意							

附录 D　全渠道零售模式下消费者渠道服务使用意愿影响机制研究调查问卷

尊敬的先生/女士：

您好，目前我们正在进行有关“全渠道零售模式下消费者服务使用意愿影响机制研究”的学术研究，需要您的宝贵意见作为研究的数据，数据资料经加总处理后仅供学术分析和研究使用，信息保密，决不用于商业用途，请您真实地填写下列问题，对于您的支持与配合，我们表示万分感激!

特别说明：全渠道零售模式就是企业为了满足消费者任何时候、任何地点、任何方式购买的需求，采取实体渠道和移动电子商务渠道整合的方式销售商品或服务，以提供给顾客无差别的购买体验。

一、基本信息

1. 您的性别是?

○ 男　○ 女

2. 您的年龄是?

○ 0~18 岁　○ 19~23 岁　○ 24~30 岁　○ 31~40 岁　○ 41~50 岁
○ 51~60 岁　○ 60 岁以上

3. 您的受教育程度

○ 高中及以下　○ 大专　○ 本科　○ 硕士及以上

4. 您的职业是?

○ 学生　○ 上班族　○ 个体户/自由职业者　○ 无业/下岗/失业

○ 退休　○ 其他

5. 您的月收入

○≤3 000 元　○ 3 001~3 000 元　○ 6 001~9 000 元

○ 9 001~12 000 元　○ >12 000 元

二、在全渠道零售企业平台上的亲身购物体验为经验进行作答

题项	非常不赞同	不赞同	有些不赞同	中立	有些赞同	赞同	非常赞同
渠道便利性							
使用这家零售商的全渠道，我可以随时进行购物							
使用这家零售商的全渠道，我可以随地进行购物							
使用这家零售商的全渠道，我可以很容易搜索到产品							
使用这家零售商的全渠道，我可以很容易了解产品							
渠道无缝性							
从这家零售商的一个渠道转移到另一个渠道很容易							
从这家零售商的一个渠道转移到另一个渠道是流动的							
当你从零售商的一个渠道转移到另一个渠道时，你没有意识到任何边界或障碍							
渠道透明性							
我知道这家零售商所有可用的服务渠道的存在							
我知道这家零售商不同的渠道之间服务属性的差异							
我知道如何利用这家零售商的不同渠道来满足我的消费需求							
感知敏捷性							
我认为零售商已经更快地交付了我想要的产品和服务							

二、请您根据在全渠道零售企业平台上的亲身购物体验为经验进行作答

题项	非常不赞同	不赞同	有些不赞同	中立	有些赞同	赞同	非常赞同
个性化							
根据我在不同渠道的购买记录和个人信息提供购物推荐							
根据我在不同渠道的购买记录和个人信息提供购物折扣和特权							
根据我在不同渠道的购买历史提供特定客户的奖励或会员积分							
在线浏览页面时根据我在不同渠道的购买记录和个人信息定制的							
临场感							
在不同的渠道进行购物时，我有一种身临其境的感觉							
在不同的渠道进行购物时，我仿佛感到自己在真实的购物场所中							
在不同的渠道进行购物时，我会不自觉地感到展示的商品就在我眼前							
在不同的渠道进行购物时，我感觉自己更像是在现实世界中							
数据隐私							
我担心我的个人身份信息将如何被零售商使用							
我担心我的隐私会受到威胁							
我担心我的个人身份信息将如何被零售商使用							
数据安全							
我对不同渠道交易的安全功能感到担忧							
我担心个人的数据信息存在泄露的风险							
我对个人信息在不同渠道受到保护的程度感到不安							
我担心在不同购物渠道收集的个人数据可能会被用于一些其他的目的							

续表

题项	非常不赞同	不赞同	有些不赞同	中立	有些赞同	赞同	非常赞同
感知收益							
我感觉这次全渠道购物之旅真的很好							
我感觉这次全渠道购物之旅很成功							
我感觉全渠道购物方式对我而言非常的方便							
我感觉在全渠道购物之旅中，找到了真正需要的东西							
感知风险							
我认为在使用全渠道购物的过程中，更容易遭受损失							
我认为通过全渠道购物达成一笔好交易的可能性很小							
我认为全渠道购物方式的性能，存在着一定的不确定性							
流体验							
当通过不同的渠道进行购物时，我感觉时间过得非常快							
在不同的渠道进行购物时，我充满了热情							
在不同的渠道进行购物时，我完全沉浸在其中							
在与不同的购物渠道进行互动时，我感觉到很有趣							
顾客忠诚							
我愿意继续采用全渠道服务方式							
我会对别人说全渠道服务方式的好话							
我会向寻求我建议的人推荐全渠道服务方式							
我会鼓励亲朋好友使用全渠道服务方式							